0—18岁家庭性教育

孩子健康、有爱又自信

方刚 —— 著

中国画报出版社·北京

图书在版编目（CIP）数据

0—18岁家庭性教育：孩子健康、有爱又自信 / 方刚著. -- 北京：中国画报出版社，2024.3
ISBN 978-7-5146-2342-0

Ⅰ.①0… Ⅱ.①方… Ⅲ.①性教育—家庭教育 Ⅳ.①G479②G78

中国国家版本馆CIP数据核字（2023）第231367号

0—18岁家庭性教育：孩子健康、有爱又自信

方刚 著

出 版 人：方允仲
策　　划：李　安
责任编辑：郭翠青
封面设计：@Recns
责任印制：焦　洋

出版发行：中国画报出版社
地　　址：中国北京市海淀区车公庄西路33号
邮　　编：100048
发 行 部：010-88417418　010-68414683（传真）
总编室兼传真：010-88417359　版权部：010-88417359

开　　本：32开（880mm×1230mm）
印　　张：11.75
字　　数：276千字
版　　次：2024年3月第1版　2024年3月第1次印刷
印　　刷：北京永诚印刷有限公司
书　　号：ISBN 978-7-5146-2342-0
定　　价：59.80元

前 言

近些年，虽然性教育受到越来越多家长的重视，但是许多家庭并不知道该如何进行性教育。

性教育是一个专业，确实是需要经过学习才可以进行的。性教育做得好，孩子受益；性教育做得不好，还不如不做。

孩子的性教育，不只是性生理知识的教育，更是亲密关系的整体教育，是人格成长的教育。

本书是编写给家长的，有助于家长在最短的时间内学习到性教育的一些基本理念，能够处理孩子成长过程中一些常见的性教育问题。所以，这是一本非常实用的书。

我在这本书中传递给读者的性教育态度，就是我对自己孩子的性教育态度。如果我没有孩子或者我给我孩子的是另一种性教育的内容和态度，读者就有理由担心我把别人的孩子当试验品了。但是，我也是一个父亲，也是家长。理解了这一点，也许会更有助于读者信赖本书的内容。

本书以我的家庭性教育微课的录音整理稿为基础编写，许多地方保留了讲座时的对话色彩。我希望这可以让读者在阅读中感到更轻松、随意、亲切，像是在同我一起喝茶、谈心。但本书的内容并不是我一拍脑瓜就想出来的，而是在性教育行业积累了约 100 年的经验后，性教育工作者普遍认为应该讲给孩子们听的。

此外，我在每一讲的后面都附上了家长的提问。多年来，我从各地讲课现场收集了成千上万个问题，从中筛选出大家最关心也最常见的问题，收入书中。

每个家庭都不一样，每个孩子也都不一样，所以，每位读者都可能会有独特的性教育问题。但是我相信，只要你仔细阅读本书的内容，便可以举一反三，有能力处理你自己的问题了。

虽然我已经尽可能在本书中囊括了家庭性教育的主要议题，但是，人类生活的复杂性、孩子成长的差异性，决定了任何一本书都不可能囊括家庭性教育的所有问题。与给读者问题的答案相比，我更希望我的读者能够通过有限的阅读进行思考，得到成长，形成赋权型性教育的价值观。有了这种价值观和思维方式，遇到再多的问题，都可以做出很好的处理。

真正认真阅读、理解、消化本书，便可以做到：一册在手，家庭性教育不再困难。

本书所有的内容，都是基于增能、赋权的理念，目标是促进孩子的成长，使读者懂得我提出和倡导的"自主、健康、责任"的"性爱三原则"，而不是对孩子进行简单的规训。

虽然题为"家庭性教育",但本书的阅读对象,不仅包括0—18岁孩子的家长,还可以包括幼儿园、小学、中学教师,因为家庭和学校是相互交织和影响的。

这本书在2018年首次出版后,深受家长欢迎,几年内加印6次。本次再版,对书稿中原有内容进行了修订,同时增加了近年来常受家长关注的新内容。

此次再版时,我培训过的许多赋权型性教育讲师提供了修订意见,孙娅婷老师又协助我对全书进行了通读、通审,在此致谢。

目录

01 第1讲
性教育最重要的是理念正确

性教育是人格成长的教育 002
家庭性教育是最重要的 004
赋权不是放弃教育和责任 008
禁欲型教育行不通 011
坦然地和孩子谈性 014

教学实操答问 018

02 第2讲
家长做性教育的应备技巧

家长具备性教育资格的五点要求 032
家庭性教育的技巧 039

教学实操答问 048

03 第3讲
不同年龄段的性教育要点

婴幼儿期：从出生到3岁 056
儿童期：从3岁到6岁 057
少年期：从6岁到11岁 059
青春期：从11岁到18岁 062
成年期：18岁以上 066

第 4 讲
从出生开始的性教育：
父母榜样与童话的影响

被"屏蔽"的性 068
对女儿的性教育设想 070
孩子从父母那里学习亲密关系 072
如何用童话给孩子做性教育？ 075
如何用《灰姑娘》进行性教育？ 083

教学实操答问 085

第 5 讲
"我从哪儿来的"？

种子、房子，是误导孩子 092
不同年龄段的回答方法 093

教学实操答问 100

第 6 讲
身体亲密，禁止还是接纳？

分床睡 110
共浴 114
撞见父母做爱或更衣 117
影视剧里的亲热镜头 118

教学实操答问 122

第 7 讲
青春期那些事儿

月经 142
遗精 145
性梦 146
性幻想 148
乳房 149
阴茎 151
悦纳自己 152

教学实操答问 155

第 8 讲
孩子自慰怎么办？

自慰背后的价值观之争 162
自慰最大的害处是你对
自慰有害的担心 163
自慰次数不会"过度" 165
自慰方式可能"过度" 166
婴幼儿自慰的三个要点 168
女生自慰同样不羞耻 170

教学实操答问 172

第 9 讲
孩子被性骚扰或者性骚扰别人怎么办？

有些防性骚扰的教育是片面的 186
好的性教育怎么讲预防性骚扰和性侵犯？ 189
孩子被性侵犯后怎么办？ 192
这样做是对孩子的二次伤害 196
给施加性骚扰的孩子成长的机会 199

教学实操答问 202

10

第 10 讲
孩子"不阳刚""不温柔"怎么办？

性别气质多元呈现不可怕 214
二元划分的性别教育伤害了孩子 215
让孩子获得最佳的人格模式 219
这样做从小培养兼性气质 221

教学实操答问 225

11

第 11 讲
孩子看了色情品怎么办？

色情品不是真实生活的反映 236
孩子意外看到色情品莫焦虑 239
人格培养最重要 241
孩子看完色情品去做坏事，怎么办？ 243

教学实操答问 245

12

第 12 讲
孩子进入青春期，谈恋爱怎么办？

让孩子学会负责任 254
处理情感问题的增能 256
学习思考如何应对不同的可能 261
恋爱与学习，如何两不误？ 263

教学实操答问 267

第 13 讲
孩子有了性关系，怎么办？

孩子发生性关系，家长怕的是什么？ 278
守贞教育为什么失败？ 280
最重要的是让孩子学会负责任 281
如何培养孩子负责任？ 284
理解和接纳孩子 287

教学实操答问 290

第 14 讲
孩子疑似同性恋怎么办？
男孩子偷穿女性衣物怎么办？

概念澄清 298
小心"恐同症" 299
孩子是同性恋怎么办？ 302
跨性别 305
如何更好地爱孩子？ 309

教学实操答问 313

第 15 讲
残障孩子的性教育需要注意哪些？

父母要尊重残障孩子的性人权 324
用残障者的标准看问题 325
如何实现残障者的性人权？ 326
残障孩子性需求的满足 330

教学实操答问 333

16

第 16 讲
特殊家庭的性教育

父母一方出轨家庭的性教育 338
单亲家庭的性教育 339
再婚家庭的性教育 341
家长太忙,没有时间进行性教育 342

教学实操答问 344

17

第 17 讲
未尽的性教育话题

身体的探索 348
身体接触的困惑 352
性的懵懂与好奇 358

第一讲 性教育最重要的是理念正确

我接触过很多家长，一谈性教育他们就很恐慌，有点儿"谈性教育色变"。他们谈关于孩子的其他教育的时候都没有问题，也非常关心孩子的教育，但是到性教育时却不敢谈，甚至认为不应该谈。

也有一些家长是非常重视性教育的，想给孩子进行性教育，他们通常是很开明的家长。但是，重视性教育、想做性教育，与能够做好性教育，是两回事。性教育不能靠个人经验，也不能靠"常识"，这是一个专业，需要学习。在我看来，性教育最需要学习的是价值观。有了正确的性教育价值观，性教育就好做了；让孩子树立了正确的性价值观，性教育也就成功了一大半。

所以，学习性教育，要先从理念入手。

性教育是人格成长的教育

关于孩子成长的课程有很多，比如"注意力集中训练"之类的，都非常火爆。但是关于性教育的课程，包括我给家长办的"如何对孩子进行性教育"的线下课程，只有少数家长问津。多数家长认为性教育不重要，这其实是错误的。首先，他们非常错误地理解性教育的内容；其次，又非常错误地理解性教育可能对孩子的影响和改变。比如父母对性教育的内容最常见的一个误解就是：性教育就是讲生理知识、性知识的。

这是一个非常大的错误。

如果性教育只是讲一点儿性生理知识，那还需要全世界不同国家的众多专业工作者研究那么多年吗？性教育当然不是简单的生理知识教育，而是从性的角度来促进孩子全面的人格成长，它是人格成长的一部分。所以，性教育做好了，有助于孩子认识自我，处理人际关系，学会如何对自己和他人负责，安排自己的生活和人生。性教育是一种促进人生观、价值观、责任感全面成长的教育。

同时我也认为，一个从小在其他领域学习了如何对自己和他人负责、有人生追求、有积极进取的人生态度、人际关系非常好、有理想和目标的人，不学习性教育也问题不大，或者说只需要对他进行很少的性教育就可以达到目标。然而由于现在国内的教育体系在人格的全面成长和责任心培养方面存在很大的不足，孩子们的主要精力也放在应对考试上面，因而绝大部分的孩子都迫切需要性教育。

还有一些家长对性教育有偏见。这些家长首先就没有认识到性教育的重要性，其次对性教育有一些错误的认识：我的孩子原来不懂得性，结果你讲完了，他（她）更关注性了。这是非常错误的担心。为什么？首先，你的孩子原本是否关注性，你并不知道真相，他（她）即使今天不关注，明天不关注，后天还不关注吗？今年不关注，明年还不关注吗？你的孩子如果一直不关注性，那你才应该着急呢。其次，如果说孩子接受性教育之后，像有些家长担心的那样，过早有了性行为，等等，那我们做的就不是性教育，而是性教唆！总的来说，这些家长不相信性教育这个专业领域的专业人士。

还有一些家长会担心：孩子如果很小便懂得性，会不会过早地对性失去兴趣？这个观点和前文提到的一样，把性教育当作简单的性生理教育了。首先，一个人不会因为了解性知识而没有"性趣"。成年人会因为了解了性知识而没有性欲吗？其次，我还要说，性教育不是简单的生理知识教育。我倡导的赋权型性教育是以性生理、性心理、性别意识、性文化等"全性"知识为基础，对一个人进行人格成长的全面教育。

家庭性教育是最重要的

性教育有四种渠道，分别是家庭性教育、学校性教育、同伴性教育和社会性教育。学校性教育，此处就不做过多的解释了；同伴性教育，是指同龄伙伴进行的性教育；社会性教育，是指广播、影视、网络中的涉性信息。这三种性教育渠道各有优点，也各有不足，本书只重点讨论家庭性教育。

在我看来，家庭性教育应该是这四种性教育渠道中最重要的一种。为什么这么说？我们通常都会说，家长是孩子的第一任老师。所以，家长也是孩子的第一任性教育老师。**性教育从何时开始？从孩子一出生就可以开始了。**

从孩子出生就开始的性教育，谁有机会来进行呢？自然是家长，而且只有家长才有可能。孩子成长的每一天都跟家长在一起，性观念、亲密关系、责任感等，谁对孩子的影响最大？当然是家长！这里说的不只是家长的口头教育等直接的方式，还包括家长的言行举止对孩子潜移默化的影响，比如父母的相处方式就是孩子学习建立亲密关系的榜样。所以**父母是孩子的第一任性教育老师，在孩子的性教育问题上责无旁贷**。这一点很重要，家长们需要时刻牢记，才能谨言慎行。

家庭性教育是家庭教育的一部分，如果家庭教育的理念错了，那家庭性教育的理念就不可能对。一个家长对孩子其他方面的教育是什么态度，大概率与其在性教育上的作为是一致的。你是鼓励孩子成长，给孩子充分的自由，还是对孩子进行严格的管束，也一定体现在对孩子的性教育上。因为一个家长几乎不可能在其他方面很开明，在性方面却很保守；或者在其他方面很保守，在性方面又变得开明。所以性教育理念和家长整体的教育理念是一致的。

说到教育理念，给大家两个词做选择：一个是管制，另一个是增能。你会选哪一个？这两者是完全不一样的教育理念。管制是对孩子说：你不许干这个，不许干那个；这是对的，那是错的。家长想把自己的价值观和对错观强加给孩子，让孩子做所谓对的事，惩罚孩子以便让他们不再做所谓错的事。

然而管制不是教育，而是"规训"。

真正的教育是什么？真正的教育是要让孩子自己成长。

那如何帮孩子实现成长？这就是增能。我提出的赋权型性教育理念，也是今天中国唯一的本土性教育理念。赋权（Empowerment），即给孩子增能，赋予孩子权利。我们不是强行让孩子按照我们说的话做，不是强行告诉孩子什么是对、什么是错，而是要给他们权利，让他们自己做出选择。

当然，这个赋权的背后是增能。所以"empowerment"又被翻译成"增能"。"增能"和"赋权"其实是一回事。要等孩子有能力之后，才能行使他的权利。赋权是比管制更辛苦的教育，因为管制是明确地让孩子"令行禁止"，家长需要花费的时间与精力相对较少；而赋权是跟孩子讨论每一种做法可能带来的后果以及相应的应对方法，让他学习应对每一种后果，引导孩子学会对自己的选择和行为承担责任，所以面对同样一件事，家长需要花费的时间和精力远远超过管制教育。因为赋权教育的目的是让孩子自己进行多角度思考，以帮助他们不断成长。

但是我们可以想想，在这两种不同的教育模式下成长的孩子，哪一个更成熟？是那个在管制教育下成长的，还是这个在赋权教育下成长的？在回答这个问题之前，还要先想一想：你管制孩子的时候，孩子是一直都听你的吗？且不说进入青春期的孩子未必听你的，就连两三岁的孩子都未必听。所以简单地告诉孩子这个可以做、那个不可以做，这样的教育能够成功吗？如果你说的孩子都听从，那人类社会不就简单了吗？你说什么别人就听什么，那这个世界的管理不是太简单了吗？另外一点，孩子是人啊，每个人都是独特的，家人要尊重他的权利，这个权利包括他自己的价值观、好恶观以及他自己的选择，所以**管制教育本身是对孩子的权利的剥夺**。

我明白，很多家长对孩子采取所谓的管制教育，是因为爱孩子，怕他受伤害。但这种教育方式相当于永远把他放到襁褓里，让他没有机会经历风雨，没有机会自我思考与决策，也就没有机会成长。而所有的父母都不可能跟孩子过一辈子，总有一天孩子要独立成长，离你远去，总有一天他要独自面对人生的问题。那时候孩子该怎么办呢？就算他还想听父母的话，他每次都有机会听吗？更何况孩子进入青春期以及成年之后大多不听家长的话呀！如果那个时候他自己的能力完全没有经历过学习与锻炼，那他要怎么来处理自己的亲密关系呢？亲密关系有各种各样可能的呈现，不可能一切都是家长事先"管教"好的。

所以主张管制的家长表面上是爱孩子，实际上却是害了孩子。因为你剥夺了孩子成长的机会，剥夺了他做一个"成人"的机会。

心理学家弗洛姆说过一句话："父母对孩子的爱是世界上最艰难的爱。"为什么？因为**所有的爱都是把你爱的人留在你身边，但是父母对孩子的爱却应该是让孩子不断离你远去**。因为你让他成长了，当他离你远去时，他有独立且成熟的思维，能够处理好即将面临的各种风雨和挑战。

如果希望孩子未来有能力独自面对挑战，那就应该对他从小进行增能赋权的教育。

好的性教育一定可以让你的孩子在离开你的时候能够独立面对人生的各种风雨，不仅是在亲密关系领域，还包括其他领域。为什么？因为好的性教育在帮助孩子成长，让孩子学会对自己和他人负责任。

所以，我们从现在开始就要给孩子增能赋权，避免简单地替他做决定。

赋权不是放弃教育和责任

我经常被问到：孩子真的能够增能吗？经过教育，孩子真的能够获得能力吗？他真的能够学会对自己和他人负责吗？特别是在性的领域，很多家长担心性太有诱惑力，孩子在面对这么有诱惑力的事情时控制不了自己，如果不管他，他一定会因为好奇而尝试，犯错误。这就错了！家长太不相信孩子了，这就是管制教育的思想根源，是所有让孩子没有机会成长的教育方式的思想根源。

小学生去学奥数，你都不担心他学不会，为什么在对自己和他人负责、处理好自己的身体权这么点儿事上你就认为他学不会呢？当你认为他学不会的时候，是你真的已经给了他学习和成长的机会吗？不是！通常是家长剥夺了孩子学习和成长的机会，因为我们坚定地认为他学不会、他太小。如果你永远把孩子当成小朋友，那他就永远长不大；而如果你在孩子很小的时候就把他当作一个可以平等交流的人，当作一个可以征询意见的人，在生活事务上和他探讨，尊重他的想法，那么他就可能迅速地成长，就可能比别的孩子成熟得多！

同样是孩子，为什么会有能力差异？我的儿子 2017 年到美国读大一，有一个同届入学的中国学生，去美国的时候让父母陪着去，到美国之后半年了都不让妈妈回国。而有的孩子可以自己搞定一切事务，完全不用父母操心。同样都是18岁的孩子，为什么别人的孩子可以独立生活，你的孩子不可以？因为你从小就没有给孩子做增能赋权的训练。

赋权型性教育便是让你从性教育的角度去给孩子增能赋权。需要注意的是：我们是赋予孩子权利，不是抛出权利，更不是放弃作为教育者或者长辈的责任。

关于赋权，有一个常见的误解：让孩子决定，把权利扔出去。

其实赋权不是这么简单的，它是以增能为前提。有一次我遇到某女子学院的一位女教授，对方直接质问我说："我赋权给孩子，那我家孩子玩游戏，我说你随便玩吧，结果她眼睛瞎了，难道这样也可以吗？我不是不负责任吗？"这位老师完全没弄懂什么是赋权。

孩子爱玩游戏，多少家长为此困扰、痛苦，有些家长"管教"成功了，但多数家长没"管教"成功。在没"管教"成功的家庭中，各种版本的故事都有可能出现，比如家里打打闹闹，孩子偷偷出去玩、偷钱，甚至还有一个孩子为了玩游戏把祖母杀了。而那些"管教"成功了的家长，就会一直成功吗？孩子被压制的渴望会这样一直被你压制，永远不开出他自己的花朵吗？我不这么乐观。我觉得**哪里有压迫哪里就有反抗，表面的顺从解决不了根本问题**。所以我们应该做的是以赋权型性教育为例，把赋权的理念放到教育理念当中。游戏不算性教育，但教育的理念是一样的。在这种理念的指导下，我们就会认识到：玩游戏是孩子正常的需求，玩游戏可以带来很多快乐，而且玩游戏还能锻炼智商、促进人际关系的发展呢！像玩桌游之类的游戏，对促进孩子的智力成长很有帮助。所以，不应该简单地禁止孩子玩游戏。

那么，用赋权的理念，家长应该如何与孩子讨论玩游戏一事呢？

应该跟孩子讨论玩游戏能带来哪些好处和坏处，然后讨论如何发挥其中的好处，消减、化解其中的坏处。

首先应该对孩子说：玩游戏是一件好事，说明你有好奇心、有竞技欲、有搏击的欲望……

很多女生被规训不玩游戏，其实那是规训了女生的竞技欲。在这样的教育过程中，女生的进取心等都会被削减很多。知道了该如何教育孩子，就可以帮助孩子充分发挥自己的优势，不因过去错误的教育而丧失这种优势。

我们应该有这样一个信念：所有人如果能清楚地判断，都会希望自己向好的方向发展，过得幸福、快乐，没有人会打定主意把自己搞垮，立志说"我活着就是为了让自己吃苦，怎么苦怎么来"。那就和孩子一起分析怎么能让自己快乐。

家长：做什么事能让你快乐？

孩子：玩游戏！

家长：玩游戏让你觉得快乐，这是优点。那玩游戏有哪些缺点呢？

孩子：玩游戏时间太长的话对眼睛不好，也可能会耽误学习。

家长：那你该怎么办呢？

孩子：嗯，我可以每天玩半小时游戏就休息一会儿，看看花草树木；也可以每天学习一个小时，然后再玩半小时游戏。

这样一个决定是孩子自己思考后做出来的，而不是家长强加给孩子的，这就叫赋权，这就叫增能。

孩子自己思考后做出的决定，才能真正做到。别人强加给他的，他做不到，即使做到了，也不甘心。重要的是，他在思考和决定的过程中，得到了成长——他思考了游戏的问题，他思考了性教育会面对的问题，未来人生所有的问题他都能够思考，都能做出对自己利益最大化的选择，这才是教育啊！

老话说得好，授人以鱼不如授人以渔。教育其实也是一样的道理。在其他领域也可以用同样的方法引导孩子成长。

禁欲型教育行不通

要警惕的是：多数家长爱孩子却"不会"爱。他们不是像弗洛姆说的那样，让孩子有能力远去，而是一心想着让孩子长大别受伤。

但试问一下，如果剥夺了孩子成长的机会，孩子离开父母后，怎么可能不受伤？

《处女之死》是一部改编自美国一个真实事件的电影：一对夫妻有 5 个女儿，由于担心女儿们过早有性行为、在性上"学坏"，受到性伤害，他们就采用禁止、惩罚与恐吓等方法，严格地管制他们的女儿。结果怎么样？

有一个女儿自杀了。但这对夫妻在这个女儿自杀了之后不思悔过，继续用禁止、惩罚与恐吓等手段管制另外 4 个女孩。这 4 个女孩基本上没有机会跟异性接触。好不容易在几个女儿的哀求下，父母同意她们搞了一次家庭聚会，但女孩们邀请了男生来后，父母却一直在场监视着……

家长以为这样做，就能把女儿培养得完全听话了吗？

有一天，其中一个女儿终于有机会去参加学校的舞会，结果她不仅参加了，还当天就和一个男生做爱了，而且一夜未归。

所以孩子规训出来的听话是表面的、暂时的，一旦他遇到机会，就会反抗、叛逆。

再举一个例子：有一个女生，从小都非常听爸妈的话，一直不谈恋爱，努力学习，后来考到北京某名牌大学。结果，离开了父母的监管后，她在 4 个月里换了 4 个男朋友。这就是简单的规训带来的结果。

我们应该换一种教育方式了。

《处女之死》这部电影反映了美国很流行的一种性教育理念——纯洁型性教育。它想让孩子纯洁。怎么纯洁呢？严管孩子,让他们不接触性,没有性关系,不谈恋爱,等等。

很多人误以为美国在性方面很开明,其实并不是。美国的性教育很腐朽、很腐败,是没落的资本主义性教育。《处女之死》影片当中父母的性教育方式就是美国主流性教育的映射,想让孩子"纯洁"。结果,孩子连命都没了。这是父母想要的吗?

这里不过多介绍不同的性教育理论和流派了,只告诉大家他们的一些核心主张。

性教育流派	核心主张
纯洁型性教育(禁欲型性教育)	守贞
综合型性教育	守贞+避孕
整合型性教育	全面分享信息
赋权型性教育	增能+赋权

纯洁型性教育的理念就是主张青少年婚前不能谈恋爱,更不能有性关系,等等。这种性教育模式对很多中国家长非常有诱惑力,但它在美国社会已经被证实失败了,美国的社会事实显示:接受纯洁型性教育的女性往往更早发生性行为,感染性病、怀孕、堕胎的比例也高于其他性教育模式的受教育者。

为什么会这样呢?

我多年前参加过凤凰卫视举办的一场关于性教育理念的辩论

节目,现场一位嘉宾说:"这不很简单嘛,有禁止就有反抗啊,你越禁止青少年做什么,他(她)就越会反抗你,尤其是在青春期的时候。"

那父母应该怎么办呢?

就像我在前文中说的,应该培养孩子对自己和他人负责的能力。如果家长一直只是对孩子说不许做这个、不许做那个,没有让他们学习对自己和他人负责,当他们不听你的话的时候,他们怀孕、堕胎、患性病的比例就会明显增高。

坦然地和孩子谈性

我做性教育培训的时候,很多家长,包括教师在内,总关心自己遇到的一个个具体的问题怎么处理。他们总会问我:这个问题怎么办?我该怎么说?先说什么,后说什么?

其实,这些都不重要。

为什么不重要呢?因为对于教育,理念是最重要的。只要把教育理念融会贯通,所有的问题都能解答。相反,如果你不理解理念,我就是把 100 个具体问题的处理方法告诉你,你也一定还会有第 101 个问题等着我;或者说当你的孩子出现第 101 个问题的时候，你依然不知道怎么处理。因此，理念的掌握是最重要的。

对于赋权型性教育，在掌握了增能赋权的理念之后，家长就可以在孩子的性教育当中坦然、开放地谈性了。

如何坦然、开放地谈性呢？

应该把性当作一件平常的事。可以谈其他生理功能，比如感冒、打喷嚏、拉屎、放屁等，为什么就不能坦然地谈性呢？你不坦然地谈论，就是回避，回避可能会增加性的羞耻感、污名感和神秘感。

所以，我要跟大家说两个重要的理念，一个是**增能赋权**，另一个是**坦然谈性**。

可能很多家长会说"我说不出口"。要想做好家庭性教育，重要的一点是父母首先要有开明的性价值观。换一种方法说，家庭给孩子的性教育其实从来都不缺少，只不过没有正规的性教育，而坏的性教育一直存在，比如：

孩子："我是从哪儿来的？"

家长："你长大后就知道了。"

孩子："那两个人为什么接吻？"

家长："小流氓，这么早就关心这件事。"

你以为以上这些不是性教育吗？这些也是性教育，只不过是坏的性教育。

不讲性的性教育就是坏的性教育！

有的家长一直对孩子回避性，但孩子仍然会好奇地探究。一位家长对我说："我发现孩子在电脑上看和他年龄不相符的内容,他上初三了,怎么办?"对此,我想问的是:"什么是和他年龄不相符的内容呢?如果是看了色情品,其实和年龄很相符呢。这个年龄正是对这些内容感到好奇的时候。"如果家长能向孩子提供开放的渠道和机会,让他去获取关于身体、生命、性、爱、亲密关系等方面科学的、全面的认知,孩子也就不用像我们以前那样,背着家长偷偷看一些良莠不齐的东西,甚至从商业性质的色情品中了解和学习关于性的一切。关于如何处理孩子看色情品的问题,后文还有专节讨论。

事实上,回避谈性会增加性的羞耻感、罪恶感,这样的性教育使孩子对性更好奇,而好奇心会带来更早的、不懂得负责任的性行为。

在欧洲的性教育模式下,家长从来不回避性教育,在孩子很小的时候就跟他们讲性。但就是受过这样的性教育的孩子在患性病、意外怀孕等方面的比例,却是全世界最低的。为什么?因为欧洲的性教育更多的是让孩子思考如何对自己和他人负责,所以孩子在性方面的责任意识很强:如果我没有准备好对自己和他人负责,我就不发生性关系。这就是增能赋权!

所以家长不要害怕跟孩子谈性,调整心态,坦然沟通性的问题,是什么就直接说什么,重要的是我们要帮孩子树立责任的意识。

我为什么强调"坦然"二字?因为家长跟孩子谈性的时候,态度最重要。

比如孩子问:"爸爸,为什么你有胡子我却没有?"你会紧张吗？肯定不会。但如果孩子问："妈妈，为什么你有阴毛我没阴毛？"你还能坦然地回答吗？

坦然谈性的态度是最重要的。父母要先去掉性的羞耻感、罪恶感、污名感，平等对待性教育与其他的教育，用同样的态度教育孩子。

有的家长可能会问，如果孩子问的问题更"性"呢？还要继续坦然回答吗？

一位 4 岁女孩的家长对大街上的"人流"广告很焦虑，非常担心那些广告给她女儿带来坏的影响，不知道怎么办。我想告诉她：有什么好焦虑的呢？首先，对于一个 4 岁的孩子来说，广告对她的影响可能只是让她多认识了"人流"这两个字；其次，家长也可以把这当成一次很好的性教育机会，比如直接告诉孩子什么是人流，为什么要去做人流，让女孩子知道怎样才能保护自己不受伤害，让男孩子知道要做个有责任心的男子汉。

总之，这一讲主要分享了两点：**一个是要用增能赋权的态度来进行性教育；另一个是跟孩子谈性的时候要坦然地谈，不制造神秘感、羞耻感**。这两个理念将贯穿本书全部的内容。真正掌握了这两点，你就具备了进行家庭性教育的基本资格。在这个理念的带领下，再面对具体的性教育问题，你就能游刃有余地处理。如果没有这样的理念，处理起来就会比较困难。

教学实操答问

> **问：** 性教育就是性行为教育吗？
>
> **回复：** 当然不是。我们说的性教育的"性"是 sexuality，是在心理、生理、文化、历史、宗教等所有社会因素影响下的性。我们也反对性教育只讲性生理。性教育中很重要的一部分是性价值观的教育，还有社会性别的教育。同样，我们还要将性教育与个人的人生观、道德修养的教育结合起来。一个人对性的态度是和他的人生态度紧密结合在一起的，因此，性教育也应该是人生观、价值观教育的一部分，但又具有其独特的性的内容。

> **问：** 我理解"增能赋权不仅是性教育"，其实是所有关于孩子教育问题的一种比较先进的观念。
>
> **回复：** 是这样的！赋权型性教育是增能赋权的教育，不只是性教育。为什么我们觉得在别的方面可以鼓励孩子负责，在性方面却不行？家长和老师总担心孩子在性方面不能增能赋权，担心他们没有办法控制自己，没有办法管理自己，而事实并非如此。

问： 增能是增加能力的意思吗？

回复： 简单来说，是的。但是增能包括给孩子知识和思考的能力，以及让他拥有做出决定的权利，又是一个赋权的过程。就像我们前文讲过的玩游戏，给他知识，认可玩游戏可以带来的好处，但也要让孩子知道玩游戏有可能给自己带来伤害。给知识只是第一步，第二步是要让他有能力思考、判断怎么才能利益最大化，并做出选择，第三步就是尊重他做出的选择。

问： 如何判断增能成功？

回复： 人的成长是一个持续的、不断发展的过程，可能很难有一个节点来让你判断增能是否完成了，我们要做的是不断地给孩子增能。比如不断地跟他探讨问题，引导他自主分析。当你发现他做事情的时候，不仅是在性领域，还包括其他各方面，都已经开始思考、权衡利弊，并且在权衡之后还能做出一个对自己和他人负责任的选择，而不再是凭一时的激情、兴趣来做决定，这就是成功！

可能有家长会说，孩子这时的选择未必是最好的。对，未必。因为人一直在成长，我们20岁做出的选择，可能到30岁时就认为不好了，到50岁时又觉得30岁时的选择做错了。但是，我们要的是"他做出当时他认为对自己和他人负责任的最好的选择"，孩子要是能做到这一点，我觉得这个孩子就已经很棒了！

问：如果妈妈看到孩子被赋权后做出的选择是危险的、有害的，怎么办？

回复：这个问题好比我们跟孩子说"你摸电门会被电死"，孩子说"我就要被电死"；或者我们跟孩子说"你跳虎山里会被老虎吃了"，孩子说"我就要被老虎吃了"，这种可能性是几乎没有的。每个人都希望自己快乐、健康，所以，如果真正给孩子增能赋权，让他能认清每一个选择可能带来的后果，他已经做了充分的评估了，怎么可能会去做那个一定会给他带来伤害的选择呢？有正常思维、正常心智的人是不可能这样做的。

这种会使自己受到伤害的选择，通常来自受到父母严厉打压的孩子。他们恰恰是通过这样的选择来反抗父母。懂得增能赋权的父母，是真正尊重孩子的父母，他们的孩子是不会以伤害自己的方式来反抗父母的。

当然，还有一种可能是孩子并不知道那个后果的危害性，这说明家长前期的知识提供有问题、不够充分。如果你已经给孩子提供了充分的知识，但他还是要做你认为有害的选择，要考虑一下你的判断是否准确，为什么孩子会有不一样的评估？而且，最终只能尊重他的选择。可以把意见提出来，让他思考，让他重新自主选择一次。如果他还要坚持原来的选择，我要告诉你：第一，可能你的认知错了，这件事并不一定有害；第二，要尊重他的选择，没有别的办法。就算强行禁止他这样做，他也不会听你的。虽然他可能会因为这个选择受伤，但是没有关系，吃一堑，长一智。下一次再做选择的时候，他就会做出对自己利益最大化的选择了。

比如，很多时候父母认为孩子谈恋爱一定是错误的选择。错了，这个判断太简单了！谁说谈恋爱一定是错误的选择？要避免对自己太自信，对孩子不相信。这种态度，本质上仍然是管制教育，而不是赋权教育。

当然，父母也可以做好准备，帮助孩子消解这次错误的选择可能带来的伤害。

问： 方老师，我女儿10岁了，上次她说和几个小伙伴一起去商场玩游戏，我当时答应了，但是心里挺担心的，主要是在安全方面，担心她会不会碰到小混混。回来后，女儿说他们下次约好去溜冰场玩，我当场表示反对，也就是你说的管制，因为我觉得她这个年龄还不适合去那些地方玩。后来她和她的小伙伴没再组织过这样的活动，所以也没去成。我的问题是：这件事情我做得如何？应该在哪儿赋权？她要去玩是真的有危险，还是我过于担心了？

回复： 我个人觉得是有危险的，世界上任何地方都是有危险的。对于10岁的孩子来说，我觉得游戏厅和滑冰场各有各的危险。这时候如果单纯地否定了她的请求，我不知道孩子是不是能够理解、接纳父母的做法。也许10岁的孩子还没有进入叛逆期，能够接纳，但这也不是最好的方法。最好的方法是跟孩子分享可能会有什么风险，然后看她有没有能力应对这些风险，可以问她遇到这样的风险怎么办。10岁的孩子可能还不知道怎么办,也可能已经知道了。不管怎么样,这是引导她思考、成长的过程。当她知道这个风险以后,她可能就选择不去了;如果选择去,一定是她知道怎么应对那些风险了。当她提出应对策略后,还可以跟她讨论这个策略是不是能够真正很好地保护她。这个过程之所以重要,不仅在于游戏厅、溜冰场是否真的有危险,更在于让她懂得可能会有什么危险,并思考如何应对危险。

所以,我觉得重要的不是否定,而是要跟她一起讨论。最后,如果她没有想出一个应对风险的好办法,你再说"等你长大些,你想好了办法,再去玩",可能她过半年就能想到一个好办法。这个过程非常重要,要让孩子思考、想办法。

有调查显示,在欧洲的性教育模式下,荷兰的学生从谈恋爱到发生性关系要用 3 年的时间。为什么要用那么久的时间?就是我们这里说的在"想办法",他在想:"我是不是能够承担责任?如果不能承担责任,遇到各种风险,我该怎么处理?"他在思考这些。而这个思考习惯就是在家长点点滴滴的增能赋权教育中培养起来的。

问: 如果我启发孩子思考一些事情的各种可能性及应对办法,但孩子没有思考出来,比如我说发生性关系可能有许多危险,但是孩子没有意识到这些,他光说好的,没说不好的,这个时候我把有风险的、不好的方面说出来,算不算增能赋权?

回复: 这取决于你怎么说。如果你把这个问题当作一个启发、选项或者可能来说，就算增能赋权，比如你说："你刚才说的都是各种可能性，我还想到一个可能……有没有这种情况啊？"但如果你说："你怎么光说这些无关紧要的呢？如果有了性关系，女孩可能会怀孕、堕胎，甚至会死人的！所以你不可以有性关系！"这就不是赋权了。所以家长还是应该用商量的口吻将自己的想法提出来。

还需要注意的是，在这个过程中，家长是只"启发"孩子认识到那些和自己价值观、目标一致的可能性，比如反对发生性关系，还是对所有可能性都进行启发？是只说一个选择可能带来的伤害，还是也说这种选择带来的益处？如果全面地分享，那依然是赋权。

所以，重要的是看你启发的时候想干什么。是想帮助孩子更好地成长，还是想吓唬他、替他做决定？如果是想把自己的观点强加给他，那就不是赋权了。

问：我逐字逐句地通读了您关于赋权型性教育的论文，里面绝大部分的观点我是认同的。您所谓的赋权型性教育，说到底，就是提升孩子自己做出决定的能力。

理论上讲，只要不伤害到其他人，孩子有权做出各种与性有关的决定。但是，通读您的论文，都是笼统地说学生或者青少年，并没有一条关于年龄方面的明显界限。

我同意从一出生就让孩子接受性教育的观点，但是，按照您的理论，既然是决定赋权给受教育者，有一个问题就不能回避，那就是多大年龄的孩子可以做出是否性交的决定？按照一般理解，做出性交的决定有两种方式，一种是积极主动地寻求性交对象，还有一种是对其他人的请求做出承诺。

前一种在这里不做讨论。我想知道，按照您的理论，假如一个成年人向未成年人，尤其是向年龄幼小（比方说6岁）的未成年人提出性交的请求，这是一种什么性质的行为？（请不要从现行法律规定的角度解答）如果这个未成年人答应了这个成年人的请求，这是不是您所说的"自主决定"？如果不是，差距在哪里？

回复： 如果成年人向未成年人提这个要求，就是性诱骗或性教唆。在赋权型性教育下，孩子不会答应这个要求。只有在性无知的情况下，孩子才可能会答应。

因为赋权型教育会告诉孩子过早性交的伤害，包括有人对你提这样的要求是对你的伤害。我们相信他们不会选择接受对自己有伤害的行为。赋权不可能解决一切的问题，但因为其致力于提升孩子负责任的行为能力，所以一定是保护孩子的最好的手段。

问： 基于人权的视角，我们认为赋权之后孩子是可以对自己负责的，但对于一个十三四岁的孩子而言，他们说对自己选择的后果负责，就真能负责吗？

回复： 当我们要求孩子承担责任的时候，是鼓励他对自己的行为及后果进行思考，更关键的含义是：如果无法承担责任，就不要选择那个后果不能承受的行为。比如讨论谈恋爱的时候，其后果可能会影响学习，你可以问孩子：你能对这个后果负责任吗？如果不能承担责任，就不要选择这样的行为。家长要鼓励孩子做出对自己和他人负责任的选择，而不是让孩子独自承担各种行为的后果，包括伤害。

提问的家长另一层意思可能是担心孩子还小，比如他现在说愿意对学习不好负责，但将来长大了后悔怎么办？这是一个成长的过程，教育没有办法替别人做决定。有的人（家长、老师等）替孩子做决定，就是因为他认为某个选择是好的，但实践证明，家长以为的好选择对孩子来说不一定是真的好，有时候还可能带来伤害。所以从这一层意思来讲，我们最终是鼓励孩子自己成长的。

性教育不能解决所有的问题，也没有任何教育或者行为可以解决所有的问题，无论是对成年人还是对未成年人，都一样。我们只是在努力地让每个人学习什么是负责任的行为，怎样有能力负责，如何对自己和他人负责，然后谨慎地做出选择。有没有能力负责，恰恰是我们教育的重点和目标。人无论多大年纪，都有可能无法对自己的行为负责。所以，能不能负责与年龄没有关系，而与能力有关，与有没有受教育和增能有关系。

问： 如何纠正以前性教育的错误？

回复： 我开设性教育讲座后，这是一个经常被家长问到的问题。问这样问题的家长非常勇敢，因为他们一定是通过听讲座，意识到了自己以前对孩子的性教育存在问题，现在想改变、想弥补了。这是非常好的事。

我个人的看法是，从现在起，用正确的理念、正确的方式，做正确的性教育就可以了。如果其中涉及和以前讲的有冲突的地方，可以坦然地"自我暴露"，告诉孩子：父母也在成长，父母意识到他们以前错了，所以这次改正；你们以后如果在学习、交友中发现自己以前错了，也要勇敢地改正。这样，性教育又延伸为人生的教育了。

问： 假如您有一个女儿，您会怎样对其进行赋权型性教育？

回复： 我会和对男孩一样进行赋权型性教育。因为赋权型性教育的理念是对所有孩子有益的，而不只是对男生有益。

你这样问我，其实说明你思想中有一个观念：女孩在性方面是容易受伤害的，她们接受的性教育应该与男孩不一样。我理解你的想法，这种想法非常普遍。但这恰恰是我们反对的，也是最有害于孩子的。因为这是基于性别的二元划分的性教育，可能打着保护女生的名义剥夺她们的权利，结果可能堕落为守贞教育、性别不平等教育，与我们倡导的性别教育、性权教育也都是冲突的。

问：现在整个社会对于性教育还是保守的。如果一个孩子在家里了解了很多性知识，他在学校说起时被老师训斥，怎么办？

回复：我理解你的这种担心，但是你要知道，其实许多老师在进行性教育的时候，也有同样的担心，担心家长们会去学校提意见。老师和家长需要的是交流。如果真出现你担心的这种情况，家长应该和老师交流，让老师意识到他的做法是不对的，至少要注意方式、方法。对于不了解性教育的老师，我们要对老师进行性教育，而不是因噎废食，不敢让孩子了解性知识。这是我们需要做的功课。

问：最近，4岁的宝宝从幼儿园借阅了一本很有特色的立体书，有妈妈生孩子、拉便便的拉拉页，小家伙很感兴趣！书中第一页讲的就是男女生的身体区别，让小家伙找不同，他很快就发现了，于是我也直言不讳地告诉他不同器官的名称。但有一个问题我想请教一下：当我直言不讳地告诉他不同的身体器官之后，他也会很坦然地把他知道的这些名称去说给其他家庭成员或亲戚朋友听，如果这些成年人的反应不坦然，立刻反馈给宝宝的是异常的惊讶，或者有一些负面情绪的表情，或言语示意不要这样说、这样说不好之类的，宝宝会发现妈妈的坦然和其他大人的不坦然形成强烈对比，我该如何去跟孩子解释呢？

回复：坦率地告诉孩子"有许多人对于和性有关的东西采取回避的态度，会羞怯，甚至会认为不好，这种观念是错误的，所以妈妈不对你进行这样的教育。如果有人因为这个而批评你，你就直接说：你们这样的性观念是错误的"。总之，就是把真相告诉孩子。

在这个过程中，孩子还能了解不同的价值观，懂得求同存异，懂得在面对和自己价值观不同的人时应该如何做，等等。这也是非常好的人格教育。

问： 女儿小时候问过我，她是从哪儿来的，我当时没很正经地回答她。现在知道了性教育的重要性，想再来一次已经不可能了，孩子都快升高中了。我们现在的母女关系虽然不错，但是在性教育方面都是采取回避态度。我很想跟她谈谈，如何在合适的时候与合适的人发生性关系，如何保护好自己。可是，面对一个青春期的孩子，我实在不知道从哪里找突破口，怎么跟她开口呢？

回复： 正如你所讲，在孩子的成长过程中，如果父母和孩子之间对性是讳莫如深的，那么，当孩子进入青春期后忽然想对孩子进行性教育，会非常困难。

在这种情况下，我建议不如不谈。第一，既然对性教育羞于开口，可以推测你对性的价值观不是指向健康、快乐、幸福的；第二，正确、健康的性教育需要大量的关于性的观念和知识的储备，临时恶补，不太可能立即转化成性教育能力；第三，青春期的孩子本就敏感，在亲子沟通已经不够坦诚的情况下，再去谈性这种敏感的话题，基本就是走一步踩一个雷了。

这样说，你也不要太伤心，因为不是所有父母都有能力进行性教育的。千万不要一时兴起，就拉孩子过来聊聊性。错误的性教育，要不孩子听不进去，会把亲子关系搞坏；要不孩子听进去了，会把孩子的人生搞坏。这不是危言耸听。举个例子，如果父母歧视同性恋，传递给孩子的性教育也是这种观念，而孩子恰恰是同性恋，这有可能会把孩子逼上绝路，想深入了解的家长有空可以看看根据真人真事改编的电影《天佑鲍比》。

最好的办法是让专业人士来给孩子进行性教育。如果学校没有开性教育课，那就买一本权威的性教育书送给孩子吧。

需要特别提醒的是：相信专业人士，尊重他们的意见，不要再用自己的性价值观去干涉。

家长也可以再多阅读一些跟性教育有关的书籍，正确的性教育不仅对孩子有益，对家长也有益。

至于你提到的对于孩子"如何在合适的时候与合适的人发生性关系，如何保护好自己"的问题，可以阅读本书的第12讲和第13讲。最重要的不是家长要求孩子如何做，而是应该让孩子懂得并做到——在觉得可以对自己和他人负责的情况下，选择负责任的"性"。

第 2 讲 家长做性教育的应备技巧

性教育是一个专业，自然需要专业技能。家庭性教育的专业技能，有一些和家庭教育的技能是一致的，有一些是独有的。这些技能都是可以学习的。

这一讲，我们就将分享一些家庭性教育的技能，供家长学习和使用。而技能的掌握是以知识为基础的，家长在对孩子进行家庭性教育之前，应该先有基本的认知准备，做好前提工作。

家长具备性教育资格的五点要求

不久前的一天,有人加我微信,说是朋友介绍的,他上来就问我一句话:"我8岁的女儿夹腿,我该怎么办?"

这很难用一句话回答。

我说:"一句话说不清,你可以多看一些性教育的专业书,或者来听我的讲座。"

然后他问我:"是不用管吗?"

我说:"你没有性教育理念,只能不管。"

他又问我:"孩子的这种行为会自然解除吗?"

我就完全没法回答了。因为这个问题的背后有很多性教育的理念,我没有办法简单地给一个答案。我只是奇怪,为什么家长不为孩子的成长花一些时间学习呢?

我们理解性教育的时候,千万不要把它变成一个个具体的问题,而是要理解为一种教育能力、一种性教育观念、一种关于性教育的价值观和思维方式。只有这样,才可能遇到问题便解决问题,不然只针对一个8岁女孩夹腿的问题,我们花一天的时间都说不清楚。

我建议那位父亲来学习家庭性教育的理论和技巧,但是他并没有来。这说明什么呢？我们是不是真的准备好了为性教育投入时间、精力？选择看书、上网课的各位家长似乎准备好了，但是各位也不要指望只听一堂课、看一本书，就能够彻底解决孩子所有的性教育问题，一定要在生活中实践。**家长具备性教育资格的第一点要求：家长愿意投入时间、精力学习相关的知识。**

有些家长觉得学习性教育知识耽误时间，那你陪孩子去上各种辅导班、特长班都不怕耽误时间，为什么在孩子的性教育上就怕耽误时间呢？我提倡的，不只是家长要听课，家长还要思考，还有后续的学习。其实现在用一点儿时间学习是最高效、最好的，因为当孩子真正出现问题、需要亡羊补牢的时候，家长就需要用更多的时间去处理了，而那时候伤害往往已经造成。

所以，投入些时间和精力在孩子的性教育上，是很重要的。

想要具备性教育的资格，需要建立正确的性观念。

我这里有几道判断题，大家可以借此来判断一下自己目前的观念是否正确。

1. 女孩比男孩更需要接受性教育。
2. 性学著作不必每个人都读。
3. 性教育内容主要来自个人经验，而非书本。
4. 不宜在单位或日常社交圈公开谈论性。

如果你认为第一道判断题是对的，那你其实是在假设女性在性上是吃亏的一方、弱的一方。当你有这样一个假设的时候，你的孩子从小就会被灌输这样的性别意识，会认为女性在性上不如男人，容易被男人占便宜。这样的性别意识对孩子的成长是有很多负面影响的，包括亲密关系的建立和维系。

也许有的人会说我的孩子是男孩，所以我跟大家讲这些是"站着说话不腰疼"。事实上，如果我的孩子是女孩，我更要讲这些。我们要培养的不是单一的性价值观，而是能力，是对自己和他人负责的能力。如果你觉得女孩容易吃亏，那你不更应该让她学习并掌握对自己和他人负责的能力吗？

第二个问题：性学著作不必每个人都读？错，是要读的。

第三个问题：性教育内容主要来自个人经验，而非书本？也错了。

第四个问题：不宜在单位或日常社交圈公开谈论性？同样错了。只有你可以非常坦然地公开谈论性了，你做性教育时才能坦然。为什么？因为性就是和我们生命中的其他事物一样的呀！如果你和普通朋友、同事这些成年人在一起时都不能坦然地谈论性，那你怎么可能跟自己的孩子坦然地谈论性呢？

性教育的根基就是价值观。

所以，**家长具备性教育资格的第二点要求：要有开明的价值观，认识到性是美好的，直面性，坦然地谈性。**

可能有家长会担心：我跟孩子说性是美好的，那他去"美好地"做了怎么办？

美好并不一定等于现在就去做，延迟满足也是一种常见的选择。而且不同年龄有不同的美好，性的美好也不一定就是发生性关系。赋权型性教育不仅会跟孩子讨论性的美好方面，也会跟孩子充分讨论在现阶段发生性关系存在的风险和后果，让孩子充分思考，做出对自己最有利的决定。每个人都是向往美好生活的，在通常情况下，不可能非要选择一个对自己不利的决定。所以，要相信孩子在充分了解相关信息后，有能力做出最有利于自己的选择。

反过来看，不告诉孩子性是美好的，难道要说性是很坏、很恶心的吗？那将来孩子排斥性，出现性冷淡、性无能，是父母想看到的吗？

我自己在给孩子做性教育的时候，会和孩子们讨论什么样的性才是美好的，孩子们通常都会总结出来：自主、健康、责任。这也是我倡导的性爱三原则，看似简单，其实非常有内涵，需要深入讨论才能明确何为自主、健康、责任。家长要先自己弄懂这个理念，然后才能去影响你的孩子。

家长具备性教育资格的第三点要求：要有正确的性教育理念。

性观念和性教育理念不是一回事，前者反映一个人对性的态度，后者是关于他对性教育的观念，包括如何看待性教育、如何做性教育等。但毫无疑问，一个人的性观念会影响他的性教育理念。

正确的性教育理念是增能赋权的，不是简单地禁止孩子的某个具体行为，而是要跟他一起分析每一个行为背后的责任、义务、风险和需要承担的后果，然后帮助他成长。

有了这样的性教育理念，才不会犯一般家长可能会犯的错误。比如说：发现孩子看小黄片，要"打断他的腿"；发现孩子恋爱了，便整天担心他（她）发生性关系，怕女儿怀孕，若孩子真怀孕了，家长非打即骂……这些做法显然都是错误的。

我会在后面的章节和大家一起讨论正确的处理方法。

家长具备性教育资格的第四点要求：性教育要全面，各方面都要讲。

家长具备性教育资格的第五点要求：家长要有丰富的性知识储备。

现在测一下你的性知识储备是不是丰富。

1. 女孩子幻想性比男孩子幻想性更下流。
2. 频繁自慰是有害的。
3. 女性第一次性交时会感到疼痛。
4. 自慰有助于了解身体对性刺激的反应。
5. 同性恋就是想和同性别的人发生性关系。
6. 可以有性行为的合适年龄是 18 岁之后。
7. 女孩在月经期不应该做体育运动。
8. 如果男孩没有射精或没有"进入"女孩的身体，女孩就不会怀孕。

大家怎么看这几道判断题？我告诉你，除了第四题，其他全错了。

1. 女孩子幻想性比男孩子幻想性更下流。

性幻想不分性别,女孩也可以性幻想,都是正常现象。

2. 频繁自慰是有害的。

每个人的身体状态不一样,不存在"频繁的自慰"这一概念,会自慰就是有需求,没有需求自然就不会自慰了。有的人吃半碗饭,有的人则要吃三碗,每个人的标准不一样,没有统一的标准。

3. 女性第一次性交时会感到疼痛。

不一定,因人而异。

4. 自慰有助于了解身体对性刺激的反应。

对,在治疗性功能障碍时,会建议使用这种方式。

5. 同性恋就是想和同性别的人发生性关系。

同性恋并不以想跟谁发生性关系或已经跟哪种性别的人发生性关系为鉴定标准。

6. **可以有性行为的合适年龄是 18 岁之后。**

以身体成熟为标志,不以年龄为界限。

7. **女孩在月经期不应该做体育运动。**

因人而异,经期可以根据自己的身体情况进行适当的体育运动。

8. **如果男孩没有射精或没有"进入"女孩的身体,女孩就不会怀孕。**

即使没有射精,体液中也可能含有少量精子,遇到卵子受精即会使女孩怀孕;即使没有"进入",只要性器官有接触,精子就有概率进入女性体内而使她怀孕。

这里面最有争议的,可能是第六题,因为许多家长认为孩子可以有性行为的合适年龄是 18 岁之后,有的家长甚至希望孩子在结婚后才有性行为。

作为家长,你可以有你的想法和期望,但这也只是你个人的价值观。性行为并没有一个所谓的必然合适的年龄,"自主、健康、责任"的性,才是好的性。

有人要说了:你是鼓励孩子们在 18 岁之前就有性行为吗?这

是断章取义、以偏概全。关于如何对孩子进行性爱的教育，我们后文有专章讨论，请耐心等待。

我们再来看其他几道判断题：

"一周自慰 5 次是过度。"错。

"女性性生活多了阴唇就会变黑。"错，那是因为色素沉积变黑的。

"自慰会影响与伴侣的性生活，未来会造成阳痿、早泄、性冷淡。"错。

这些都是我们生活中很普遍的错误观念，家长要先抛除错误的"知识"，多读点儿性方面的专业书籍。

有些性教育工作者在知识更新上也做得很不够。人类的知识在不断更新，你要先确保自己有一缸水才可以端一碗水给孩子喝呀。

我想在这里强调的是，**要不断学习新知识。**

家庭性教育的技巧

家长具备了性教育资格之后，我们再来讲性教育技巧。

家庭性教育的第一个技巧：善于运用身边的小事进行性教育。

坦白地说，家长给孩子做性教育确实挺难做的。即便我们的性观念都对了，我们能够坦率地跟孩子谈性了，性知识储备也足够丰富并且正确了，性教育还是很难做。为什么？

关键就在于家长给孩子做性教育的方式。

比如吃完晚饭，你和孩子说"我们搬个小凳子坐这儿学英语单词吧"，这没问题。你要是说"我们搬个小凳子坐这儿讲性教育吧"，这就比较难讲了。

为什么？

因为**性教育是一个价值观形成的教育**，不只是教知识这么简单。每个人的价值观，一定是在思考、经历中形成的，很难直接灌输。

有人讲过一个故事，说有一次孩子正在玩，他一时兴起，要给孩子讲性教育，就说："你别玩了，我给你讲性教育吧！"然后就开始讲精子与卵子结合那一套。讲完以后，他问儿子："你听懂了吗？"儿子说："爸爸，我可以玩了吗？"

原来孩子根本没听进去！因为这是一种非常生硬的教育方式。

那么，除了这种生硬的教育方式之外，还有什么？我认为家庭里能采取的最好的性教育方式，就是利用身边的小事来进行教育。

孩子在思考、讨论中形成的观念比较扎实，但往往需要许多孩子一起成长。比如夏令营的效果就会比较好，因为孩子之间有思想碰撞。这就是一种同伴教育。孩子听到同龄伙伴的声音，同伴之间会相互影响，这比家长、老师等成人给他们讲的效果好多了。但是很多家庭都是一个孩子，所以我们可以从身边的小事做起，让点点滴滴的小事自然地影响孩子。当事情发生了你就讲，不需要做特别的准备，但你需要提前准备好性教育意识、性教育观念和性教育知识。

这里分享几个我给儿子进行性教育的故事。

故事 1

在我孩子两岁多的时候，有一次我们去餐厅吃饭，正好那天有人举行婚礼，那家餐厅前面的桌子都是婚宴用的，后面隔着过道的就是我们的散座。看前边又唱又跳、又说又闹的，儿子就很好奇。这时候，我就顺其自然地对他进行了性教育。我告诉孩子：这是结婚典礼，结婚就是一男一女成年之后觉得彼此相爱，愿意在一起生活，相互扶持，他们就自愿走进婚姻；如果是两个男人或者两个女人在一起，那叫同性恋，同性恋很少，他们目前在中国不能结婚，但是在有些国家也能结婚。

我讲的时候说到"成人""彼此相爱""相互扶持""自愿走进婚姻"等词汇，就是讲了婚姻观，而且还介绍了同性恋和平等的议题。这是一个很自然的讲述过程。

故事 2

还有一次，我们走在街上看见一对恋人正当街拥吻，儿子就问:"他们干什么呢?"我说:"他们两个人相爱,在接吻,通过接吻来表达他们的爱。他们情不自禁地喜欢对方,要表达自己对对方的爱,所以就在街上接吻了。"你看,我没有一点儿污名的教育,而是强调了"相爱""情不自禁"。后来有一天晚上我们坐出租车,在路口等红绿灯的时候,又看到马路边有一对恋人在接吻。儿子看了之后,说:"哇,太动人了!"所以,你看,孩子懂得了这是一件美好的、动人的事情。当然,他的话让出租车司机笑得前仰后合的。

故事 3

到儿子上小学高年级的时候,大约 11 岁吧,有一次他放学后买回来一张光盘——《让子弹飞》,我们一家三口就坐在一起看这部电影。看过这部电影的读者都知道,这里边有一个土匪强奸女性的情节。受暴妇女的胸部非常大,在土匪把她的衣服扒掉之后,画面是几秒钟的胸部镜头。这样的画面出现在一家三口眼前,显然父母和孩子都会有一些尴尬。如果是没有受过性教育训练的家长,可能就会尴尬得不知所措,或者忙着调台。但是调台有什么用,孩子已经看到了,对不对?这个时候,受过性教育训练的家长就知道,坦然地评论几句就行了。我当时就说了一句:"你看,这叫强奸,土匪中常见的做法。确实是坏人,强奸别人。"我就把"土匪""强奸""坏人"这几个概念联系起来,告诉了孩子。

所以,家长遇到这类事情时,不需要揪住孩子的耳朵,对他耳提面命，反复强调。你自然地评论一句，他就听到了。这种做法就是一个价值观的教育，又避免了一家人坐在一起看类似情景的尴尬，还借此做了性教育，多好啊！

故事 4

还有一次，我太太的朋友结伴来北京玩，请我太太帮忙订酒店，临走前，想表达感谢，便请我太太吃饭。我太太吃完饭回来之后一脸诡异地跟我说：“俩男人，当着我的面儿，相互喂饭。”我立即点评了一句："不就是同性恋嘛，有什么呢。人家两个人不仅相爱，还很自信！当着你的面儿都敢亲热，说明没把你当外人呀。这是好事，没什么，挺好的！"我这话是跟我太太说的，但是我的孩子在旁边也听到了，当时他还在上小学一年级。很多家长都有这样的经验，夫妻俩聊天说过的话，过些天会突然从孩子的嘴里冒出来。家长的言行举止对孩子是有潜移默化的影响的。所以我虽然是在跟我的太太说话，但是在这个过程中我已经把我的观念传递给我的孩子了，即对同性恋的态度。

如何才能做到利用身边的小事对孩子进行性教育呢？

第一，要做好准备，孩子随时都有可能会问你问题，你也随时都有可能会遇到适合进行性教育的机会。

第二，对孩子可能问到的问题，要事先想好答案。这本书的内容，以及附加的两百多位家长与老师的提问，如果你都能认真地消化，琢磨你在遇到类似问题时对孩子的回答，那当你真的遇到时，就能够直接回答了。

在性教育中，家长不要回避孩子问到的任何问题，包括如何做爱。关于如何讲性爱，我们后文会谈到。这里主要是提醒大家：任何时候都不要回避，回避孩子的问题就意味着你加深了孩子对这个问题的好奇度，意味着你让孩子自己去摸索，甚至意味着你给了孩子关于性的羞耻、污名等负面印记。记住，回避是最糟糕的。

家庭性教育的第二个技巧：以平常心诚实地进行性教育。

回答孩子的问题的时候要保持健康明朗、充满自信的心态，注意自己语气和声调的变化。比如孩子问你他是从哪里来的，你一紧张，语气就不自然、不正常了；或者你太兴奋了，说："太好了，终于问到这个问题了！我来告诉你啊！"你这么一激动，容易把孩子吓一跳。

能不能就像回答孩子的其他问题时那样自然呢？保持平静的心态、平常的语气、自然的声调，不用特别兴奋和激动，也别羞怯或回避。要想做到这一点，需要有正确的价值观，正如我前文所说，要有坦然谈性的态度。

此外，回答孩子的问题时，还要微笑、回答爽快，不要有任何的担心和迟疑。当然做到这一点也不容易，还是需要不断完善自己的性价值观。

同时，我们主张以平常心，使用准确的名称称呼身体部位，比如用"阴茎",不用"小鸟""水壶"之类的外号。

另外,家长和孩子交流的时候要诚实。什么叫诚实?至少不要说那些你都不信的事。连你自己都不相信的东西,非要让孩子相信,这就是不诚实了。比如"一定要结婚后才可以做爱,不结婚不能做爱"这种言论,现在很多家长还这样跟孩子讲呢,特别是女孩的家长,即便孩子都读大学了,还不断地跟女孩说:"一定要结婚才能做爱哦!不结婚不能做那一步。"你自己是结婚之后才开始做爱的吗?部分父母自己都做不到,凭什么又让孩子达到这个要求呢?

不少家长想的是:"我告诉他结婚之前可以做,他不就更早做了吗?我让他结婚之后做,他不就能晚点儿了吗?"这是你自己一厢情愿的想法。越这么说,可能越没效果。你自己都不相信的,就别骗孩子了。

国家卫生和计划生育委员会(2018年改名为国家卫生健康委员会)发布的《中国家庭发展报告2015》显示,我国青少年发生初次性行为的平均年龄为15.9岁。与之形成鲜明对比的是,年轻人结婚的年龄越来越晚,尤其是一线城市。

所以家长应该做什么?应该跟孩子强调"自主、健康、责任"的性爱三原则。当然也不是说三个词这么简单,本书后文会展开讨论。

而且,受过"没结婚不要做爱"这样教育的孩子在遇到意外怀孕、流产等事情时,更不可能向家长求助。如果家长不断地跟孩子强调一定要结婚之后才做爱,那孩子意外怀孕了,大概率不敢跟父母开口。有的孩子会私自找个小门诊堕胎，或者把孩子生出来再遗弃，甚至摔死。类似的事情层出不穷，酿成了不少悲剧。所以作为父母，要尊重孩子，如实相告，是很重要的一点。我接触过一些女大学生，已经流产几次了，父母还以为孩子没发生过性关系呢，家长和孩子开启了互骗模式，这样好吗？

家庭性教育的第三个技巧：善用辅助工具。

可以用图片作为辅助工具，特别是回答婴幼儿的问题，比如"我从哪儿来""我想看看爸爸/妈妈的身体""我想看阴道长什么样"……这个时候就可以用图片。

家庭教育通常要在耳濡目染中完成，要在游戏中进行。如果孩子年幼，还建议你可以给他做两个成人形象的布娃娃，一个男娃娃，长阴茎、睾丸；一个女娃娃，长阴道，肚子里还可以放个孩子，再给它们穿上衣服。孩子都喜欢玩娃娃，如果你让他玩这样的娃娃，就可以借此讲很多性教育知识了，如男女的生理差异、生命的来源、如何预防性侵犯等。

家庭性教育的第四个技巧：平等、尊重、倾听与支持。

家长要成为孩子的同伴，平等对待他、尊重他、倾听他。尊重孩子是性教育当中非常重要的一点，因为你看到的不等于他看到的，你想的不等于他想的。比如一些小孩的性游戏，可能会把你吓坏。但事实上，性游戏没什么大不了。小孩子之间的性游戏非常常见，不需要如临大敌。也可以利用性游戏进行性教育，但不可以训斥、惩罚孩子。

再比如我上文提到的孩子要求看家长的裸体，注意：你理解的裸体和他理解的裸体是不一样的。他只是对和自己不一样的身体感到好奇，但你可能想到了性。所以，要理解孩子和你不一样的地方，要学会站在他的角度看问题。

还要记住：爱孩子，只要他的行为没有伤害到别人，就应该支持他。所谓的支持，就是支持他的选择，无论他的选择是否让你满意，因为那是他被赋权之后自己的决定。除非他的选择明显地侵犯人权，预计会伤害到别人、触犯法律，出于保护的目的，可以采取强制的办法。但是在我看来，从小尊重孩子的赋权教育不会产生那样的结果，通常越是禁止、惩罚、恐吓，孩子才越有可能走上伤害自己和他人的道路。

如果有些时候接受不了孩子的选择，比如孩子看黄片，或者过早地发生性关系，你仍然要理解、支持和接纳他。当然，可以反复跟他强调：自主、健康、责任。因为家长简单地反对和惩罚都是没有效果的，只会使孩子离你更远，所以要先理解和接纳他，然后再引导他。

教学实操答问

> **问：** 在给幼儿做性教育时，科学的名称和适合孩子年龄的名称应该是同等重要吧？比如既要知道小鸡鸡，又要知道阴茎。
>
> **回复：** 科学的名称和适合孩子年龄的名称是同等重要的，但如果说"阴茎"需要考虑孩子的合适年龄的话，那为什么说胳膊、手、脚、脑袋、肠子等名称时不需要考虑孩子的年龄呢？这些不都是我们身体天然的组成部分吗？所以，这背后不是名称是否适合孩子年龄的问题，而是我们在观念上对性感到羞耻、羞怯，才会回避，不使用准确的、科学的名字，才说"小鸡鸡""水壶"。

> **问：** 假如我儿子20岁了，我赋权给他了，他带女朋友来家里同居，可是我不接受、不理解这事，太难和他们相处了，我该怎么办？
>
> **回复：** 你儿子20岁了，还不带女朋友回家住，你才应该着急。20岁了，人家带女朋友回家住，你应该高兴才对。要是实在接受不了，可以让他们去外面住。

问： 一个6岁的男孩，第一次见我就很喜欢我，对我又抱又亲，做一些类似情侣之间的动作，说想和我睡一起，还在离别时说"你一走我就会想你"，甚至偷偷地在我耳边说"你是我的哟"。对于这样的孩子，我该怎样应对？

回复： 这个孩子可能看了电视、电影里的情侣间的亲密行为，但无法区分那是情侣间的，以为那就是跟自己喜欢的人可以有的亲密动作和谈吐，所以才会跟你有这样亲密的表达方式。从这个角度看，我觉得没有什么，只是这个孩子在表达对你的喜欢。

不要用你的想法去揣测孩子的思想，孩子的想法和你的不一样。理解了这句话，也就能够理解这个6岁男孩的情况了。他就是不知道不同关系表达的差异，随着他年龄的增长，他会知道的。

问： 我十多岁的时候第一次无意间看到了男性的生殖器，当时的反应是觉得好丑陋、好恶心，心里也好慌乱，不知所措，也没有跟大人说，觉得说了也没什么用。这种好丑陋、好恶心的看法一直都在，如果说现在换作是我的女儿来跟我说她遇到了这样的事，我应该怎么去回应她？

回复： 首先，我觉得你自己的这个问题要先解决掉，不然你给孩子做性教育会有难度，我也不觉得你能跟孩子说清楚。你从当时到现在都觉得它好丑陋、好恶心，这背后反映的是你的性价值观，因为你采取了不接纳的态度，或者你认为性是不好的，没有坦然地把性当作健康的、积极的、美好的、愉悦的存在。这就是你觉得恶心的根源所在。

理想的性教育，父母可以对孩子说："它是身体的一部分，它不丑陋，它很美，只是因为你很少看到它，突然看到才会被吓一跳，觉得它丑陋、恶心；或者那个地方，别人告诉你应该藏起来，是见不得人的，你看到了才会觉得丑陋、恶心；或者是因为它黑，这是肤色的问题，你才会觉得丑陋。"

总之，要让孩子清楚，觉得丑陋和恶心的背后是对性的污名的价值观。

问： 我的孩子现在13岁了，他以前受的性教育是相对保守的，是您所讲的那种回避性的"性教育"。现在我知道自己错了，怎样才能把他引领到阳光下来呢？

回复： 通常情况下，13岁的孩子在同龄人中已经学到了足够多的性知识。而且孩子进入青春期后，已经不太可能老老实实地听家长的话了。所以，不适宜像讲课那样很正式地进行性教育。但是，父母仍然可以通过日常生活中的小事来进行性教育。

比如遇到与情感、婚恋、性有关的公共事件，可以和他一起讨论。有时孩子不一定愿意参与讨论，父母可以在旁边聊天，实际上是说给孩子听，引导他。

这些年屡见不鲜的校园霸凌事件或校园性侵事件，也可以成为聊天和讨论的话题，延伸开去，就是关于身体的权利、自我保护、责任与尊严、性的年龄标准、性的私密等话题。

我最近看到一个新闻报道：在一个僻静之处，一群女中学生将一个女同学的衣服全部扒光，凌辱她。虽然被侵犯的女生连声求饶、不断哭泣，但是那些施暴者依然没有停止霸凌行为，甚至还拍了照片和视频。父母在谈论这类事件的时候，就可以清楚地表达以下的态度。

1．无论是什么原因，施暴的女学生们都是在犯罪，这种侵犯别人的做法是可耻的，是要承担道义和法律后果的。

2．被侵犯的女学生事后应该立即向父母、老师求助，绝对不能向恶势力低头。

问：对于进入青春期的孩子们，应该送给他们一本什么样的性教育书籍？

回复：一定要拒绝那种有鲜明的、强烈的禁欲主义色彩教唆的性教育读本，那些书没有用，只会害了孩子。要去找专业人士编写的性教育书，找来后要认真看一看，对于不符合"赋权型性教育"理念的，可以注明你的观点后再给孩子看。对于一些有争议的内容，也要注明，让孩子知道这个问题是有争议的。总之，不是简单地一元化的灌输，而是给孩子思考和成长的空间。

看电影也是一种很好的性教育方法。

问： 我女儿今年14岁了，她没有问过任何跟性教育有关的问题。没问过是否也不正常？我们应该怎么办？是不是要给她补课？怎么补？

回复： 女儿没有问，并不等于不知道。对于许多青少年而言，同伴教育也是获得性知识的重要途径，特别是在信息如此发达的今天，我们有理由相信，一个14岁的女孩子已经懂得很多了。

但是，通过非正规渠道获得的性知识，有时是残缺的，甚至是错误的，至少很难是我们主张的全面的、综合的性教育——包括人生观、婚姻观、爱情观、性别平等观念的性教育。所以，父母还是应该多关注孩子。

问： 孩子问我："我和妈妈（爸爸）的身体怎么长得不一样？那多出来的是什么？"我该怎么回答？

回复： 男人和女人的身体是不一样的。比如男人有阴茎；女人虽然没有阴茎，却有阴道和子宫，它们藏在身体里面。又比如妈妈有乳房，爸爸没有，这是因为妈妈要给宝宝喂奶，所以才有。虽然男人和女人的器官不尽相同，但都是平等的，谁也不比谁优越。

问： 给孩子进行性教育时教得比较直白，如果他跟小伙伴玩的时候也特别坦然地谈到从父母处学到的东西，比如直称性器官之类的，小伙伴再跟自己的父母说，而小伙伴的父母不能理解这样的教育，不让自己的孩子跟他玩了，孩子可能会遭到孤立，这种情况怎么处理？

回复： 这个问题你想多了，父母不让孩子跟谁玩，孩子不一定听。如果对方父母真的这么差劲，你就直接跟孩子说"他们这样是错的，你不需要为自己的正确做法而感到自责和羞耻，你应该坚持做自己"等，将问题转变成人生观、人格成长的教育。

人的一生当中充满了各种类似的情况，不能因为别人的错误，或者可能出现的伤害，就放弃对的事情，那样的话从一开始就是对孩子更大的伤害，不值得。

在我看来，做不到坦然地、科学地、全面地谈性教育，就是对孩子更大的伤害。

问： 我准备买个"大卫"和"掷铁饼者"摆家中，让孩子自然地了解异性的身体差异。但10岁的女儿坚决反对，说"太下流了"。我该如何对孩子解释？

回复： 孩子反对就先不要买了。可以和孩子讨论为什么觉得这两个雕塑"下流"，进一步可以讨论身体是美丽的，展示身体并不是下流的（当然，像暴露狂那样以骚扰他人为目的地展示身体，是犯罪行为），对身体有歧视才是下流的；还可以告诉她不同的人对裸体的看法是不一样的，妈妈／爸爸看待这两件裸体艺术品是非常自然的，不觉得肮脏、下流；也可以跟她谈谈这两件艺术品的故事，增加她对裸体艺术的了解。

第 3 讲 不同年龄段的性教育要点

当我们讨论对不同年龄段的孩子进行性教育的重点和方法的时候，必须先明确：**任何年龄段的划分都不是绝对的，因为每个人的个体差异大于群体差异。**同一年龄的孩子，在不同的家庭教育环境中成长，他的心智发展、身体发育、能力发展等方面都是不同的，所以要看每个孩子需要什么样的性教育，适合什么样的性教育方法。

所以，我们这里只是做一个大致的划分，以及大致的要点提炼。

从家庭性教育的角度，我们将一个孩子的不同发展阶段分为五个时期。

婴幼儿期，从出生到 3 岁；

儿童期，从 3 岁到 6 岁；

少年期，从 6 岁到 11 岁；

青春期，从 11 岁到 18 岁；

成年期，18 岁以上。

婴幼儿期：从出生到 3 岁

有些家长会纳闷了：在婴幼儿期，也要进行性教育？

是的，无论你自己是否意识到，性教育从孩子出生起就开始了。现在我们要讲的，是把父母不自觉中进行的、依据"常识"进行的、可能是错误的性教育，变成专业的性教育。

千万别小看婴幼儿期这个阶段。有一种说法是，一个人在 3 岁之前，他的性价值观就定型了。我个人不同意这种说法，毕竟价值观是随着人生经历不断成长的，甚至会一再改变，怎么可能会"定型"？但是，这种说法至少说明一个真理：孩子从出生到 3 岁的这 3 年间，他的价值观，至少性的价值观，是成长的。

这一阶段最重要的性教育方式是：身教。不是说不需要"言传"，但"身教"更重要。孩子看到父母如何做，他未来就会如何做。

所以我一直强调，父亲要进产房。进产房不是一个形式，而是父亲成长的一个过程，是父亲与孩子关系的一个指标性事件，会极大地改变父亲对自身父职角色的理解。理解变了，行动就会变，就会更多地陪伴孩子，亲子关系就会好，伴侣关系也会更加亲密。孩子从小就会接受这样的意识：父亲是需要陪伴孩子的，父母的感情很好。

你说，这能不影响他未来的亲密关系吗？

反之，如果父母整天吵架，父亲经常不在家，甚至父亲还对母亲施暴，孩子会对亲密关系形成什么样的认知？

这就是"身教"的力量。主要体现在对性别角色的理解、对父母角色的态度，以及对亲密关系的互动理解。

在这个阶段，孩子可能也会问及"我从哪儿来的""为什么男女身体不一样"这类简单的话题。我们的原则是实话实说。实话实说的方法和尺度，后文会详细介绍。

儿童期：从3岁到6岁

这个阶段的孩子开始更活跃地探索世界了，和性有关的问题自然也不容回避。

我是怎么出生的？

为什么男女身体不一样？

为什么不能进异性厕所？

为什么不能裸体出行？

为什么一男一女会结婚？

为什么爸妈在一张床上睡，而让我自己睡？

为什么男生和女生穿的衣服不一样，发型不一样，甚至玩的游戏也不一样？

……

从性教育的角度来看，这些问题不要等着孩子来问，家长要主动进行"教育"。许多问题可能在婴幼儿阶段已经涉及了，但是不同阶段的孩子探索的深度不同，回答所需要的技巧也会不同。我们同样也会在后文详细解说。

在这一阶段，家长必须对孩子进行身体权的教育了，让孩子学会如何预防性骚扰和性侵犯。而身体权的教育必须和社会性别的教育结合在一起。

这里特别强调的是，这个年龄段是孩子热爱阅读绘本的时候，也是培养孩子阅读习惯的好时机，千万不要错过。父母要和孩子进行亲子阅读，亲子阅读是一种非常好的增进亲子感情的方法，其中就应该包括和性教育有关的绘本阅读。当然，绘本的选择非常重要。我看过许多非专业人士编的绘本，其中传达了错误的性与性别教育观念。若孩子看了这样的书就坏了。事实上，即便是专业人士写的绘本，内容也不一定都正确，毕竟许多"专家"的知识和观念可能已经落伍了。

如何选择好的绘本呢？读完这本书，相信你会形成关于性教育的正确理念，届时会更有能力选择绘本及其他童书。

少年期：从 6 岁到 11 岁

少年期和青春期，是我认为进行性教育的最重要的两个时期。不是说其他时期不重要，而是这两个时期在性教育上需要投入的时间和精力要多很多。

我从 2013 年开始创办"猫头鹰性教育少年营"和"猫头鹰性教育青春营"，少年营学员的年龄要求就是 6 岁至 11 岁，青春营学员的年龄要求是 11 岁以上。

我接触过很多家长，他们觉得在少年期就对孩子进行性教育太早。这是错误的观念。

几乎所有的性教育话题都可以在少年期涉及。为什么？因为现在的小孩子接触信息的渠道非常多元，父母和老师回避是没有用的，孩子自己就会接触到。而他们自己接触的时候，是没有价值观引导的。我们要做的专业的性教育，主要是对价值观的引导，让孩子知道如何理解、应对相关问题。

以"猫头鹰性教育少年营"为例，我们会在 3 天的时间内讨论六大板块的内容。以下就是六个板块的主题和具体内容：

第一板块：男女身体的差异

认识我们的身体

坦然了解男女身体的差异

悦纳自己的身体

从男、女厕所大不同中看性别差异

第二板块：我从哪儿来的

通过原创绘本明明白白地讲生命的诞生

感受生命的宝贵

我的出生故事

第三板块：我的身体权

我的身体我保护，预防性骚扰/性侵犯

不做性骚扰/性侵犯的实施者

身体"红绿灯"

学会应对校园欺凌

第四板块：性别平等

男生、女生一样棒

打破性别刻板印象

发现自己身上的美好品质

规划人生理想

第五板块：我爱我家

认识各种各样的家

画画我的家

家庭责任共同承担

我爱我家

第六板块：迎接青春期

青春期生理、心理变化

遗精或月经，我的新朋友

你好，我的情绪

看了这六大板块的主题和内容，家长就更能理解：为什么我们说的性教育是"全性"的教育，而不仅仅是性生理知识的教育。

我创办的"猫头鹰性教育营"属于社会性教育的形式，家长在家庭中进行的性教育是家庭性教育。虽然两者的形式不一样，但是内容和理念都应该是一样的。性教育营更多的是引导学生在同龄伙伴之间讨论、互动，家庭中要想做到这一点就比较困难了。家庭的性教育，主要还是靠"说"，也就是"言传"。但言传也不能成为说教，甚至训诫，而可以结合电影、新闻事件等，自然地展开，也要考虑鼓励孩子自主阅读。

其实这个年龄段的孩子还能够"听"进父母说的话，所以父母的"说教"多一点儿也不至于影响亲子关系。这个阶段的教育，多数父母还是有能力承担的。

青春期：从11岁到18岁

这个阶段的家庭性教育，无论是内容还是方法，对家长来说都是一个极大的挑战。但是，这个阶段的性教育又格外重要，所以我们也只能迎难而上了。

我觉得非常重要的一点是，亲子关系要尽量构建好。如果亲子关系不好，在家庭中几乎不可能进行好的性教育。话又说回来，有能力进行好的性教育的父母，和孩子的亲子关系肯定好。

一定要记住：**性教育是教育的一部分，教育的基本原则同样是性教育的原则。**

问大家一个问题：你觉得在孩子成长的不同阶段，父母和孩子最重要的相处方式是什么？

在我看来，青春期之前，最重要的相处方式是陪伴；青春期开始后，最重要的相处方式是尊重，是保持距离。

青春期前的陪伴做得好，亲子关系好，孩子人格成长健全。到了青春期，父母就可以充分地放手了。进入青春期后，孩子自我独立的渴望增强，反感父母的控制。如果父母还不改变与孩子的相处模式，就准备整天面对"青春期叛逆"吧。

我一直说"青春期叛逆"是一个伪命题。为什么？它只是渴望独立自主的孩子，与仍然想按青春期前的养育方式对待孩子、仍然想控制孩子的父母之间的冲突。因为成人有话语权，就起了一个"青春期叛逆"的怪词，好像孩子真有什么错似的。如果孩子有话语权，或许会叫它"控制孩子综合征"。在我看来，所谓的青春期叛逆，是父母错了。

说了这么多，回到性教育，我的意思是：父母该放手时就要放手。要相信你前面的教育成果已经在孩子的心中扎下根了，他拥有对生命的热爱，对美好人生的向往，你可以做的不是规训，而是进一步地增能赋权。

关于如何增能赋权，我们这本书的其他章节会讨论很多，相信大家一定会有所收获。

青春期性教育到底要包括哪些内容呢？还是以我创办的"猫头鹰性教育青春营"3天授课的内容为例，方便大家理解。

第一板块：性的价值观

性的原则：自主、健康、责任

如何认识和理解性多元

尊重不同的价值观

第二板块：身体权

社会性别

识别不同形式的性骚扰

守卫身体权

不侵犯别人的身体权

第三板块：青春期的生理

青春期的生理发育

月经

乳房

遗精

自我悦纳

第四板块：青春期的性萌动

自慰

性梦

性幻想

文爱

色情品

同性恋

第五板块&第六板块：爱情与性

有一份感情如何处理

恋爱中各种问题如何处理

爱情与学习的关系

恋爱中的性

在性教育营中，这些内容都是通过同伴教育的方式进行的，也就是让学生自己讨论、辩论，呈现观点，在同龄伙伴的交流中促成自我成长。我们也不会进行规训。如果家庭性教育要涉及这些话题，也应该拒绝规训，用增能赋权的方式。

当然，关于青春期生理现象的教育相对比较简单，家长能够更好地进行。但家长也要不断地更新知识和价值观。以月经用品为例，家长是否能够理解卫生棉条是更好的选择？

在这个阶段，孩子的自主阅读更为重要。他们更可能"听"书里说的，而不是听家长说的。

总之，对于青春期的性教育，禁止家长把自己的观点强加给孩子。否则，教育将无法进行，只会变成非常"坏"的教育。

成年期：18岁以上

性教育是持续一生的，甚至到老年阶段也是需要的。但是，对孩子的家庭性教育，通常在孩子18岁之后父母能做的就非常有限了。

孩子满18岁，通常去上大学了，或者开始独立生活，这时父母对孩子的影响力下降了。但是，父母仍然会关心孩子、惦记孩子。这时孩子最常面对的是恋爱、婚姻的问题。

同样，记住增能赋权的原则，是最重要的。

最后，我想再强调一次：虽然每个阶段有不同的性教育使命，但几乎所有的性教育议题都是贯穿始终的，而且个体差异非常大，各位家长切不可以机械地理解。彻底理解赋权型性教育的核心理念，是最重要的。

第 4 讲 从出生开始的性教育：父母榜样与童话的影响

父母是孩子的第一任老师，也是孩子的第一任性教育老师。你无意间的一举一动都在影响着孩子，在性教育的领域也是一样。所以，在日常生活中做好亲密关系的实践，就是对孩子的性教育。

被"屏蔽"的性

这些年一直有家长问我:"方老师,给孩子做性教育从几岁开始合适啊?"我都回复:"从 0 岁就可以开始了。"

很多人好奇怎么从 0 岁开始进行性教育,我要告诉大家的是:父亲在场就是性教育!父母相处的状态,即父母亲密关系的呈现,就是对孩子的性教育。所以这样想来,是不是就能够明白为何性教育要从 0 岁开始了?

因此,在孩子没出生的时候就应该学习性教育的专业知识,做好进行性教育的准备。

我听过一个真实的故事:

一个"80 后"的女孩子,在她出生之前,父母就商量,说:"现在社会上关于性的信息这么泛滥,如果我们的孩子太早接触性,受到伤害怎么办?所以我们要尽可能地屏蔽与性有关的信息,不让他(她)看到这些,让他(她)纯洁点儿。如果是男孩,就由爸爸来负责进行教育;如果是女孩,就由妈妈出面进行教育,不要让他(她)接触关于异性的信息。"

女孩出生后,父母尽可能地为她屏蔽一切和性有关的信息,甚至他们都刻意不在一个房间里睡觉,更不会有拉手、接吻、拥抱这样亲密的举动。女儿曾经问妈妈:"我从哪儿来的?"妈妈说:"你是捡来的。"还好她不是说从垃圾箱里捡来的,而是说从小河边、柳树下、大石头上捡来的。受这样的教育长大的女孩子,在成长的过程中曾很多次到小河边、柳树下、大石头上寻找,也想捡一个孩子,但是一直没捡到。

有一次她看到妈妈来月经,就问妈妈:"为什么你流这么多血?"她妈妈回避了真实的科学知识,说:"都是被你累的!"结果女孩子很自责,心里想着我每个月都把妈妈累得大出血一次!

这个女孩子因为父母的做法受到了很大的伤害,成年后差点儿没有办法建立亲密关系。

其实,当这个女孩子问"我从哪儿来的""为什么你流这么多血"的时候,都是非常适合进行性教育的时机,但是她的父母却错过了这样的好机会。他们想的是屏蔽所有和性有关的信息,不要让孩子了解。这是什么?这就是坏的性教育,他们所做的一切都是在增加孩子对性的错误认识,都是在培养孩子关于性的羞耻感、污名感、负面的价值观,甚至更加引起孩子对性的好奇。

问题的根源在于,这对父母在孩子出生之前准备的性教育理念就是错的!

对女儿的性教育设想

在儿子出生前,我就已经准备好要对他进行性教育了。事实上,我曾经在太太怀孕之后写过一篇文章:《给尚未出生的女儿的信》。为什么是给尚未出生的女儿的信呢?因为我当时希望太太生个女孩,这和我当时正深入思考的性别议题有关。

这封信寄托了我对女儿未来的很多期许,比如理想、人生等。后来发现生的是儿子,我又赶紧写了一篇《给初生的儿子的信》,免得他将来看到只有给女儿的信,没有给儿子的信时会不高兴。

在《给尚未出生的女儿的信》中,我有一部分内容专门提到了性的问题,在此截取出来,让大家看看我是如何给自己的女儿进行性教育准备的。其实这既是性教育,又是性别教育,也是人格成长的教育。

从幼年起,你便会接受一种"离经叛道"的性教育。你对异性的裸体不会感到陌生,性的神秘感从一开始便不会出现在你的意识中。你看两性的差别,就像看一幅图画和另一幅图画一样。

爸爸对我们传统的社会性别角色定位深恶痛绝,所以我不会告诉你什么是一个女人应该做的,而只会告诉你什么是一个人应该做的。爸爸不担心你会成为"同性恋者""易性癖者"之类的人。爸爸要让你知道的是，在生物学意义上成为可能的选择，都是最正常不过的。

在你很小的时候，爸爸便会告诉你，我们这个世界流行的贞操观念是男人用来控制女人的，是对女人的毒害。女人在性问题上不是被动者，也不是受害者，更不是附属者。女人同样可以成为性的主动者、占有者、获益者。性绝不是罪恶、丑陋的事情，性是大自然为每一个人准备的最美妙的礼物。

在你初通男女之情后，爸爸会告诉你，你有说"要"的权利，也有说"不要"的权利。选择说哪一个，你只需要问自己的心便可以。你只需要对自己的心灵负责，而无须考虑其他。只要是不伤害他人的个人选择，任何人都无权干涉。

因为爸爸不会藏起那些性学藏书，所以我相信你很早便会懂得自我保护的方法。在广泛阅读下长大的女孩子，不需要父母过于操心。

任何时候，爸爸都是你最坚强的后盾。

这篇文章便体现了我对女儿性教育的一些看法。对比前面故事中的父母为女儿拟定的性教育计划，大家就能看出其中的差别了。

孩子从父母那里学习亲密关系

我鼓励爸爸进产房陪产,这个很重要,因为性教育从孩子出生后的第一秒就开始了。

不要告诉我说医院不让进,你问医院了吗?你跟医院争取了吗?很多医院都让进,但绝大部分的男人问都没问;你也不要跟我说男人进产房会被吓得阳痿,那是你自己想的,不要为阳痿找借口;你说生孩子流血怪吓人的,事实上生孩子流血很少,又不是大出血,流的大部分是羊水。

爸爸进产房为什么非常重要?爸爸进产房对谁重要呢?

对产妇很重要,因为产妇正在经历分娩的剧痛,丈夫若在身边,她就可以从丈夫那里得到安慰,知道自己不是一个人在战斗,自己正在被丈夫担心和关心着;对男人也很重要,因为男人在这一刻会更理解爱,更知道爱自己的妻子和孩子,并和孩子建立直接的联结。更重要的是:爸爸进产房对孩子也很重要。孩子出生后,护士会把他抱起来给妈妈看,如果妈妈是剖宫产,打了麻药,无法第一时间看孩子,这时候孩子第一眼看到的是医生。但爸爸在场就不一样,不仅爸爸第一时间看到了孩子,孩子也可以第一时间看到爸爸,这样双方就建立了一个情感的联结。这种联结,将影响爸爸和孩子的关系。有研究表明：参与分娩的男性，更愿意照顾妻子和孩子，跟孩子的关系和感情也更好。所以我们鼓励男人进产房，在这个瞬间建立亲子之间默契的联结。

在孩子的成长当中，不要总让妈妈承担陪伴的责任，爸爸的陪伴也很重要，但大部分家庭中的男性在育儿方面还是有不同程度的"缺席"。比如幼儿园门口，接孩子的全是女性，不是妈妈就是奶奶，或者外婆；偶尔有几个男的，也是爷爷或者外公。当孩子回到家里，做家务的主要是妈妈，带孩子的也主要是妈妈。爸爸都去哪儿了？

如果孩子从小看到的是这样的男女分工，他长大之后，也会形成类似的亲密关系模式，也会理所应当地认为男人不做家务、不带孩子，这都是女人的事儿！无论男孩还是女孩，都有可能在耳濡目染之下，在成年后建立这样的亲密关系模式。而当一方不愿意的时候，特别是女方不愿意的时候，男方又没做好承担责任的准备，亲密关系的危机就出现了。

孩子在和爸爸一起生活的早期，便学习了如何建立亲密关系，以及亲密关系中双方的相处模式。因此，对孩子来说，爸爸在场就是一种性教育——性别平等的教育，男性参与的教育，男性承担家务责任的教育。这些都非常重要！

伴侣之间的日常交往过程，也是孩子从原生家庭中学习亲密关系的过程。比如夫妻两个人在一起是亲密还是吵闹？是冷漠还是相互支持？是一方单方面地付出和照顾，还是互相帮助？这些都会在潜移默化中影响孩子，未来孩子会根据自己的学习经验构建他们的亲密关系模式。所以你现在跟你的伴侣怎么相处,你的孩子未来跟他的伴侣就会怎么相处。

这就是我们说的教育。

在这个过程中,不仅有亲密关系的学习,还有性别角色的学习。所以,不要总是让女人扮演服务者的角色,男人扮演挣钱养家的角色;不要总是男主外,女主内。否则,孩子会从父母那里学习这些性别的刻板印象,进而影响他未来的亲密关系。而未来的亲密关系中不一定是女人做照顾者。想象一下,未来你有个儿子,他从小就非常大男子主义,成家后不做饭、不照顾伴侣,也不关心孩子,他将来的生活真的会幸福吗?

我们常说父母是孩子的榜样,父母是否愿意为了孩子而改善自己的亲密关系呢?换句话说,就算是为了孩子,父母也应该学习如何改善自己的亲密关系。

当着孩子的面可以拥抱吗?当然可以。

可以接吻吗?当然可以。

可以表达爱,说"我爱你",诉说衷情吗?当然可以。

这些都是让孩子感到安全的亲密关系的表达。孩子目睹父母之间的爱,会感到幸福、安全,然后他也会从中学习到将来跟别人建立亲密关系的方式,所以**我们鼓励父母在孩子面前表达你们的爱**。

举个例子,大部分人家的家门口都有鞋柜,我们可以通过家门口的鞋的摆放状态,来判断这个家庭的亲密关系。家门口的鞋是东一只西一只,乱七八糟地扔在外面,等着女人回来收拾呢,还是说每个人进门时都摆好自己的鞋子,或者全家谁也不收拾,就那样乱摆着?这些小事看起来细微,其实都是原生家庭亲密关系的呈现,是父母对孩子的亲密关系教育。出现第一种情况的家庭,一般会认为家务是女人做的,男人和孩子不用做家务(基本上原生家庭就是这样);出现第二种情况的家庭,一般全家都会参与家务,互相扶持,生活井井有条(通常原生家庭也是这样);出现第三种情况的家庭,一般是大家都不做家务,谁看不下去了谁做,或者就是不做(单一现象粗略分析,不绝对)。

我们经常听到一种说法——男人带孩子是为了培养孩子,特别是男孩子的阳刚之气。错了。父亲在场不是为了培养孩子的阳刚之气,而是为了告诉孩子:男人应该做饭,男人应该带孩子,男人应该承担家务,男人应该关爱女人、关爱家人。在伴侣关系当中,双方是平等的,不应该有一方总是照顾另一方,充当照顾者的角色。这是父亲在场非常重要的意义!后文有一讲专门讲述应该培养孩子什么样的性别气质。

如何用童话给孩子做性教育?

孩子从小便会接触童话,但有些经典童话可能传达了错误的性与性别观念，成为我们说的"坏的性教育"。不过，如果父母懂性教育，即便遇到性与性别观念错误的童话故事也能把它变成好的性教育；如果父母不懂性教育，那么好的童话也可能做成坏的性教育，看动画片等也是一样。

《白雪公主和七个小矮人》

《白雪公主》这个童话，一代代的孩子都在看，但是全世界从事性别研究的人都认为，《白雪公主》其实强化了社会性别刻板印象，传递了错误的性别认识。如果你不懂性教育，看电影就只是看电影；如果你懂性教育，则可以在看电影的时候适时和孩子讨论相关的话题，进行好的性教育。当然，讨论时也要考虑不影响孩子的观影兴趣和观影效果。

接下来，我们就讲一讲如何用《白雪公主和七个小矮人》这部电影进行性教育。

影片开头是这样讲的，白雪公主的妈妈去世了，爸爸找了一个继母，继母很坏，总欺负白雪公主。看到这里，你应该告诉孩子："错了！写这个电影（童话）故事的人写错了，不是所有的继母都是坏的，也有好继母和好继父。"我们不应该把继母、继父污名化，不然让那些再婚家庭的孩子情何以堪呀！你的孩子可能不是再婚家庭的孩子，但他的同学可能是再婚家庭的孩子呀！要防止他再把这样的理念传达给那个孩子。所以要告诉孩子：不是所有的继母都坏，也有好的，这个电影太有刻板印象了，太片面了。

影片继续演，继母边照镜子边问："魔镜魔镜，谁是世界上最美的女人？"魔镜说："白雪公主！"继母生气了，后果很严重，她要派一个猎人去杀白雪公主。这个电影此时在告诉我们：女人要做世界上最美的女人。如果别人比你美，你就要杀了她。

作为家长，此时应该及时地告诉孩子：女人不一定要做世界上最美的，而且美是没有统一标准的，萝卜、青菜各有所爱，每个人都有自己的美，每个人都有值得欣赏的地方，不要被那些社会上美的主流标准所毒害。等你长大了，可能全世界都在告诉你什么是美，但是有几个人能完全符合那个美的标准呢？如果你不符合那个美的标准，你也不要自卑……

这就是非常好的性教育了。

电影中，猎人去杀白雪公主，一看白雪公主长得太美了，没忍心杀她，就放她走了，然后杀了头鹿回去交差。

影片到这里还在告诉我们：女人就一定要美，一定要美！只要你长得美，连杀手都会放过你。然而事实上，我们中绝大多数的人都不符合这个美的标准。那在这种不断强调女人要美的文化压力下，普通女孩受得了吗？在对美的标准过分夸大的语言环境下成长的孩子，有一天她发现自己不符合这个美的标准，该怎么办？特别是当孩子进入青春期，开始关注自己的身体形象的时候，这些影响都可能带来问题，所以早期就不能让孩子接受这样的教育。家长要帮助孩子不被外界传递的这种美的标准所构建，在日常生活中，也要避免孩子被自己传递的这种美的标准所构建。比如你要夸孩子聪明、善良，别老夸她美。除了外貌，可以夸的方面太多了。

顺便说一下，名字对一个人的成长也有不小的影响力。不要以为名字中没有性教育相关的知识，其实，父母给孩子起什么名字，会潜在影响孩子的人生发展，比如名字寓意着美丽，那他可能就按照这个标准要求自己了；给他起个柔弱的名字，他可能就按照柔弱的方向发展了；给他起个刚强的名字，他可能就用刚强自我要求了。

所以我主张起中性化的名字，不要阳刚也不要温柔，而是要兼性。

所谓兼性就是兼有男性和女性的气质特点，我们要培养具有兼性气质的孩子。

以我孩子的名字举例。我的孩子名叫"一"，有的人就说："这个好，争第一！"其实不是，在孩子的成长过程中，我们一直告诉他：不要争第一，那个第一不重要，快乐、自由才重要！我的孩子的名字"一"是什么理念呢？首先，"一"是一切数字之始，象征着基础、起始；其次，"一"是独特的、唯一的，我反复和儿子强调这个理念；再者，"一"这个形状是《易经》中阳爻的象征。

不过，相信看这本书的读者绝大部分都已经给孩子起完名字了，那一部分孩子的名字或柔美或刚强，应该怎么办呢？可以跟孩子分享："妈妈和爸爸给你取这样的名字，不是要求你一定按照名字的寓意成长。"这种教育是一个补救方法。

我们继续讲《白雪公主和七个小矮人》这部电影。在猎人放走白雪公主后，白雪公主就跑森林里去了，一路惊慌失措的。她看树枝动了就想"坏了,这儿一定有毒蛇";看到草丛动了就想"坏了,这儿一定有老虎"。她就这样被吓得一路猛跑。看到这儿,父母应该跟孩子怎么说呢?我的建议是,告诉孩子:"女孩子也不都是这么胆小的,女孩子也可以很勇敢,女孩子也可以什么都不怕!"

很多动画片把男孩子刻画得很勇敢,却把白雪公主等正面形象的女孩子刻画得胆小如鼠。这样的文艺作品对孩子的影响非常大,尤其是女孩,她成年之后会觉得我身为女人本来就很弱,不如男人。那你还想让她防性侵犯、防性骚扰,怎么可能呢?她从小就被教育:你很弱,你不如男人,外界的世界很可怕,身为女人很麻烦。这样她还好得了吗?所以广场恐惧症患者多数是女性,她们从小就是被这样培养起来的。厌食症患者也多是女性,为什么?因为社会文化教育女人:你要瘦,你要瘦,没有最瘦,只有更瘦!

所以,影片播到这里,作为父母的你就应该跟孩子进行反省文化的分享。本书后文还会深入讨论性别。

接着,白雪公主看到前边有一个小木屋,很高兴地跑了进去。她跑累了,按照常理说,进到小木屋后,可能需要赶紧找个地方歇会儿。她不是,看到屋子里很乱,她就开始给人家收拾。

你又不是请来的小时工,就算是小时工也要先跟雇主谈价钱,你进谁家就给谁收拾屋子?这也太不合常理了吧!影片在这里传达了什么潜台词?女人要爱做家务,爱做家务的女人是好女人!所以家长在和孩子看到这里的时候,可以对孩子说:"不一定是这样,男人也应该做家务,做家务不都是女人的事儿!不一定爱做家务的女人才是好女人，事业有成的女人也是好女人！"

电影中，白雪公主做完家务后，累得躺在床上睡着了。七个小矮人回来后推门一看，见家里来了一个美女，都很高兴。白雪公主醒了，跟七个小矮人说："你们留下我吧，我在你们这里避难！"七个男人中有六个同意了，有一个没同意。这时候白雪公主使出了自己的杀手锏，说："让我留下来，我就每天给你们做土豆炖蘑菇。"说完，唯一不同意让她留下来的男人也立即答应，说："太好了，留下来吧！"因为他最喜欢吃土豆炖蘑菇。

影片在这里教育我们：女人一定要会做饭，做饭好吃的女人才受欢迎。父母在这里应该跟孩子分享什么呢？父母可以说："做饭不是女人的专属技能，我们不能通过饭做得好与不好来评价女人的价值；男人也应该做饭。"

白雪公主留下来了。在那之后，男人白天出去采集、打猎，女人在家做饭。

影片在这里再次建构了女性的传统角色：针对女性的刻板印象，女性要会做家务；女人主内，男人主外。在这样的教育下，男孩会认为做饭是女人的事，女孩看了之后也认为做饭是自己的事。从小接受这样的教育，那未来他们在亲密关系当中又怎么能平等呢？在不平等的现实条件下，女性的成长空间在哪里？男性参与关爱女性又如何体现？所以这部电影要一边看，一边反思。

影片情节继续推进，继母又问镜子："魔镜啊魔镜，谁是世界上最美的女人？"魔镜又如实地说了："白雪公主。"继母很生气，后果很严重，还是要把白雪公主杀了，让自己成为世界上最美的女人。

影片在这里再次强调：要做世界上最美的女人，如果别人比你美，你就把她杀了。女性之间没有互相欣赏，反而是忌妒和仇恨。

这次继母不信任别人了，决定亲自去杀白雪公主。而白雪公主正在屋里扫地，一边扫地，一边陷入了性的白日梦，幻想自己遇到一个白马王子，邂逅浪漫的爱情，然后白马王子娶了她。继母来了后，给了白雪公主一个毒苹果，说："你吃了这个苹果吧！"白雪公主说："我不吃，我母亲教育我，不能随便吃别人给的东西。"这时候继母很聪明，说："你吃了这个苹果就能实现你人生最大的愿望！"白雪公主一想，那自己吃了以后岂不是可以嫁给白马王子了吗？这时亲生母亲的教导她也抛之脑后了，白雪公主就吃了一口苹果。她吃苹果前还许下愿望：白马王子会带她到他的城堡去，然后他们永远生活在那里。结果大家都知道，她中毒死了。

到这里，电影告诉我们的是：女人啊，你最大的愿望是嫁个好男人啊！为了嫁个好男人，别人给的毒苹果你也吃！这样的电影塑造出的女性人生梦想，如果可取，女性还有希望吗？

白雪公主死了后，白马王子来了。白马王子看了一眼白雪公主，就深深地爱上了她，忍不住吻了她。于是，白雪公主就复活了。

影片到这里再次告诉我们：女人一定要美，一定要美！只要你美，你死了都有男人爱你。男人根本不关心你的内心毒不毒、品德坏不坏，只关心你的美貌，所以只要你美，就有男人爱；只要有男人爱你,你死了都能复活!这个时候家长该如何引导孩子呢?家长应该说:"不是这样的,孩子!对女人来讲,最重要的不是美貌,否则当你年老色衰时,你又能怎么办呢?你应该追求的是自己人生的成长、人格的独立。如果一个男人,只爱你的美貌,那就不是真正的爱!"家长应该做这样的分享,而不是顺着童话作者错误的性别观念走。

这部电影(包括童话)原本是把女性塑造成一个第二性的弱者,但是经过我们的重新解读,它就变成了一部可以引导你的孩子(不论男孩女孩)人格健全发展的电影。如果你的孩子是女儿,便引导她成为一个自主自强、自立上进的人;如果是儿子,也可以通过影片引导他成为一个尊重女性、爱护女性、支持女性并参与家务的好男人。家长还用得着担心他们未来的幸福吗?

所以,很多经典的影片、故事都可以拿来做性教育。但是考虑到作品原来的价值观局限,这些影片和故事很可能要经过我们基于新理念的改编。家长可以按照以上的思路学习并灵活应用,即便将来在看电影、看书的时候遇到有局限性的故事,也可以做好的性教育。

如何用《灰姑娘》进行性教育？

《灰姑娘》这个童话同样既可能给孩子造成不好的影响，也可能成为好的性教育素材。

《灰姑娘》的故事一开始，就说女主人公灰姑娘的亲妈死了，继母欺负她，继母带来的两个姐姐也欺负她，总之这孩子很惨。但幸好这时候有几个小动物爱着这个孩子，还有仙女出来帮她，等等。继母不让灰姑娘去参加舞会，小老鼠什么的都出来帮她。这听起来很好，但家长可以在这个时候停下来问一问孩子："童话里有小动物和仙女帮灰姑娘，但是现实生活中没有这样神奇的小动物和仙女，如果将来有一天，我们自己身处逆境的时候没人来帮忙，又该怎么办？"可以让孩子进行这样的思考，最终启发孩子认识到：即使这个世界上没有一个人爱我们，也没有关系，我们可以自己爱自己！

在《灰姑娘》的故事中，午夜钟声敲响，灰姑娘往回跑时掉了一只鞋，然后王子拿着这只鞋到处找她。这时，家长应该跟孩子讨论的是：童话故事发展到这儿，有没有哪里不符合逻辑？启发孩子思考。孩子可能就会认识到：对呀！不是说十二点的时候一切都会变回去吗？怎么这只鞋就没变呢？这就叫思考。

从性教育的角度来看，《灰姑娘》仍然可以用来讨论女性角色、女性外貌等话题。

所以，各位家长可以引导孩子一起批判经典名著，不要让孩子觉得这些名著是不可批判的。虽然我们在利用《白雪公主》《灰姑娘》讲性教育，但是我们同时批判了这些经典名著。家长从小培养孩子"名著也是可以批判的"的意识，能让他们知道权威也是可以挑战的，自己应该独立思考和质疑，等等。这些都是人类社会顶尖人才具有的品质。所以，好的性教育能够起到这样一系列的促进人格成长的作用。

挑迪士尼的电影进行批评，并不是我的原创，女性主义学者一直拿迪士尼电影和经典童话进行性别反思与性别教育。近年来，迪士尼也在不断自我反思，洗心革面，拍了很多部非常好的性别平等电影，作为一种弥补。比如改编自中国传统故事的《花木兰》，就被认为是一部非常好的性别平等电影，呈现了不符合传统女性模式的新女性形象。这些电影同样可以用来进行正面的性别教育。

这就是在娱乐当中进行性教育，在轻松休闲中润物细无声地完成性教育的做法。

教学实操答问

问： 有一种人总是喜欢在别人不知道的情况下，给予一些自认为对他人好的"帮助"。比如别人生日的时候远程买一个蛋糕送过去；节假日别人在加班，突然跑过去送吃的，也不提前打招呼；赠送别人礼物的时候，还要别人过来拿，如果不过来拿就会生气。把自己认为的好强加给别人，还要别人必须按照自己的想法来做事，这样自己才会舒服……

我观察到我父母的亲密关系一直是这样的，妈妈一直按照自己的方式对爸爸好，爸爸一直以责怪的语气把自己的想法强加给妈妈。方老师，像这种基于家庭关系的影响，应该如何对女孩进行疏导，她要如何做才能将自己的好心以一种让对方感觉舒服的方式传达给对方呢？

回复： 要解决这个问题，重要的是父母要改变他们的亲密关系模式。我说了，父母要因为孩子而改变，否则孩子会学习父母的交往方式。孩子看到父母的冲突，就会受到伤害，内心就会缺少安全感。父母如果不能做出改变，也要明确地告诉孩子：爸爸妈妈这样的表达方式是不好的，你不要学。

问： 关于给孩子起名字这事儿，您建议中性化，有什么意义？

回复： 因为名字许多时候会影响一个人对自己的认知，名字里通常寄托着一个理想。父母会说：我希望通过这个名字让你成为什么样的人。所以，名字可能会在潜移默化中培养孩子过于阳刚或者过于柔弱的性别气质。而我们现在鼓励培养孩子的兼性气质，因此起个中性点儿的名字更好。兼性气质为什么好呢？简单地说，无论是男性还是女性，兼备两性的优点，怎么不好呢？一个男人既勇敢又温柔，既细腻又刚强；一个女人既坚毅又温柔，这有什么不好呢？如果只让男人阳刚、女人温柔，就容易出现阳刚易碎、温柔受欺的局面。理想的性别气质恰恰是兼具男女两性共同优点的，这样的人无论是在职场还是在生活当中都会发展得更好，都会更有力量。

问： 有人说童话和传说里有我们自己甚至都没觉察的民族潜意识在里面，不知老师怎么看？

回复： 它有什么意识不重要，你要关心的是你的孩子听了这样的故事，对他有什么影响，你想通过童话、传说给孩子什么影响。甚至作者是怎么想的都不重要，重要的是你的孩子是怎么想的。

问： 关于《白雪公主和七个小矮人》这部电影，听方老师讲解后，我有一定的认同。但是我有一个疑问，您讲的都是有知识背景的，实际上孩子是不理解的，那我们先把电影本来表达的意思说出来，然后再反驳这个现象，这样行吗？

回复： 可以的，没有问题。影视作品对人的价值观灌输是潜移默化的，是在文化背景当中生成的，我们在很小的时候就不自觉地接受了它传达的观念。所以，我们要通过教育进行反思，避免下一代的孩子再被这样塑造。孩子小，意识不到这个塑造的过程，其实很多家长都意识不到，这就需要我们从事性教育的专业人士来进行普及，帮大家认识和改变。

问： 请问方老师，家长面对一件事情的时候总习惯于批判、挑刺，即我预设这个东西有问题，这个过程对孩子的影响是怎样的？

回复： 要具体问题具体分析。挑刺、批判，和独立思考、质疑精神是两回事，我们要培养的是质疑精神，而不是刻薄、挑刺。

问： 分析电影时，鼓励孩子先说出自己的看法，然后家长再引导，培养孩子敢于质疑、有自己的独立思想，效果更好吧？

回复： 当然，这和我们前面所引导的反思批评童话电影的思路完全不冲突。如果孩子达到了这个认识，当然是可以的；但如果孩子没有达到这个认识，顺着主流价值观走，那就不是独立思考，而是继承主流价值观了。这时候，家长就要启发他反思，才能促进他独立思考。如果孩子看完电影后说："女孩儿就应该漂亮，就应该会做家务，要找个好老公；男孩儿就应该挣钱。"这是他独立思考的结果吗？当然不是！

问： 我的孩子刚满6岁，就有人劝我该给孩子进行性教育了。我觉得没必要，为什么要跟那么小的孩子刻意去谈性的问题呢？想当年，我到了十来岁才开始想性这事儿。我觉得还是顺其自然好，孩子啥时候问到了，我就正面回答。不知道我这种想法对不对？

回复： 如果把"性"仅仅理解为生理上的性，那性教育就跟当年学生理卫生差不多了。事实上，性教育的内容很宽泛。孩子两三岁时，问父母自己从哪里来，父母坦然、正确地回答，这是性教育；当孩子问到家庭关系、夫妻关系以及恋爱关系方面的问题时，父母坦然、正确地回答，这也是性教育；让孩子知道男孩、女孩都是父母的宝贝儿，都是平等的，这还是性教育。

当你了解了性教育涉及的范围后，你就会发现，我们的社会从来不缺少对孩子的性教育，而且从孩子出生就开始了。比如孩子刚被从产房推出来，我们就根据孩子的性别准备不同的衣服了。我们会对孩子有不同的期望，是男孩就要求他阳刚、勇敢、坚强，是女孩就要求她温柔、细腻、乖巧。我们一直在做性教育。但问题的关键是，这样的性教育对不对？对孩子的健康成长来说，是好还是不好？刚才列举的这几条，是不好的。所以，我们现在提倡尽早用正确的观念给孩子做正确的性教育——关于性、性别、亲密关系、婚姻家庭，等等。

顺其自然地对孩子做性教育，这没错，但有些方面也不能等到事情真的发生了再去教育。孩子6岁，也有可能受到性骚扰，也有可能因为好奇、好玩而对别人性骚扰。这时候，即便孩子不问，家长也得先说了。

问：家长的亲密关系比较糟糕，又无法调和，如何给孩子进行性教育，让孩子成长？

回复：父母之间的亲密关系如果比较糟糕，又无法调和，那你就要在教育上，包括性教育，下更大的功夫，比如你要让孩子认识到健康的亲密关系是什么样子的。孩子通常通过观察父母来进行成长，你就要告诉他不要学习你们的亲密关系方式，因为你们的亲密关系不是好的，然后把好的亲密关系方式分享给他。当然，这对家长来说也蛮难的。你的主要思路就是告诉他什么是不好的，什么是好的。

问：我的孩子两三岁。请问当着孩子的面，我和妻子可以有亲密动作吗？比如亲吻、拥抱。如果现在可以，是不是等孩子大些就不能再这样了？

回复：当然可以有，不管是现在还是将来，一直都可以。这样做的好处，首先是孩子会收获安全感，因为孩子看到父母是相亲相爱的，家庭是和谐的、稳固的；其次是孩子能学到好的亲密关系模式。亲密关系是人的一生中特别而又强烈的生命体验，是最美好、最重要的财富之一。父母等于通过这种"秀恩爱"的方式，给了孩子一份宝贵的财富。

孩子可能会不理解父母的一些行为，没关系，解释给孩子听——爸爸妈妈是相爱的，这是爸爸妈妈表达爱的方式。还有什么不理解的，尽管问，都没必要藏着掖着。倒是很多没看到过父母表达亲密、关心和爱的孩子，长大后在跟相爱的人在一起时，不知道怎么表达爱意，很尴尬。

第 5 讲 「我从哪儿来的」？

你可能会说，孩子问"我从哪儿来的"，这么简单的问题还用讲吗？告诉孩子"是从妈妈的肚子里生出来的"不就完了？

其实，要想回答好这个问题并不简单，是我们把问题想得太简单了。如何回答孩子，体现了你拥有什么样的性教育理念。

种子、房子，是误导孩子

性教育是一门专业，国际上有多种不同的性教育理念，比如守贞型性教育、安全型性教育、整合型性教育，还有我提倡的赋权型性教育。用不同的性教育理念回答这个问题时，答案可能都不一样，体现出背后不同的价值观。

回答"我从哪儿来的？"这个问题，守贞型、纯洁型性教育会这么说：捡来的，从某某处捡来的。它是回避性知识的。一些守贞型性教育的支持者可能也会告诉孩子："你是妈妈生出来的。"但是至于妈妈是如何怀上孩子的，守贞型性教育就回避了，本质上还是不敢讲性。当然，现在说"捡来的"有点儿落伍了，各种新版本在与时俱进，比如淘宝买来的、充话费送的；还有的回答比较浪漫，如天使送家里来的、圣诞老人送来的。我听过最现代化的版本是用 Wi-Fi 下载的。这个版本中的儿子听到回答后，对妈妈说："不对呀，妈妈，咱家没 Wi-Fi 呀！"妈妈灵机一动，说："我借隔壁王叔叔家的 Wi-Fi 下载的。"爸爸在旁边听到这个解释，感觉好像哪儿有点儿不对劲。

无论你是说用 Wi-Fi 下载的，还是说捡来的，本质上都是回避性、害怕谈性，连最基本的生理问题都不敢谈。即使说了"是妈妈生出来的"，但是当孩子问到"我是怎么进去的""你为什么要把我吃进肚子里"时,就不敢谈了。

现在国内有一些搞性教育的人是这样讲的:"妈妈的肚子里有一所房子,住着卵子;爸爸的身体里有一颗种子,叫精子。这颗种子通过爱的通道就到妈妈身体中的房子里(子宫里面)了,和卵子结合,孕育宝宝。"听起来好像是个不错的童话,但问题来了:这么讲真的好吗?

我告诉你:非常差!

为什么说非常差呢?第一,没有告知孩子真相,真相是性交;第二,把简单的问题复杂化了。教育,特别是对孩子的教育,要简单明了,越简单越容易懂。房子、种子、爱的通道等比喻,把简单的性教育复杂化了。如果孩子问"爱的通道在哪儿呀",你又怎么回答?所以说,这样的回答根本没把事情说清楚。更有甚者,在给自闭症儿童做性教育的时候,也讲种子、房子、爱的通道等。自闭症的孩子理解能力非常有限,这样讲他是听不懂的。所以,这样进行性教育是错误的。

不同年龄段的回答方法

赋权型性教育如何回答"我从哪儿来的"这个问题呢?

通常，性教育讲到孩子能够理解的地步就可以了，有年龄的标准。如果是两三岁的孩子问，你可以回答："你是从妈妈的肚子里生出来的。"但到四五岁的时候，孩子的探究可能就会延伸了，具体问的内容可能不一样。我儿子问我的是："我是我妈生的，你在我们家待着干什么？"每个孩子会有不同的问法，但都指向性交。这个时候就必须讲清楚，不能回避了。但具体怎么讲又有很大的学问。

两三岁阶段

回答两三岁的孩子时，讲到"你是从妈妈的肚子里生出来的"，要想讲清楚，应该这么说："你是从妈妈的肚子里生出来的，妈妈怀胎十个月，爸爸要照顾妈妈，陪妈妈去做孕检。妈妈很辛苦，爸爸照顾妈妈也很辛苦……"这样的性教育就超出简单的性的教育（生理性知识的教育），而变成了亲密关系、性别平等、男性参与的教育。

如果是剖宫产的，可以给孩子看看妈妈剖宫产时留下的刀疤。

可能有家长想问：如果是顺产的，孩子问怎么生的，要给孩子看阴道吗？我觉得对于两三岁的孩子来说，看不看取决于家长的态度。你要是觉得无所谓，就可以给孩子看看。阴道和鼻子、嘴、眼睛一样，都是身体的器官，既然身体的其他器官都可以给孩子看，为什么阴道不可以给孩子看呢？如果心理上实在接受不了，从小受的教育让你对此感到害羞，不敢给孩子看，也没关系，可以给他画幅画，把阴道画出来。如果不给他画出来，他会以为他是从肛门或尿道生出来的。

无论是画阴道，还是直接把阴道展示给孩子看，都是让孩子从小了解我们的身体。

我十七八岁时，有一个男同学交了女朋友，有一天，他神秘地跟我们说："女人身上有三个孔，阴道、尿道、肛门。"我们这才知道关于身体的生理知识。可能很多女生小时候也不知道阴道的存在，直到长大后才知道。无论你的孩子是男孩还是女孩，早点儿告诉他阴道的存在没有坏处。

至此，"我从哪儿来的"性教育还没有结束，还可以做更多。比如，可以弄一个重量合适的水袋绑在孩子的腹部，或者用简单点儿的办法——把重量、大小合适的双肩背书包反过来绑在孩子的腹部，然后让他这一天不管是上厕所、吃饭、看书、写字、系鞋带还是睡觉，都带着这个水袋或者书包，让他体验怀胎十个月的辛苦。这个过程也是亲情的教育、爱的教育。

一个"我从哪儿来的"问题，就可以讲这么多，这才是好的、赋权的性教育。

四五岁阶段

孩子四五岁时，问题延伸了，你该怎么讲？

丹麦的一个绘本，是我见过的给孩子讲这个主题的最好的绘本，可惜没有在国内出版。

介绍一下丹麦的那个绘本。

第一页，一男一女，正面全裸，女人的乳房、阴毛，男人的阴茎、睾丸、阴毛，都画得非常清楚；

第二页，男女拥抱接吻，男人的阴茎勃起；

第三、四页，男女在床上性交，阴茎插入阴道；

第五页，宝宝在妈妈的肚子里长大；

之后，爸爸陪伴妈妈一起去医院、进产房；医生把小宝宝接生出来；爸爸在床边抱着小宝宝给妈妈看；回到家里，妈妈给宝宝喂奶，爸爸在旁边陪伴着妈妈……

这个绘本非常棒！很坦然、直观地展示了男女的生理差异、性交等，孩子一看就明白了。虽然画家把性器官、性活动都画得很清楚，但是画面中的人体形态像梨一样，是卡通造型。这种对人物身材的处理不会激起性欲。

看到有阴茎插入阴道的画面，有的家长非常害怕，担心绘本画得这么清楚、具体，万一孩子看完绘本，下课后自己去模仿怎么办？

性教育不是性教唆，这种担心是没有必要的。

因为绘本是一回事，如何将绘本讲出来是另外一回事，家长在其中发挥的引导作用非常重要。以上文提到的丹麦性教育绘本为例，我会这样讲给孩子听："这是一个长着胡子的成年男人和一个成年女人，他们彼此相爱、接吻，男人的阴茎会勃起，这是一种爱的表达。他们为了更好地表达对对方的爱，就在一起做爱。

做爱就是把阴茎插入阴道，然后射精……"讲完这些，我还会跟孩子讨论："这是成年人在彼此相爱、相互自愿的情况下才会做的事，你可以做爱吗？"如果孩子说："可以！"我会进一步告诉他（她）："你的身体还没有发育好，做这件事是会受到很大的伤害。"而且，我们还可以问："为什么可以呢？对方愿意吗？你愿意吗？如果生了小宝宝怎么办呢？你没有收入，怎么养宝宝呢？"在这样的引导过程中，让孩子懂得性交要到能够承担责任、遇到彼此自愿的人的时候，才可以做。

我每年都会举办性教育的夏、冬令营，参与者多数都是11岁以上的孩子，我会给他们看这个绘本，目的不是告诉他们"孩子是怎么来的"，而是让他们思考性交之后的问题。看完绘本，我会让他们分组，每个小组列出"好的性"和"不好的性"，然后一起讨论哪些性交是可以有的，哪些性交是不可以有的。为什么这么做？**不要怕告诉孩子性交的真相，重要的是如何引导孩子认识性交，怎么看待性交。**对于所谓的"好的性""不好的性"，我也不会给它们贴标签，我只是借这个机会跟孩子分享性交的"自主、健康、责任"三个原则，并且在这三个原则的基础上，尊重性的多元选择。

从另一方面来讲，即便家长不给孩子讲性交这部分的内容，孩子就真的不知道性交是怎么插入的吗？他们会知道的，有很多渠道可以获取相关的信息，尤其是现在网络非常发达，孩子接触手机、电脑等设备的机会很大，很多小孩子几岁时就开始模仿了。所以，最好的办法就是主动告诉他，这样可以和他进一步分享相应的责任、权利、义务等，**简单地回避反而会使孩子失去成长的机会**。

值得一提的是，这个丹麦绘本从第一页到最后一页，爸爸都在场：爸爸陪妈妈去做孕检，爸爸在产房陪妈妈，爸爸在一旁照顾妈妈……这就是男性参与的性教育。

社会文化在绘本、童话、动画片、电影甚至广告中，建构了我们的性别观念，以及对亲密关系的态度。一个从小看有男性参与教育的绘本的孩子，和一个看妈妈独自育儿的绘本的孩子，长大后对亲密关系的态度能一样吗？性别观念就是在点滴小事间，以润物细无声的方式建构起来的。

我曾参观荷兰阿姆斯特丹青少年科技馆的性教育展区。这个展区有几个玻璃柜，其中一个玻璃柜里边有很多一对一对的小玩偶，他们摆出了各种性交的姿势；另一个大玻璃柜里头有两条皮制的大舌头，可以让小孩两人一组，分别从玻璃柜的一端伸手进去，各自操纵一条舌头以练习如何接吻。如果吻得好，机器还会给他们打分。注意，这是一家青少年科技馆，不是性博物馆。

我参观的时候有很多 3—6 岁的小朋友在科技馆里面玩，他们可以随时进入性教育展区。

荷兰人给小孩子看这些内容，荷兰的小孩子回去之后会不会马上接吻、做爱呢？

要告诉各位：荷兰孩子的平均首次做爱年龄是 17.7 岁（最新的调查数据显示是 18.5 岁，即已成年）。这是非常晚的一个平均年龄，比鼓励守贞教育的美国晚一年多。可见，与孩子充分分享信息、尊重孩子的选择的性教育并不会导致性行为的提前发生，反而比一味禁止、守贞的教育效果要好。

事实上，荷兰人在孩子幼儿园、小学教育阶段就告诉孩子什么是性交了，这个青少年科技馆甚至告诉孩子怎么性交，但荷兰的孩子并没有因此更早地发生性关系。因为荷兰从孩子小的时候开始就非常重视"自主、健康、责任"的性教育，他们是以增能赋权的态度让孩子学习如何对自己和他人负责任，这也是赋权型性教育一直倡导的。赋权不是回避，回避没有用，你要把真相告诉孩子。更重要的是，要对孩子进行性爱原则的教育。

综上所述，对"我从哪儿来的"这个问题要实话实说，而且回答的过程不是一次单纯的生理教育，而是一次关于爱、性别平等、责任、权利和尊严的教育。

教学实操答问

> **问：** 在国内的大环境下，推行方刚老师的这种直言不讳的性教育方式，太需要勇气了。
>
> **回复：** 说谎比说实话更需要勇气。你欺骗孩子，知道他不相信，知道他可能早就把你看穿了，但你还是欺骗他，这不需要更大的勇气吗？讲实话，引导孩子成长，学习责任与权利，需要的是诚实的勇气。
>
> 从另一个角度来看，也不存在所谓的"大环境"，有的只是家长个人的价值观而已，不要把你的价值观当成所有人的价值观。最重要的是，科学的性教育，用的是全世界成功的经验，为的是让青少年更好地成长，学习对自己和他人负责。充满谎言的性教育注定是失败的。

> **问：** 我家孩子10岁了，她不问自己从哪里来，但她问母猫和公猫怎么交配，是不是也可以把这个问题当作一个性教育的契机？
>
> **回复：** 当然。直接告诉孩子猫、狗的交配方式都是阴茎插入阴道，人类也是一样，你就是这么来的。

问： 我儿子15周岁，买了一个动漫的半裸玩偶摆在他的卧室，我以前总觉得不好，但不知道怎么跟他说，现在我想别说了，对不对？

回复： 对！为什么说"别说"是做对了呢？15岁的孩子，家长还干涉他干什么？他买了一个半裸的玩偶摆在那儿，都不回避你，说明他多么信赖你。这个年纪的孩子已经进入有情欲、性欲的阶段了，父母应该尊重他的选择、他的个人空间。

问： 方老师，你说性交是爱的表达，这对成人来说并不总是如此吧。所以，这种说法也只是骗骗孩子对吧？

回复： 你忽视了这句话的背景，我们是在回答孩子"我从哪儿来的"这个问题时，从爸爸妈妈相爱等讲起的。这个时候更多的是在向孩子阐释伴侣之间的关系。当然我希望伴侣彼此之间是相爱的，并不只是单纯为了生孩子而在一起。现实生活中确实有利益结合等情况。但是如果孩子问他为什么出生，你回答说因为钱或者意外，而别的孩子都是因为爱而出生的，那你的孩子得多伤心啊。

问： 最近我家母猫发春，我女儿总问交配的事儿。我就按照方刚老师教的由动物交配讲到人类性交的方法，用丹麦那套绘本跟她说了。没想到女儿看完绘本后很平静，我们才发现之前预想的种种担心都是多余的。

回复： 这就对了。很多时候，家长担心像丹麦绘本里那样直接给孩子讲性交，孩子会接受不了。其实，只是家长基于错误的价值观，自己接受不了。很多家长对性教育的各种担心都是自己想出来的。我每年做性教育夏、冬令营时，家长一开始也会有各种各样的担心，结果真正讲的时候，家长就发现自己杞人忧天了，他们担心的情况从来没有出现过。所以我一直以来强调：坦然谈性，开放谈性。

问： 如果孩子幼年时主动提问，家长回避了，或者讲了不坦然、不正确的性知识；等孩子进入学龄甚至青春期了，已经不再提问，或很少主动发问了，家长该如何纠正以前教育的偏差，弥补遗憾呢？

回复： 首先，孩子不主动问了，表示他以前关心的那些问题现在他已经不关心了，幼儿时期的教育机会已经没有了，你也不需要再把那些问题找回来重新跟他谈，没有意义了。你只需要在以后的教育过程中，涉及性、亲密关系、情感、性别的时候，按咱们书中的理念，坦然地和孩子分享就可以了。

其次，孩子不发问，不等于他（她）不需要性教育了。幼儿时期，家庭性教育可能以孩子发问为主；当孩子年龄大些之后，家庭性教育就不再是单纯靠孩子发问了，主要是家长在遇到相关问题时的处理态度。比如，孩子谈恋爱了、看色情品了……你对孩子这些情况的态度非常重要。我会在后文中详细地讲。

问：我女儿刚上一年级，最近问了一个问题："爸爸又不生孩子，妈妈为什么还要和爸爸结婚呢？"因为我信基督教，所以我就这样跟女儿说："是上帝让男人与女人结婚，上帝说这才是一个家庭。"女儿问这个问题是出于好奇吗？我这样回答她，可以吗？

回复：可以从两个层面跟孩子聊聊。

一个层面是关于生命的起源。孩子会问这个问题，就是因为对"我是从哪里来的"还不明白，对此好奇。可以找一些比较好的绘本，跟孩子一起读。即使没有书，也可以自己画一幅画，告诉孩子男人和女人的不同，人的生命都是从爸爸的精子和妈妈的卵子结合开始的。现在很多科普馆里也有实物模型，带孩子去看看吧，孩子很容易就能看明白。

另一个层面是关于爱情和家庭。可以跟孩子讲讲爸爸妈妈相爱的故事，告诉孩子："爸爸妈妈因为相爱，所以结合，组成了一个家庭。在这个家里，爸爸妈妈可以互相满足爱的需要、情感的需要，而且我们会共同努力把你抚养成人。"这就给孩子做了关于家庭责任和家庭观的教育。这些内容，即便有宗教信仰，也是可以跟孩子说的吧。

问：如果像您讲的那样和孩子坦然说性交的事儿，那要是孩子问我："我和××小朋友相爱，我们能做爱吗？我和妈妈（或爸爸）也相爱，我们能做爱吗？"我该如何回答？

回复：明确地告诉孩子："当然不能。做爱必须是两个相爱的大人之间的事情，你和××小朋友还都未成年，所以你们不能够做爱。而且，你和××小朋友之间的爱是朋友之爱，不是情侣之间的爱。情侣之间的爱与朋友之爱是不同的，那是至少进入青春期之后才会有的一种感情，你那时就会慢慢懂得。你与妈妈或爸爸之间的爱，是孩子同父母的爱，也不是情侣之间的爱，所以也不能做爱。爱是一种很美好的感情，但是，爱有很多种，诸如朋友之爱、父母之爱、兄弟姐妹之爱，等等。只有相爱的情侣，愿意并且也有能力为对方负责时，才可以做爱。"

问： 儿子快5岁了，总是问他是怎么从肚子里出来的。我不知道如何回答。

回复： 你是真的不知道吗？知道的话就告诉他呗，就是从阴道里生出来的。医生怎么接产？就是用手托着他的头，帮助他出来的。如果是剖宫产，你就告诉他是怎么进行的。总之，是什么就说什么，性教育是实话实说，不是编故事。

问： 我在小学一年级的课上对学生讲："爸爸把一粒种子种到妈妈的肚子里，种子长大了，就成为宝宝出来了。"第二天，一名女学生来问我："爸爸说让我问您，那粒种子是怎样种到妈妈的肚子里的。"我不知道如何回答。

回复： 我觉得你应该讲性交与受孕的过程了。只要态度正确，借助图片与性教育动画,不用担心孩子知道太多就会受伤害,就会去模仿。重要的是,在讲的过程中,要把年龄标准、身体保护、责任与义务等内容一起告诉孩子。

问: 如果孩子问我:"妈妈爸爸现在还做爱吗?"我该如何回答?

回复: 当然还做爱了,因为爸爸和妈妈还相爱呀。

问: 10岁的女儿看到宣传小报,问爸爸:"什么叫抽动?"被爸爸严厉地批评了一顿。3个月后,在家庭会议上,女儿给爸爸提意见:"上次问您什么叫抽动,您还没回答我呢!"爸爸应该怎么办?

回复: 女儿第一次问时,爸爸就应该告诉孩子:"成年的、彼此相爱的情侣之间,有一种表达爱情的方式,就是做爱。做爱就是阴茎在阴道里抽动。但是,未成年的小孩子'抽动'会伤害身体,可能会得病,还可能怀孕生下小宝宝。如果有人要和你玩'抽动'的游戏,他可能就是不怀好意,你要坚定拒绝,必要时报警求助,还要告诉父母或老师……"

这样,就不再是被动地回答问题,而是把这次回答变成了一次主动的性教育,不仅回答了孩子对"抽动"的疑问,还告诉了孩子关于做爱的条件,同时告诉了孩子如何自我保护、避免性侵犯,等等。

不要担心孩子知道什么是抽动了,就一定会去尝试。你同时把风险、希望等内容告诉她,她就不会去做。相反,如果你什么都不讲,采取回避的态度,她出于好奇,更有可能去做。**好奇心常常带来更早的性行为。**

因为孩子第一次问时,爸爸没有正面回答。所以,在孩子第二次问时,爸爸应该跟孩子道歉,直接说出自己的担心,比如"因为那是成年人的事儿,爸爸担心你知道了后会去模仿,对你产生伤害,所以上一次不敢告诉你。这是爸爸不信任你的表现,爸爸道歉。现在爸爸告诉你了,爸爸相信你会知道如何保护自己的"。

问: 在进行"疾病预防"的宣传时,我在小学三年级课堂播放有关光盘,其中一项内容为艾滋病的预防,讲到传播途径有血液传播、母婴传播、吸毒、性交等。当光盘播放到"性交"这一词时,班上的学生都问"什么是性交",还互相讨论、满脸疑惑。当时我只是默不作声,并没有做出解答。如果今后再遇到此类问题,我应该怎么做呢?

回复: 我们害怕讲性交,但我们敢于讲艾滋病,敢于讲性病的预防,这不是很可笑吗?没有性交,哪有艾滋病等性病?这是我们文化的过错,是守贞教育的后果。

坦然地告诉孩子什么是性交就可以了,同时也告诉他们性交的责任、权利与安全。

问：我姐家的女儿刚5岁，可她提出的问题总是让大人很难回答，诸如"我是从哪里来的""为什么幼儿园里的男孩子会有小鸡鸡"，等等。姐姐总是胡乱回答一通，我知道这样做不对。虽然我家的孩子才两岁多，但我知道总有一天他也会问我这些问题，到时我该如何回答跟男女身体器官差异有关的问题呢？

回复：因为我们把性看作一件特别的事情，一件"见不得人"的事情，所以才会在回答孩子的问题时躲躲闪闪。其实，性像吃喝一样是人体的一种需求，有什么可特殊化的呢？性器官跟人体其他器官一样，都是我们身体的一部分。如果家长向孩子介绍性器官时，用平静的语气、神态，就像介绍胳膊、腿的功能一样，就能够从小培养他们对性的平常心。告诉孩子："你是从妈妈的肚子里来的。妈妈和爸爸相爱、结婚，就有了你。"至于为什么结婚就会有孩子，你可以说："因为相爱的夫妻要做爱，精子会进入妈妈的体内……"当然，还要强调与之相伴的"性的责任感"教育：做爱必须是成年的、相爱的人在彼此愿意的情况下才能做的事，等等。

父母和孩子是否需要分床睡？
父母和孩子是否可以共浴？
电视中出现亲密镜头怎么办？
其实，这些问题都涉及我们如何看待自己的身体，想培养孩子什么样的身体观，以及亲密观。

第 0 讲 身体亲密，禁止还是接纳？

分床睡

父母和孩子要不要分床睡？什么时候分床睡？

如果你了解过一些心理学教科书，就会发现很多书告诉我们要早早地跟孩子分床睡，有的书说要 3 岁分床睡，有的书则说要 5 岁分床睡。看到这种明确规定某个具体分床时间的狭隘说法时，应该在心里画一个问号。因为人是千姿百态的，每个人都不一样，明确规定所有人都要在具体的年龄干什么事儿，这本身不就是一件很奇怪的事情吗？不就是一件值得我们质疑的事情吗？我儿子跟我太太分床就比较晚。在孩子五六岁的时候，有一位心理学家到我们家做客，知道我儿子跟我太太还睡在一起，连忙说："这不行，要赶快分床，不能再让他们睡同一张床，你们仨在一张床上睡也不行，不然对孩子的性心理影响不好。"我没理他，当时就觉得这很荒唐。父母和孩子在一张床上睡觉，怎么就对孩子的性心理影响不好了？在床上，你睡你的，我睡我的，最多是家长打呼噜、放屁、翻身、踹人，影响孩子的睡眠质量，和性心理有什么关系呢？完全说不通。

如果说同床睡觉对孩子的性心理有影响，那只有一种可能，就是孩子目睹父母在床上做爱，而父母又没有及时地向孩子正确解释,这可能会对孩子的性心理产生不好的影响。后文会说父母做爱被孩子看到怎么办。

可能有人会担心:"万一看见裸体,摸到身体怎么办?"这些本来就该看到,具体原因我们后文会讲,所以这些担心也是多余的。

在我看来,孩子到几岁不分床睡就会影响孩子的性心理,是西方的价值观,不是中国文化下的论调。中国人什么时候关心过跟孩子分床睡这种事啊!在中国的部分农村地区,几代人在一张大炕上睡一辈子是常有的事儿,也没见大家的性心理出什么问题。

我的外甥女住在美国,几年前我去美国,在他们家住了几个晚上。她家三间房,孩子从出生起就单独住一间。当时孩子两个月大,每天晚上要哭得足够响,才能把父母喊醒,获得照顾。可以想象,小孩子得哭多长时间呀,这不成虐待孩子了吗?我在那儿住的期间,孩子每晚都把我吵醒好几次,这也成为我进一步思考分房睡这件事的契机。

我们中国人觉得父母跟孩子在一张床上睡,才是最爱孩子的表现。婴幼儿时期的孩子最需要帮助,父母跟孩子一起睡,孩子无论是饿了、渴了还是尿了,父母都能够在孩子需要的时候迅速给予帮助。这多人性化啊!而且跟父母睡在一起,孩子会很安心,他躺在你的身边,听着你的心跳,与你共同呼吸,感受呵护和温暖,这对孩子来说,意味着幸福、安全、爱,等等。而强行分床就意味着剥夺了这些东西,孩子哭得死去活来,这时他幼小的心灵已经受到伤害了。

有家长跟我说:"分床睡后,孩子一到周末就跑到我们床上来,平时没时间,因为一起床就上学去了。周末不用上学,他就跳到我们的床上,开心得都笑岔气儿了。"相信不少家长都有这样的经历。这说明孩子渴望享受和父母同床共枕的那份爱。所以,我们中国人的这个习惯挺好的,不要过早分床睡,没必要。

当然有的家长会担心:"什么时候该分开睡呢?总得有个分床的时间吧。"

国际性教育的经验是:睡到有一方感觉不舒服的时候,就可以分床睡了。比如妈妈觉得"孩子这么大了,怎么还跟我睡?"或者孩子觉得"我这么大了,不想跟父母睡了",这时就可以分床了。通常是父母先感到不舒服,这个时候你要分床就可以分了,只是别被"不分床影响孩子的性心理"这样的论调绑架就好。

有的家长问:"当孩子大了再分床睡的话,会不会很难分?"

其实也没这么难。我的孩子是上小学之后分床的,应该是9岁左右。当时我们给他买了一套迪士尼动物版的床上用品,让他也参与选购,然后给他布置好房间,当天晚上对他说:"你去那儿睡吧!"他就抱着玩具过去睡觉了,很开心。后来过了几天,他可能开始琢磨:有点儿不对劲儿了,怎么回事?怎么就让我自己睡了?他就让我晚上过去陪他。我躺在他的枕边,用我的大手握着他的小手,直到他的呼吸变得均匀,握着我的小手松开了,我就知道他睡着了,我可以走了。他需要我陪伴他一会儿,在这个过程中,安全、幸福、温暖的感觉在我们的手心之间传递。我们就这么顺利地分床了，没有那么难。所以分床不像很多家长想的那么难。你之所以觉得难，是因为孩子在最渴望你的拥抱和爱的时候，你强行把同床的温暖剥夺了，孩子感到痛苦，当然会反抗，所以分床才困难。

有人说："我尽早跟孩子分床睡是为了培养他的独立精神，培养他独立照顾自己的能力。"

培养能力没问题，但需要以剥夺安全感为代价吗？孩子三五岁的时候，其他方面你都不让他自己照顾自己，就睡觉方面需要自己照顾自己？家长一方面在很多地方宠着孩子、不给孩子成长的机会，另一方面又急着用分床睡的方式让他成长，说白了，背后还是对身体、性的敏感和焦虑。

可能有的家长又担心了，说："方老师，你说睡到一方感觉不舒服的时候再分床，万一双方一直觉得舒服怎么办？孩子都20岁了，还觉得舒服呢？"

如果是这样的话，就是双方人格成长的问题，双方成长中割离的问题，是整个亲密关系的问题，不是同床睡出来的。有这种问题的家庭，就算父母和孩子早早地分床睡觉，问题依然得不到解决。有媒体报道过儿子结婚了，妈妈还进屋给他盖被子的新闻。这对母子倒是没在一张床上睡，但你觉得他们成长得对吗？

还有人担心在一张床上睡觉容易导致乱伦。我访问过一些乱伦者，还写过专著。那些乱伦者没有一个是跟父母一起睡到七八岁的，都是早早就分床睡了，所以这之间没有什么因果关系。

综上所述，**不要过早地剥夺孩子跟父母在一张床上感受爱、**

亲情、呵护、安全等幸福的机会。

共浴

赋权型性教育主张：孩子应该从小看到父母的裸体，父母应该跟孩子从小一起自然地沐浴。我说的不是"爸爸和儿子""妈妈和女儿"，而是"父母跟孩子"，无论男性还是女性，跟孩子一起沐浴，甚至一家人一起沐浴。

浴室是一个很好的进行性教育的场所，在浴室了解身体的差别非常自然。孩子看到了父母的身体就会问："为什么这个你有我没有？为什么你那儿大我这儿小？为什么你的黑我的白？"这些问题，我的孩子也都问过。这时父母可以很坦然地告诉孩子男人和女人的差别。

如果不是在共同沐浴时跟孩子讲男女身体的差异，那另外选择一个时间、地点跟他讲就难了。总不能吃完饭，你便和孩子说："现在我们要讲性教育了，大家把裤子脱掉。"这也太奇怪了吧！

一起沐浴就不会有对身体的羞耻感、污名感，孩子对异性身体的好奇心也被满足了。在这之后，他（她）还会去偷看异性厕所吗？还会去偷看幼儿园其他小朋友的身体吗？

那么，亲子共同沐浴到几岁比较合适？3岁？5岁？

还是那句话，人类千姿百态，"一刀切"的方式一定不是科学的。**国际性教育的经验告诉我们：洗到有一方感觉不舒服的时候，就可以停止亲子共同沐浴了。**

网上有个小段子：

一位妈妈带着儿子去女澡堂洗澡，儿子不太愿意进去，问门口的工作人员："我什么时候可以不来女澡堂洗澡？"工作人员说："当你想来的时候，你就来不了了。"

孩子的心地很纯净，他们不会把两性的身体差异想得那么复杂，所以家长不用过多担心。我从小没有父亲，他很早就去世了，我妈妈常带我去女澡堂洗澡，关于女澡堂的记忆我是一点儿都没有了，只记得大约5岁那年人家不让我进了。所以，总是成人在想太多，孩子其实想得很少。

可能有人又会问了："如果父女或者母子总爱在一块儿洗澡，像姑娘都18岁了还要跟她爸一起洗，儿子都20岁了还要跟他妈一起洗，怎么办？"

还是那句话，这是他们成长过程中的亲密关系问题，是他们人格的问题，不是一起洗澡导致的。在这种家庭中，无论亲子是否一起洗澡，该有的问题还是会有，这是成长割离的失败造成的。所以，不用担心一起洗澡会有什么问题，这是孩子了解异性身体的一种非常好的途径。

我有一个朋友，跟我说他5岁的儿子"耍流氓"。

我问:"怎么回事?"

他说:"家里一来女客人,他就掀人家的裙子。有一次,一位女客人穿了拉链裙,刚一坐下,我儿子就从人家后背把拉链拉下来,等于把人家的裙子给脱了,当时全家人都很尴尬。这孩子是不是要流氓呀?"

我问这个朋友:"孩子是不是很久没有和妈妈一起洗澡了?"

他说:"对,从一岁开始就不和他妈妈一起洗了。他妈妈洗澡时,他一进去,妈妈就蹲下说'快出去,小流氓'。"

我说:"这就一点儿都不奇怪了。因为妈妈特意蹲下来遮挡身体,这个举动增加了他的好奇心。他可能在想'我本来就是去撒泡尿,结果你骂我是小流氓,还用手捂着胸,到底是怎么回事啊?'他就对女人的身体非常好奇了。可能偶然有一次他掀了别人的裙子,结果大人被吓坏了,围着他又喊又叫,这等于强化了他的行为。于是,掀裙子就成了他吸引别人注意的一种手段,慢慢变成一种习惯,家里一来女性客人他就掀别人的裙子。这是家长的性教育不当造成的。"

所以,要警惕错误的性教育、性教养方式。

还有一次,我在一个地方给老师讲课,讲完之后,有一个男老师问我:"方老师,我的女儿11岁,最近我上厕所时她都跟进去,歪着脑袋要看我的阴茎,看我如何小便。以前我没有跟孩子一起洗过澡,现在你这么一说我就知道了,是不是因为女儿好奇呀?我回去后是不是该跟孩子一起洗澡?"

当然不应该。她是因为好奇才跟进去看爸爸小便。但孩子已经 11 岁了，之前从来没跟父母一起洗过澡，现在她都进入青春期了，这时候再叫她跟爸爸一起洗澡，太突兀了。

那该怎么做才能很好地应对孩子的好奇心呢？我当时建议这位父亲回去后给孩子画男人的阴茎、睾丸。这个方法就是第二讲里边讲到的，要善于使用图片对孩子进行性教育。家长以前没有自然地给孩子看过裸体，现在孩子年龄大了就不方便了，但是拿图画给他（她）看也算补上了这一课。

撞见父母做爱或更衣

孩子看到父母做爱怎么办？

很简单，当时就停止。做爱的时候不小心被孩子看到，还接着做就不合适了。幼儿或者少年看到父母做爱，如果他还不懂这是在干什么，会感到很恐慌。他会想，为什么爸爸要欺负妈妈？或者为什么妈妈要欺负爸爸？但是如果孩子已经接受过好的性教育，他便不会有这样的担心和恐慌。对于那些没有受过性教育的孩子来说，这仍然是一个好的性教育的机会。父母可以告诉孩子：这是成年的父母在做爱，做爱是父母表达爱的方式。然后接着讲做爱的责任、年龄、权利、尊严、义务、自愿，等等。

孩子看到父母换衣服时的裸体怎么办？

这个问题也是家长经常问的。孩子看到就看到了，家长接着换就是，不用过多担心。

我曾经听一位学者讲过一个故事：一位妈妈换衣服的时候，被 5 岁的儿子看到了乳房，儿子当时两眼发直，神思恍惚。这位学者评论说："这个妈妈换衣服不回避孩子，就是对孩子的性骚扰。"对此，我想说："你想多了，这是你的想法，不要总用成人的想法去假设孩子的想法。"孩子可能是很久没有看到妈妈的身体了，对妈妈的身体、女性的乳房都不了解，所以看到妈妈的乳房时很可能是吓了一跳——"天哪，我妈妈怎么长了俩肉瘤呀？这会不会死啊？哎呀，我妈妈生病了。"可能孩子想的就这么简单，是成人想得太复杂了，反而想歪了。

父母在孩子面前暴露身体，这个行为本身没有什么问题，只要不是刻意为之就可以。

影视剧里的亲热镜头

再跟大家说一个网络小段子：

爸爸和儿子一起看电视节目，电视剧里有人接吻，爸爸很尴尬，便对儿子说："给我倒杯水去。"儿子就起身给爸爸倒了一杯水。过了一会儿，电视剧里又有人接吻了，爸爸又说："给我倒杯水去。"儿子又起身给爸爸倒了一杯水。再过一会儿，电视里还出现接吻镜头，爸爸说："再给我倒杯水去。"结果儿子问他："爸爸，你是不是一看到别人接吻就口渴呀？"

这个小段子告诉我们：你看到的孩子早看到了，是你自己想多了，你心里不正才一直让孩子倒水去，孩子其实没想那么多。

你想想，你**故意支开孩子或者调台，等于在强化刚才的画面**。这种强化等于说：以后这样的情景，你要仔细看哦！要是放的是录像，那就等于说：我一会儿走了之后，你要退回去看哦！所以，家长的掩饰行为等于增加了这些情节的神秘感，还强化了孩子的好奇心。**最简单的应对办法就是自然而然地看**。当然，如果有机会，有能力的家长可以趁机点评一下。

我在前文讲过跟儿子一起看《让子弹飞》这部电影的故事，电影里有强奸的镜头，我当时就点评了一下，说："这是土匪常有的行为。"我不仅没有调台、没有支开孩子、没尴尬，还进行了性教育。我把很多家长可能会感到尴尬的情景转化成了性教育的机会。所以自然而然地看是最好的，越紧张越麻烦。

电视里的很多亲密镜头，比如接吻，可能孩子看多了就会模仿、尝试。比如，他会过来亲吻父母，许多家长都遇到过这类事情。我儿子小时候看完电视剧就跑过来抱住我的脑袋，要亲我的嘴。我立即跟他说："不要亲嘴，亲嘴是成年的恋人之间的事情。父母跟孩子表达亲密的感情是通过亲脸和亲额头。"我这么一说他就知道了,我再次把孩子看到电视剧中的亲密镜头变成了一次性教育的好机会。

当然,也有人质疑过我关于表达亲密关系的方式的观点,我也在这个过程中不断思考、学习。比如,我先前一直认为嘴对嘴的接吻是情侣之间才能做的,父母和孩子之间应该采用吻脸、吻额头等方式。但在一次培训做性教育的老师的过程中,一位老师提出疑问,她说:"我觉得你说的不对,为什么嘴对嘴接吻就一定是情侣之间的吻?我觉得父母和孩子之间也可以嘴对嘴地吻。我和我儿子就嘴对嘴亲吻,只不过我们没有那种把舌头伸进去、撩拨情欲的深吻。父母与孩子之间,不撩拨情欲,嘴唇对嘴唇的吻怎么不可以呢?谁有权决定我们该怎么表达亲密关系呢?"

听她这么一说,我立即醒悟了。以往我对亲子和情侣的亲密关系表达认知,也是从书上学来的,自己没深入思考。你看不思考多可怕,书上已有的知识不一定全是对的。

这位妈妈的话让我开始反思,但我的思考没有停留在吻的层次上,而是开始反思、质疑、挑战长期以来性教育当中的刻板印象。从那之后我的观念开始改变,我认为:我们要尊重每个人、每个家庭表达亲密关系的方式。所以,这对母子嘴对嘴表达亲密关系的方式挺好的,我们应该接受。**亲密关系不应该被强行规范为一种模式,人和人之间是不一样的,不应该被画成一条线。**

当然,如果你不喜欢和孩子嘴对嘴地吻,也不必强求自己,你仍然可以对孩子说:嘴对嘴的亲吻是情侣之间的……

每个人都有自己表达亲密关系的方式,不需要对性这么敏感、多疑。再顺便说一句，我支持父母在孩子面前表达你们的亲密感情，但也不要吻起来没完。父母轻吻一下或者拥抱等，会让孩子感到父母在相爱，从而感到安全、幸福。所以，不要害怕在孩子面前表达你们的亲密。

教学实操答问

> **问：** 我同事问，9岁女儿看到爸爸妈妈的性生活，事后父母应该怎么和女儿讲？
>
> **回复：** 就像我们前面说的，告诉她："你是不是感到害怕了？放心，那不是爸爸欺负妈妈，也不是妈妈欺负爸爸，而是我们在做爱。做爱是因为我们相爱，这是成年的、相恋的人之间自愿发生的事情。小孩子可不可以呢？不可以，因为可能会受到伤害。"具体有哪些伤害，直接告诉孩子就好。

> **问：** 如果孩子小时候看到父母做爱或者在看到父母的身体之后产生了乱伦的想法，我们该怎么办？
>
> **回复：** 其实孩子小时候看到父母做爱，和有乱伦的想法是风马牛不相及的。关于亲人之间乱伦禁忌的产生，人类学家有过一个经典的解释：我们一起长大，彼此太熟悉了，所以我们之间没有性欲。从这个角度来看，家长不用太担心乱伦的问题。

> **问：** 孩子跟父母一起睡的时候，为什么父母不能做爱？
>
> **回复：** 不管在哪个国家，都不会让未成年人看这种成人活动。而且

孩子在睡觉,你把他吵醒了多不好。不单是做爱,你在旁边谈天说地也不行,主要目的就是别影响孩子睡觉。

问: 婴儿对母亲乳头的吮吸,给母亲的身体带来愉悦的感觉,这是否就是性愉悦的感觉?

回复: 这个我没有体验过,但是我觉得这两种感觉是很接近的。婴儿吮吸乳头和丈夫吮吸乳头,对女性来说应该是一样的,都会有愉悦的感觉。但是你要知道,人的情感是有本能和欲望的,本能是与生俱来的,比如只要别人亲你,你就一定会有感觉;但欲望是由文化建构的,你对婴儿吮吸乳头的感觉并没有往性的方面想,这个过程就到这儿终止了。而伴侣之间的性爱不一样,首先对性刺激要有感知,不仅要感知,还要积极评价,否则这个性刺激就不存在。

因此,对于这个问题,我的看法是:第一,婴儿对母亲乳头的吮吸,本身不是以性刺激为目的的刺激;第二,婴儿对母亲乳头的吮吸确实能达到和性刺激相似的效果;第三,我相信绝大部分的母亲不会从性刺激的角度去感知它,更不会对它有性刺激角度的正面认可和接受,也就不会有性的唤起。所以从生理上的感受来说,这个过程可能和性刺激的前期感受一致,但后期就不一样了。

问： 父亲洗澡时，女儿开门要看，父亲转身不让看。母亲说："看什么？和我们长得一样。"这样做对吗？

回复： 这样做不对。明明不一样，为什么要骗孩子说一样呢？为什么不让孩子看呢？如果实在不想让孩子看，就画个图给她讲解吧。总之，要把男女的身体差异和性的知识告诉孩子。她对此好奇，你却不告诉她，这种做法是最不负责任的。

问： 我女儿7岁，平时洗澡跟我一起洗。她对女性的身体、月经等都了解，唯独对异性的身体好奇。她爸爸长期在外地工作，即使在家也比较保守，不会和她一起洗澡。于是她就在爷爷上厕所的时候开门去看，我该怎么办？

回复： 孩子小的时候，通过和父母一起洗澡的方式，自然地接触、了解同性与异性的身体，接受关于身体与性的教育，是非常好的。父亲"保守"，拒绝与女儿同浴，激发了女儿对异性身体的好奇，才会有在爷爷上厕所的时候去"骚扰"的情况，不足为奇。

有两个建议：第一，通过使用图片、画画等方式，向孩子讲解男性的身体结构，满足孩子的求知欲；第二，告诉孩子，上厕所是私密行为，没有经过别人的同意是不能看的，特别是异性，更不可以这么做。自己不看别人，也不能让别人看自己。

问： 我和妻子用你的方法对5岁的女儿进行性教育，现在遇到了困惑：和女儿一起洗澡的时候，她总是喜欢玩我的"鸡鸡"，于是我就忍不住勃起。而且每一次洗澡，我女儿都要玩。有时候我女儿还拿我的手去触摸她的阴部。我真不知道这样下去会不会使女儿性早熟，所以有点儿担心。还有就是我妻子喜欢在一家人洗完澡后亲女儿的阴部。因为女儿年龄小，给她讲的一些性知识好像她都听不进去。我女儿现在最大的兴趣就是和我一起洗澡，因为这样她就可以玩我的阴茎，我现在都有点儿不敢给她玩了，所以后来就不和女儿一起洗澡了。我想知道父亲和女儿一起洗澡到多大就不可以一起洗了？

回复： 父母和孩子一起洗澡，不等于要有这么亲密的性器官接触。女儿第一次摸阴茎的时候，就应该告诉她："这是私人部位、隐秘部位，不能摸。不仅不能摸别人的，还不能让别人摸自己的，所以不能拉着爸爸的手去摸你的阴部。如果再这样，咱们以后就不能一起洗澡了。"这些教育是必需的。

对于亲子共浴的停止时间，我们认为，当父母和孩子中有一方感觉不舒服了，就不应该再一起洗澡了。你已经感觉不舒服了，选择了停止，这样做很对。但也要和孩子讲清楚不再一起洗澡的原因，不然这么小的孩子可能以为爸爸不爱她了，会因此受到伤害。你可以说："因为我们是异性，你长大了，我们要尊重彼此的隐私。"

至于你太太喜欢在沐浴后亲女儿的阴部，如果她也亲其他的身体部位，只是自然地不回避阴部，我觉得无所谓。如果其他地方都不亲，专亲阴部，就不太适宜。**我们的原则是：不把与性有关的身体部位特殊化，即不特意地"忽视"，也不刻意地强化。**

问：我女儿5岁，儿子1岁半。这几天发生了一件让我头疼的事儿。女儿换衣服的时候，老是让弟弟在旁边看着，故意让弟弟看到自己的乳头。弟弟就会指着姐姐的乳头啊啊叫。然后姐姐就跑，弟弟去追。我问女儿为什么要这样做，她说她就是喜欢弟弟追着她跑。我该怎么办呢？怎样跟他们说呢？是不是需要把姐弟俩分开来说？还是不管他们，这事儿就会自然地过去？

回复：姐弟俩一起洗过澡吗？爸爸妈妈跟孩子一起洗过澡吗？对于我们的身体，家长是怎么跟孩子说的？

这位妈妈大概率对这些是回避的，或者说过姐姐的哪些部位弟弟不能看，过早地给孩子灌输了隐私观念，所以姐姐才会以此来逗弟弟，弟弟才会追姐姐。这只是他们之间的一个游戏，跟性没一丁点儿关系，家长不要想多了。

解决的办法就是让姐弟俩一起洗澡，孩子会发现两人身体的不同。孩子问什么问题都是天经地义的，家长直截了当地告诉孩子就行，身体没什么秘密。

但是，比较麻烦的是家长对身体的观念、态度和思想，以现在这个状态来看，是不适合跟孩子讲什么的。家长首先要提高自己在这方面的认知。

问：北方有澡堂，大家经常一起洗澡，所以从来没觉得有什么。可是南方就不一样了，南方人完全不能理解"认识的、不认识的人在一起洗澡"这件事儿，这是一个文化的问题。所以分床是不是也是这样？

回复：是的，这就是文化导致的。不是说日本有的地方还有男女共浴吗？这就是文化现象，没有什么。文化不一定都是好的、进步的，也没有统一的好坏评判标准。如果文化被当地人接受，那它就是好的。像分床这个问题，不要用西方的文化来强迫所有人，说一定要分床睡觉。我们的文化就是一家人在一张床上睡，不能用文化霸权主义来打压我们，我觉得我们的文化更好。

问：请问孩子对父母做爱抚动作，父母该如何应对？

回复：就看父母的感觉了，如果父母对此觉得不开心、不喜欢、害羞，对孩子这样做有各种担心，可以直接告诉孩子："爸妈不喜欢你这样做，爸妈认为这是成年情侣之间做的事情，所以你这么做让爸妈不开心。我们知道这可能是你在表达爱，你可能是从电视里学来的爱的表达方式，但是这样的表达方式我们不喜欢。"说完，你们还可以讲你们喜欢什么表达方式，为什么不喜欢现在这种方式，等等。

当你掌握了"尊重、真实"的原则之后，你就会发现，无论出现什么情况，性教育都变得非常简单了。

问：女儿从小就喜欢和父亲一起睡，现在已经12岁了，还要和父亲一起睡。我觉得这样有些不对，感觉不舒服了。你曾说，父母可以和孩子一起睡觉、洗澡，直到有一方觉得不舒服。但现在是，他俩看起来都很舒服，我这个第三方不舒服了。我是否应该让他们停止一起睡了？我该怎么和他们说？

回复：你的这种担心，可以从多方面来理解。也许你的潜意识里有对父女乱伦的担心，毕竟女儿大了，身体在发育。或者，是因为女儿和父亲过于亲密，和你就相对疏离了，所以你潜意识里有一种争宠的心态。也可能是你将你女儿看作潜在的敌人。也许以上的原因都不是，仅仅是因为夫妻关系是一个家庭的核心，这个核心维系着家庭的稳定，当孩子同父母其中一方关系亲密，而另一方不受关注的时候，这个家庭中的核心关系就会出现问题。

无论怎样，我觉得你都不必太焦虑。在我看来，12岁的孩子仍然是渴望和父母亲密相处的，可能是从小习惯和父亲睡了，所以现在还是这样。建议你多和丈夫沟通，听听他的意见。如果他认同你的担心，那你们就应该一起面对；如果他觉得现在这样睡没什么不合适的，你也不妨倾听他怎么说。这有助于化解你的担心，也有助于你更准确地理解这件事儿。

问：前夫每次来看女儿，或者女儿每次去看他，他都会陪女儿睡在同一张床上，说是为了弥补对女儿的亏欠，还说是女儿这样要求他的。请问，这样做对女儿的成长是不是有坏处？

回复： 这里有两个问题。首先，如果是母亲陪女儿或父亲陪儿子睡在同一张床上，我们还会担心这样做对孩子的成长有害处吗？如果还有，说明我们是担心父母与孩子的亲密会对孩子的成长有害。我个人认为这种担心是多余的。如果没有了，则说明大家真正担心的是异性父母和孩子同睡的问题，特别是父亲与女儿。

将所有男性都想象成性侵犯者，特别是将所有父亲都想象成性侵犯女儿的人，是不对的。除了极少数的父亲，男性对自己的孩子，无论男女，都是一种亲子之情。孩子（即使是12岁）渴望和父母同床共枕，特别是和久未见面的父母同床共枕，是常见的、正常的要求，是渴望和父母亲密的心理使然，**正常的亲密接触不会影响孩子的健康成长。**

但这位母亲的担心也是可以理解的。我建议从教育女儿入手，让女儿懂得什么样的亲密接触适合于父母和孩子，什么样的是不适合的；告诉女儿身体的界限在哪里，什么是性骚扰……让女儿学会处理自己的身体事宜。这是最重要也是最有效的保护孩子成长的方式。这种教育不应该是直接针对父女同床问题的，以免引起孩子和前夫的抵触。

问： 儿子已经读高中了，不愿意和家长睡一张床，但是家里来客人了，需要委屈他一下，他都不愿意，怎么办？

回复： 青春期的孩子对于和家长睡同一张床的抗拒，是可以理解的。家长尽量不要和孩子对抗。建议有一人睡沙发，或者家里常备一张折叠床，不然去宾馆住一夜也行。**家长在和青春期孩子交往的过程中，要尽可能回避对抗，尊重他们的意愿，这是原则。**

问： 你说过父母可以和孩子同床共枕，不必规定几岁分开，可以直到有一方感觉不舒服时再分开。那么，如果是母亲先觉得不舒服呢？这时强行分开，是否会伤害孩子？可否等到孩子也觉得不舒服时再分开呢？

回复： 父母和孩子具有一样的权利，如果父母中的一方觉得再和孩子同床共枕会不舒服，那就应该分开。因为父母的感觉一定是有理由的，让父母违背自己的内心感受，也不好。但是我们建议父母先问问自己，是否受了传统心理学中关于父母要尽早和孩子分床睡的观念的影响，才会有这样的感觉。

另外，父母在决定和孩子分床睡的时候，也应该采取说服、劝导的方式，让孩子心悦诚服地接受，不能让他感到被伤害、被剥夺。其实做到这一点并不难，比如给孩子讲一些长大要自己照顾自己的道理，给孩子换全新的卡通床单、枕巾来"诱惑"他，等等。

问： 儿子已经14岁了，有时半夜醒了还会跑到我们的房间，钻到我们的被窝里一起睡，应该怎么办？

回复： 小孩子都是喜欢和父母一起睡的，这是获得亲密感、安全感的一种渠道。孩子夜里醒了，跑过来跟父母一起睡，可能是因为他害怕了。找个机会问问他，夜里醒来的时候是不是感到害怕？害怕什么？害怕的时候脑子里闪过的是什么念头？然后耐心地帮助他打消那个令他害怕的念头，这才是问题的关键。

问： 方老师，你主张不分床睡，但是我认为这会导致对孩子的过度保护，孩子在心理上会过分依赖母亲，而母亲在心理上会用孩子替代父亲。

回复： 为什么只讲母亲的影响，不讲父亲的影响？父亲也在同一张床上睡觉呀。如果不分床睡会导致过度保护，那其他方面就不会过度保护了吗？就不会过分依赖了吗？

问： 姑姑（或者奶奶）没有伴侣了，帮忙看侄子（或孙子）时晚上总喜欢搂着孩子睡，而且不希望孩子回到妈妈那里，她们是什么样的心理？对孩子有没有什么影响？会不会导致孩子以后喜欢比自己年龄大的女人？怎样预防孩子被熟悉的人性骚扰？

回复： 不要过于敏感，她们可能只是爱孩子，并不一定有什么"特别的心理"，或者有性骚扰。不要对亲密关系的表达过于紧张和警惕。当然，这不妨碍家长告诉孩子性骚扰是什么，应该如何预防。

年长的女性喜欢孩子，抱着他睡觉，并不一定会对孩子的未来有什么负面影响，不必过虑。其实，这种担忧与社会文化长期对与性有关的亲密的负面建构直接相关。

问： 我儿子10岁了，现在多了一个毛病，总爱躺在他爸的肚皮上，还要把他爸的衣服掀起来，脑袋直接挨着肚皮躺在那儿。请问，这是不是有问题呀？

回复： 我认为这是孩子和父亲亲昵的一种方式、一种游戏，是寻找亲情，是在建立安全感，不必大惊小怪。相反，**我们成年人总把身体接触看成是可能"有问题"的，这才是"问题"。**

问： 我儿子12岁了，还是喜欢抱着我睡，有意无意地触碰我的乳房和阴部，怎么办？

回复： 触碰乳房和阴部，不管孩子是有意还是无意，都应该这样跟孩子说："这是私密部位，你已经长大了，不能碰了。不仅不能碰别人的，还不能让别人碰你的。"但我觉得孩子应该是无意的。如果你不喜欢他搂着你睡了，那就该和孩子分开睡了。我们的建议是，亲子共睡，当一方觉得不舒服就得分开了。

问： 两岁半的男宝宝总摸妈妈的乳房。

回复： 摸就摸，为什么搞得那么紧张呢？如果你觉得摸乳房实在让你难受，你就跟他说："妈妈不喜欢被你摸，妈妈觉得这是隐私。"但是我觉得对两岁半的孩子说这些太早了。

问： 实行两孩政策后，很多家庭都有两个孩子了。但是家里房间有限，如果是两个异性的孩子，什么时候分床、分房好呢？

回复： 这个问题的背后，可能是担心异性的孩子之间有性游戏。首先不要对性游戏如临大敌，它是很多孩子在幼年时认识身体的一种探索。重要的是，这与分床或分房与否没有必然的关系。家长要关心的是从小对孩子进行性教育，去掉对身体，特别是对异性身体的神秘感，同时进行身体权的教育。这才是问题的关键。

问： 女儿高一，15岁，从小和爸爸妈妈都很亲密，关系融洽。现在她长大了，爸爸睡前有时会穿着内裤在房间里走来走去，需要注意吗？还是顺其自然？

回复： 如果包括爸爸和女儿在内的所有家庭成员都不介意此事，都没觉得有任何不舒服或带来任何不便之处，可以顺其自然。特别是这个爸爸仅仅是"睡前有时会"这样。

但如果有任何一位家庭成员对此感觉不舒服或不方便，就应该提出来。比如是妈妈觉得不舒服，那么妈妈可以和爸爸做好沟通，说出你担心的事情和原因，同时也听听爸爸的意见。这有助于化解担心，消除误解。结果可能是爸爸改变，也可能是妈妈改变，没有唯一正确的标准。

当然，我们理解的是爸爸穿的内裤应该是普通内裤，而不是过于暴露或突出性器官的那种"情趣内裤"的款式。

问： 爸爸有时候喜欢裸睡怎么办？

回复： 裸睡就裸睡，我们还鼓励父母和孩子一起洗澡呢，这有助于孩子了解异性的身体。

问： 我女儿9岁了，总嚷着要看她爸爸的"小鸡鸡"，爸爸洗澡时她就要进去看，被我们拦住了。我们应该怎么办？

回复： 我估计是她以前没有和父亲一起共浴的经验，至少她的记忆中没有，而且你们一定刻意避免她自然地看到父亲的裸体，这种刻意回避反而会唤起她更强烈的好奇心。所以我一直主张，孩子在成长过程中应该有和父母一起洗澡的经验。现在孩子已经9岁了，当然不再适宜亲子共浴，因为这不是"在成长过程中自然地看到"了，而是变成刻意给孩子看了。

我的建议是，拿一本有男女正面裸体的性教育画册，或者自己画一幅男性的正面裸体像，给女儿看，同时告诉她关于身体的隐私部位以及自我保护的知识。这既满足了她的好奇心，也借机对她进行了防性骚扰的性教育。

问： 儿子4岁了，我在儿子面前换衣服，老公觉得这样会让孩子性早熟，真的会吗？

回复： 不会的，你们现在应该和孩子一起洗澡，而不是当着孩子的面儿换衣服。洗澡的时候孩子能看得更清楚明白，了解自己和异性身体的差别。这对孩子是很重要的。

问： 孩子从后面抱家长，然后用舌头舔家长的脖子，这个正常吗？我害怕孩子性早熟，这个动作好像是跟爸爸学的。

回复： 我觉得没有什么，这是他向你表示亲密、表达爱的方式，因为孩子喜欢你，有什么不好的呢？我不觉得有什么问题，父母不要这么敏感。

这跟性早熟没有什么关系，他只是觉得这是爸爸对妈妈友好的方式，所以他也用这个方式对妈妈表示友好。如果你觉得不舒服，可以跟孩子说"我不舒服了"，以后也别让爸爸这样做了。如果你让爸爸这样亲近你，但不让孩子这么做，那不是伤害孩子吗？

问： 有时候妈妈会单独带儿子外出，孩子要上厕所，妈妈让他上女厕所，孩子会说："妈妈，我应该去男厕所。"

回复： 孩子的话说明他已经不喜欢你带他去女厕所了，虽然你没有说他几岁，但能看出你的儿子明显不开心了。这时候就不应该再带他去女厕所了。你应该找一个可以信任的男人，跟他说"麻烦带我的儿子去男厕所",或者训练孩子自主上男厕所,你就在厕所门口等着。

问: 我女儿总喜欢掀我的衣服,在外面我总是拒绝,但越拒绝她越掀,老是发脾气。

回复: 是会这样的,你越拒绝她越掀。你可以让她在家里掀个够,并解释说:"在外面掀妈妈的衣服,涉及隐私、身体权,所以妈妈不希望你在外面掀,但是在家里可以掀。"然后问她:"你为什么好奇?你想看到什么?你为什么觉得好玩?"如果她想看身体,你让她随便掀,一次满足她。孩子之所以要在外面掀,很可能是因为她某一次在外面掀你衣服时被你呵斥了,受到挫折,她就一定要反反复复这样做。所以你就让她在家里掀个够,跟她讲身体权的关系。你说:"这是隐私,妈妈会不好意思。"要直截了当地跟她讲清楚,为什么你不愿意让她掀。"妈妈感到很尴尬、难过。宝贝爱妈妈就不会让妈妈难过,对不对?"这样分享就好。

问: 有一次,我和妻子晚上过性生活时,5岁的孩子没睡着觉便跑到我们的卧室来了,正好看到。我们不知道怎么和孩子解释,当时虽然说了些别的话应付过去了,可聪明的孩子一定会对此留下很深的印象。请问有没有一个"正确答案",好让我能合理、科学地向5岁的孩子解释清楚这件事儿。如果直言相告，我怕会引起他的模仿，更怕引起他的好奇心。你能帮帮我吗？

回复： 没有标准的正确答案，因为这要与你们平时对他的性教育联系在一起，综合考虑。**对孩子的性教育，应该强调当事人，即孩子本人的主体地位，即他要求知道什么，便告诉他什么，而不是我们习惯的"成人主体"**。所以，重要的是在你们那样"回答"之后，看他是否满意。如果他不再问这事儿了，当然就过去了。如果他还不满意，那就要告诉他："这是成年的、彼此相爱的人表达爱情的一种方式，小孩子不可以模仿。成年之后你也会遇到相爱的人，当她同意的时候，你们也可以做这件事儿。"解释的时候没有必要具体描述他并没有看清楚的细节。关键的一点是：相信性是一件美好的事情，相信对性知识的了解不会使孩子学坏，相信及时和明确的告诫可以使他们对自己更负责，不会过早发生性行为，这就足够了。

问： 儿子7岁时，妈妈在换衣服时便开始回避儿子了。一天，儿子偶然碰见妈妈换衣服，夸张地大笑，说"内裤"什么的，这是好奇吗？我们该做点什么？

回复： 如果家长换衣服时不小心被孩子碰见，不要躲躲闪闪，最自然的表现就是最好的，可以该干什么便继续干什么。像这个孩子夸张地大笑，说着"内裤"的情况，家长就可以问一下他："为什么觉得好笑呢？为什么会这样大笑着说呢？"

孩子之所以这么兴奋，可能是因为妈妈曾很刻意地不让他看到，让他觉得这是禁忌，是触碰了禁忌让他感到兴奋，并且大笑。

可以借此机会对儿子进行性教育，大大方方地跟儿子说："看到家人换内裤不是什么值得大惊小怪的事儿，身体、内裤只关涉身体自主权，并不是神秘的。"

问： 初二的男生洗完澡经常在母亲面前光着身体，这会不会是一个问题？母亲应该给予孩子怎样的反应？

回复： 这不一定是一个问题，要看孩子是什么态度。孩子可能只是很随意地光着身体，很自然的，并非刻意。而我们成年人对此太敏感了，想得太多，这才成问题。但如果孩子是明显刻意地向母亲"展示"或"炫耀"某个器官，则是另一回事。

但我想，无论是哪种情况，母亲最好的处理方法就是视而不见，不当回事儿，也同样自然、坦然地面对。否则，如果母亲的反应特别，那可能会成为一种"坏的性教育"。

问： 一个12岁的男孩子，每天必须搂着妈妈的秋衣睡觉。这正常吗？如何处理？

回复： 如果是一个女孩子，即使是成年的女孩子，每天抱着一个布娃娃睡，我们是否会觉得她不正常？可能还会觉得她"单纯、可爱"吧？

我认为对这种事儿不必大惊小怪,不然反而会吓到孩子。这可能仅仅是因为孩子和父母分床之后的孤独感,可能仅仅是需要抱着妈妈的衣服,体会一种温暖、安全的感觉,体会亲情,也可能仅仅是因为那件秋衣是他小时候妈妈抱着他睡觉时穿的,甚至可能仅仅是因为那件秋衣的质地柔软,抱着温馨……总之,要给孩子一个"断乳"的时间和空间,要允许孩子有一定的"寄托",不要害怕这会使他们"性心理异常"。

第 7 讲 青春期那些事儿

每个人都会经历青春期,这个时期的孩子自尊心强,会有孤独感和压抑感,常常表现得很叛逆,因此青春期也被称为"叛逆期"。孩子的青春期也许是最让父母头疼的时期,但对于孩子来说,这一时期也是一段艰难的摸索期。那么,如何更好地与青春期的孩子相处呢?如何对青春期的孩子进行性教育呢?

关于青春期的事情有很多,这部分的内容主要是介绍青春期生理的变化及由此而引发的心理变化,比如月经、遗精、性梦、性幻想、乳房的发育、阴茎的发育、包皮割不割,以及悦纳自己的身体等内容。青春期的其他问题,比如恋爱、性的关系,会在后文和各位分享。

月经

谈到青春期的时候,我们都会想到月经、遗精这些事儿。周恩来总理曾经说过一句话:"要在女孩子来月经之前、男孩子发生首次遗精之前,把科学的性卫生知识告诉他们。"

那么,女孩子什么时候来月经,男孩子又什么时候会遗精呢?

现在的说法是,有些女孩 10 岁就有月经了,所以青春期的性教育更要提前。

如此,我们该怎么做关于月经的教育呢?

我在前文讲过这样一个故事:一对父母对女儿进行保护型的"性教育",不让她了解性,怕性方面的信息伤害到她。女儿看到妈妈来月经,问道:"妈妈为什么流那么多血?"妈妈却说:"都是被你累的。"妈妈回避了真相,以欺骗的方式来谈论简单的生理知识,误导了孩子,这是非常坏的性教育。

那么,好的性教育应该怎么做呢?

一个女孩子来月经,在我看来是一件非常重要的事,其重要性体现在:在这之前,她可能认为自己和男生一样;但来了月经之后,她可能意识到自己和男生有些不一样。比如说,如果每个月来月经时都很疼,她可能就会觉得做女人很麻烦,做男孩子就没有这样的麻烦。关于身为女性的负面自我评价,可能就因为痛经而产生了。当一个女孩子觉得身为女性很麻烦,身为女人不如男人之后,她对自己的期待、评价以及定义可能都会随之发生变化。所以我们说,**"月经"是女性生命史中一个非常重要的事件**。

好的性教育、积极的性教育,一定会利用这个重要事件促成女性的积极向上,如自信心、进取心等正能量,而不是因为痛经、月经,赋予自身负能量。所以我们不应该说"大姨妈又来了""太麻烦了"等负面的用语,应该赋予月经一些正能量的东西。在正面的性教育下,应该祝贺这个女孩子:"哇!你来月经啦!这是你成熟的标志,你成为一个大孩子了,我们一起吃个饭庆祝一下吧!"

但只做到这些,还不够。

女孩子在月经期间很有可能经历痛经,我们只跟她说一堆正面的、积极的话,并不能帮她解决痛经。因此,月经的教育可能需要更多的内涵,比如可以思考一下痛经是怎么来的,因为月经对女性的影响与痛经是紧密结合在一起的。20世纪70年代,美国有一篇关于痛经的女权主义心理学的论文发表,它研究的是经期综合征。作者在这篇论文当中指出:经期综合征的表现,绝大多数是心理文化原因建构出来的,而不全部是真正的生理原因造成的。从这个角度来分析,文化强化了痛经对女性的负面影响。

更重要的是,我们需要反思:月经污名、经血污名等文化现象是怎么来的?背后是什么呢?这是父权文化建构出来的。长期以来，人们认为经血是脏的，实际上经血是最干净的。我们应该用这样的态度来培养女性对月经的认识：月经是健康的标志，是身体好的标志，是成年的标志；经血是干净的，不是肮脏的。

有人认为晚餐时间在电视上播卫生巾的广告是不雅观的，让人觉得恶心，这种观点就是进一步强化了经血、月经的污名。

怎么会觉得恶心呢？是觉得经血是不干净的吗？这些现象进一步加重了对经血的污名。

所以，不能再对孩子做老一套的性教育了，不能再说"大姨妈来了""二姨妈来了"之类的话。我们要给孩子积极、正面的教育，当孩子痛经时，要告诉她："这并没有什么，可以检查一下，如果确定没有器质性的问题，那么我们痛并快乐着。"

在经期用品的广告里，我们也可以从中看到其对经期的态度。比如，某品牌的卫生巾广告就完全是正面的——两个女孩子拿卫生巾叠了几朵玫瑰花，然后把它插在花瓶里。把与月经有关的东西拿起来做成花，作为艺术来表现，这是非常正面的。

实际上，在女性主义艺术的发展过程当中，从20世纪60年代到现在，鲜花经常被用来表现女性的阴部。这些都属于非常正面的教育。我们要明确地帮助孩子围绕月经、经血、女性的身体，包括阴道，形成正面的认识。对女孩来说，有助于她对自己的身体形成积极的态度。更重要的是，她不会因为月经麻烦而贬损自己作为女性的价值，这反而可能会使她进一步提高自己作为女性的价值感。只在女孩子来月经之前告诉她需注意的保健事项是不够的。

即使你的孩子是男孩，也同样可以给他讲月经的知识。男生了解女生的生理，女生了解男生的生理，有什么不好呢？好处很明显。比如了解人类的知识，消除对另一个性别的神秘感；理解和关心异性的生理和情感，如男生在未来的伴侣来月经时知道体谅她；等等。

有的女生来初潮或者刚来月经不久，在学校突然来月经了，自己不知道，经血就会渗透裤子，好多男生发现后会取笑、起哄，这种情况在学校挺常见的。我们应该告诉男孩子："你不要起哄，不要取笑女生。"也要告诉女孩子："如果有人因此取笑你，你不应该感到羞怯、自卑，你应该很坦然，因为你没错，都是他们的错。"这些都是**我们围绕月经要做的性教育：去除月经的污名，强化女性的正面价值，以及对待女性平等、尊重的态度。**

月经可以变成一种性别平等、提升女性价值感的教育。这样我们就将简单的性的教育提高了一个层次。我认为性教育只有提高到这样一个层次，才是好的性教育。

遗精

过去有一种说法：一滴精，十滴血。

我们当然要告诉孩子：这是胡扯。

精液的蛋白质含量很低，跟鼻涕的营养价值一样。 家长要在男生遗精之前将这一点告诉他，如果不告诉他，有的男生接受了错误的性知识，可能会很害怕、很紧张，早告诉他就会好一些。

而且家长要告诉孩子："**遗精这件事情，有的人来得早，有的人来得晚，有的人一生都不遗精，这都是正常的。**"是的，有的人一生都不遗精。不要错误地认为所有的男生都会遗精。如果他的精液排出了，怎么还会遗精呢？

家长还要告诉孩子："遗精的时候，通常还会伴随着性梦，这也是非常正常的。"

另外我也经常被问到"这个该由谁来讲？"，父亲母亲都可以讲，不用对性别差异这么敏感。

性梦

先给大家讲一个故事。

很多年前，我接过一个咨询：一位结婚半年的女子一直拒绝跟老公过性生活，然后老公不甘心，动员她来做性咨询。

后来，这个女生跟老公敞开心扉，说："我原来有过一夜情，我感觉无法接受自己，觉得自己脏。"

她老公一听:"什么一夜情啊?你给我讲讲。"

女生说她在读大二的时候,暑假跟同学一起去爬泰山,路上遇到一个同去爬泰山的美国男生,大家聊得很好,很开心。当天晚上,他们就住在附近的宾馆里,是泰山上那种大通铺的宾馆,几十个人睡在一个房间里,你挨着我,我挨着你。结果那天晚上入睡之后,美国男生就过来跟她发生了性关系,转天早晨大家又各自离开了。这个女生很自责,这件事成了她内心的一个阴影,所以影响了她婚后的性生活。

女生来咨询时,我觉得这件事很奇怪。我也住过泰山顶上那种大通铺的旅馆,人挤人,那个外国男孩怎么可能夜里过来跟她发生性关系,别人又不知道呢?

我问这个女生:"你的衣服是怎么脱的?"

她说:"没脱,一直穿得很整齐的。"

这就更匪夷所思了。

后来深入咨询我才发现,这只是这个女生的一个性梦,她并没有真的有一夜情。只不过她对那个美国男生有了性幻想,喜欢他,然后又在梦中实现了愿望,醒来之后便把现实和梦境混淆了。这个混淆又影响到了她后来的性生活。

性梦带给我们最大的挑战,是我们没有接纳它。我们会想:"自己怎么会做这样的梦?我太不好了,太不道德了,太坏了。"比如说,很多青春期的男孩子和女孩子都梦到过和家人发生性关系,这一点儿都不奇怪,因为**孩子在青春期的时候能组成其梦境的元素很少,所以最熟悉的人会进入他的梦。但是,这完全不等**

于说他潜意识里想和那个人发生性关系。

家长应该把性梦的真相告诉孩子。如果不告诉他，有一天他做了一个无法接纳的梦，这可能会给他的心理带来负面影响。

我讲性教育的时候会直接和孩子讨论梦。我会呈现一些他们同龄人的梦。青春期女孩子常见的梦：恋爱、白马王子、玫瑰花，等等；青春期男孩子的梦：强奸、裸体、性交……刚看到这些梦的时候，孩子们都惊叫："好可怕呀！好可怕呀！"但后来经过讨论，其实很多人都做过类似的梦。我跟孩子说："其实这些梦都很正常。"上过这节性教育课程的孩子，都能坦然地看待自己的梦。

性幻想

性幻想是性的白日梦，我们要跟孩子说："你要接纳它，像悦纳自慰一样悦纳它。"有人把自慰分为两种，一种是所谓的"手淫"，生理上的自慰；另一种就是性幻想，心理上的自慰。

幻想什么，有时候也不由你自己做主，接纳它，它就不会影响你的生活；不接纳它，它才会影响你的生活。很多人沉溺于性幻想而不能自拔，是因为不接纳它。所谓的幻想成瘾、幻想沉溺，是因为你抗拒它。

当一个孩子抗拒性幻想的时候,他就会把性幻想看得很重要,因为看得很重要,所以就难以自拔。如果觉得性幻想本身无所谓,只是想一下,想完就完了,这就没有任何问题。所以要跟孩子说:"性幻想没有关系,怎么幻想都可以,它不是道德问题,没有过错。但是不要强行把幻想变成现实。把幻想变成现实可就有问题了,因为可能会出现伤害别人的情况。比如你幻想强奸,能真的强奸吗?不能。"

乳房

青春期的女孩子乳房已经开始发育了。家长要提前告诉她:"你的乳房会发育!发育的时候无论大小,你都应该'挺胸做人'哦!"有的女孩子发育快,佝偻着身体,含着胸;有的女孩子发育得小,自卑。我们说的"挺胸做人"有双重含义。我们可以告诉她:"有的人发育早,有的人发育晚,乳房有的大,有的小,只要健康就是最好的。"

赋权型性教育主张引导孩子学会欣赏自己身体的美。事实上,大胸、小胸,各有其美。所以我个人认为,乳房发育的教育可以延伸到自信心的教育。

当然，乳房的教育进一步延伸，其实可以变成让男孩子和女孩子思考性别平等、性别角色的一个机会。比如说，乳房到底是什么器官？是谁的呢？是女人的吗？乳房是孩子的吗（孩子要喝奶）？乳房是男人的吗（因为那是他们性爱指向的对象）？

我们可以思考：长期以来，乳房是如何被建构的？被谁建构的？建构成谁的了？这样的一个思考过程，可以让女性更加爱自己、爱他人，并且深入地思考问题。

谈到乳房，就涉及文胸。可以跟孩子分享穿文胸的相关事宜：要选择适宜的文胸，比如棉质的、透气的，等等。还应该告诉孩子：回到家就把文胸摘了。有调查显示：穿文胸的时间越长，患乳腺增生、乳腺癌的概率就越大。

那不穿文胸，乳房会不会下垂呢？

我认识的一个女性朋友便从来不穿文胸，下垂就下垂，顺其自然。我们是不是也可以跟孩子分享这样的信息呢？然后，孩子会自己做出选择。家长通常不会跟孩子分享这样的信息，只告诉孩子要穿文胸，而穿文胸给我们带来的伤害，却基本没有说过。

最近有一个调查，一群女性 15 年没有穿文胸，乳房并没有下垂。当然，做奔跑等运动的时候，穿文胸还是有益的。

说到乳房，我们要说一下，男人也有乳房。有的胖男生乳房也会长得挺大。这是不是病啊？不是，这是正常现象，只要是健康的就可以了。

阴茎

男生进入青春期之后,阴茎会迅速发育,这个时候的男孩子会关心自己的阴茎发育得够不够大,甚至有可能去跟别人比大小。

家长要告诉孩子:

第一,阴茎的发育是一个持续的过程,有时候到 20 多岁还会发育;

第二,阴茎不勃起的时候,从根部算起,只要有 3cm 就算正常,几乎所有人的阴茎都能达到 3cm,勃起之后至少会增长 1 倍;

第三,阴茎大小不重要,粗细也不重要,怎么用才是重要的。很多孩子觉得,阴茎粗长是男子气概的标志。要告诉孩子:阴茎粗长不是男子气概的标志,一个真正的好男人,应该是有性别平等观念的、懂得尊重伴侣的、参与家务的、负责任的,而不在于其阴茎大不大。

以上这些内容都是在跟孩子分享的过程中,可以让孩子注意的。因为有的孩子在澡堂里跟别的孩子比试后,会自卑。家长要告诉他没有这个必要,经营自己的人格、健康成长才是重要的。

说到阴茎，也会说到包皮的问题——包皮要不要割？

我的意见是：到了青春期，阴茎勃起之后用手往上拉，如果还不能够露出完整的冠状沟，就需要割；如果可以露出完整的冠状沟，就不需要割。

悦纳自己

青春期另外一个重要的性教育内容，就是悦纳自己身体的教育。

青春期的孩子开始关注自己的身体发育，可能会因为自己五官不够美、身材偏胖或个子矮小而陷入自卑。

青春期的孩子格外关注自己的外表，自尊心强，又敏感，所以我认为父母、学校都应该关注青春期的孩子悦纳自己身体的这件事。

不只是青春期的孩子，大学生也是一样。

我在大学讲课的时候，跟孩子们分享过这样几句话。

第一句话："30 岁之前，我们的外貌是由父母决定的；30 岁之后，我们的外貌由自己决定，要开始对自己的外貌负责。"为什么这么说呢？我们经常会看到一些人，他的外表很好,但是气质很不好;或者一听他说话,就不想再跟他聊下去了。有些人虽然五官长得不好看,但是我们觉得他很亲切,交往起来让人很舒服,我们愿意与他们交往,这个时候你再看他,就不觉得他丑了。所以一个人所谓的美丑,与一个人的内在世界有很大的关系:你的气质可以改变你的容貌;你的眼睛传递出你的涵养,反映出你的内心世界;举手投足之间透露出的修养,真的可以让别人觉得你很美。所以,美丑不是五官就可以简单决定的。你可以早早地修炼自己,提升你的精神世界,到二三十岁的时候,你的外貌就会发生改变,所以你要对自己的外貌负责。

第二句话:"腹有诗书气自华!"这句话的意思是说读书多了,气质自然高贵、洁雅。这是让孩子悦纳自己身体的教育,同时更是给他们心理支持的教育,进一步变成鼓励他们读书上进的教育。我们的性教育做好了,就可以达到这样的效果。

第三句话:"不是因为美丽才可爱,而是因为可爱才美丽。"我们想一想,什么才使一个人真正的可爱?有的人说"男人都喜欢找美女"。确实,外貌漂亮的人在社会上有一些优势,容易让别人产生好感,但是长时间的交往之后,这个就不重要了。时间长了你就会发现,人是因为可爱而美丽。

第四句话:"萝卜青菜各有所爱。"我在多年前看过央视的一个节目,说的是一个 200 多斤的胖女生到处相亲都失败,别人都嫌她胖,不喜欢她。女生很难受,她也不喜欢那些男人,嫌他们太瘦。后来她在网上聊天认识了一个男孩子,两人聊得很投机,聊出感情来了,但是谁也不敢见面,怕"见光死"。女生怕男生嫌她胖，也怕男生不够胖；男生也有自己的担心，也不敢见面。

网恋半年之后，两人终于见面。见面之后，两人都欣喜异常。为什么？这个男生就喜欢胖女生，终于找到胖女生了。这个女生也喜欢胖男生，而这个男生就是胖男生。这就是两个胖子相爱的故事。所以说"萝卜青菜各有所爱"，话糙理不糙，都是激励孩子自信、悦纳自己的教育。

帮助青春期的孩子悦纳自己的教育不应该是孤立的，父母平时是激励孩子、赞美孩子、欣赏孩子，还是总贬损孩子、批评孩子、讽刺孩子，都是与此有关系的。你总批评他，他怎么可能自信？你总赞美他，不仅是在外貌、气质、性格方面赞美，而是在各方面都赞美，他怎么可能不自信？

所以我还是强调那句话：**家庭性教育是家庭教育的一部分，父母应该有一个好的教育理念。**

教学实操答问

问：最近，我女儿来月经了。我小时候来月经时，母亲告诉我："千万不要让你父亲知道，月经纸千万不能让你父亲看到。"但我女儿却百无禁忌的样子，还让她爸爸给她买卫生巾，这样做对吗？

回复：你母亲会那样教育你，是因为她那一代人认为来月经是一件羞耻的事情，认为女儿和父亲应该"保持距离"，等等。我们现在认为，月经不是一件见不得人的事，更不是一件见不得家人的事。女儿之所以不避讳父亲，说明她没有对月经的羞耻感，也说明父女平时相处得亲密，即使是这种女性的私密身体经验，女儿也觉得不需要回避父亲。我认为这样挺好的，没什么问题。

问：我女儿上初一，上体育课时因羞涩不敢告诉老师自己正在例假期，坚持剧烈运动，对身体造成了伤害。请问怎么避免这种事？

回复：因为孩子对青春期的成长不能正视，感到羞怯，才会出现这样的情况。家长可以和女儿分享关于月经的正面认识，告诉她每个女孩子都会经历这些，这不是值得羞涩的事。老师更懂这些，所以和老师讲没有关系。和孩子一起坦然地谈论月经，这是去掉污名化，增长孩子自信的过程。这里要强调一下，一般的体育运动不会对经期女生的身体造成伤害，很多时候是文化建构的经期特别疼痛的感觉。

问： 女儿读小学五年级，多数女孩还没来月经，于是少数来月经的孩子总是被其他同学嘲笑。女儿很苦恼：一方面，来月经时会腹痛，如遇体育课，还要坚持400米/800米的测试等（生理痛）；另一方面，同学会当面或背后笑话，有的女孩还会翻看来月经女孩书包里的卫生巾（心理痛）。请问怎么处理？

回复： 孩子们取笑的背后，是对月经的无知和对性的好奇。这时，家长应该给孩子讲一讲月经的知识，以及如何应对月经。对于其他同学的嘲笑，家长要明确地告诉女儿："他们错了，你没有错。"同时，家长应该建议老师在学校进行性教育，讲解月经的知识，不只是讲给来月经的孩子或只讲给女生听，也要让所有的男生都听到。让孩子们了解月经是一种正常的生理现象，是女孩子性成熟的标志。月经不是坏事，而是好事；不是"倒霉"，而是成长。它不是一件应该被取笑的事，而是一件应该被祝贺的事。这样做不仅可以培养孩子们对月经正面的、积极的认知，同时还能让孩子们学习尊重自己和他人。

问： 上初二的女儿回家说他们班里有个女生真"二",一次上自习课时,她突然站起来,拿出口袋里的卫生巾,旁若无人又似炫耀地说"我的姨妈垫儿",引起全班一片哄笑!请问这个女孩的行为"二"吗?需要引导和干涉吗?

回复： 如果这个女生拿出一个铅笔盒,说:"这是我的铅笔盒。"我们不会哗然。我猜测,这个女孩对于月经没有隐秘的观念。老师需要做的是:告诉学生这是私事,不要在公共场合展示;同时也要教育其他学生,不要哄笑。要关注这个女孩,她会不会因为别人的哄笑而受伤,留下心理阴影。另外,告诉女孩:上自习课要遵守纪律,不要影响其他同学上课。

问： 在进行外出一周的素质教育生活时,有一个六年级的女生第一次来月经,但是孩子表现得非常平静,主动来找老师,要老师帮助买卫生巾,问老师怎样使用卫生巾。她的表现是一点儿也不紧张,很坦然地面对,冷静、有效地处理。后来了解到,这得益于孩子妈妈对她的性教育。她妈妈很早就给孩子讲了月经是怎么回事,来了之后有什么症状,应该怎么处理。所以对于第一次来月经,孩子已经有了充分的心理准备。

而另一个女孩却是每次来例假时都会很紧张,害怕衣服沾上血迹。原来是她妈妈在孩子来月经时,会提醒孩子别弄脏衣服,把焦虑与担心传染给了孩子,而不是把安全措施告诉孩子。

回复： 家长的态度对孩子的影响非常大。这两个例子非常精彩地告诉家长应该怎么做。

问： 我儿子是高中生，看了小说后有许多性幻想，压力很大，怎么办？

回复： 重要的是消除压力，告诉他：性幻想很正常，应该顺其自然，只要不强行去实现性幻想就可以。

问： 我的儿子16岁，有次我和他上公共厕所，他竟然去看同学的阴茎，还比较大小。这是性无知吗？该怎么教育？

回复： 建议告诉他两点：

1. 看别人的私密部位是不礼貌的，有的时候甚至会被认为是性骚扰和性侵犯，所以不应该看别人的私密部位，自己的也不应该让别人看；

2. 阴茎的长短粗细，并不是很重要的事情，不会影响到他的"男子汉气概"，也不会影响到他未来的性生活。一个人最重要的是提升自己的学问，成就一番事业，那才是他增加"男性魅力"的重要途径。

问： 我女儿上高一，最近告诉我她越来越怕和男生交往，见到异性就会紧张。经过询问才知道，她说上学期班上新转来一个女生，长得很漂亮，大家都喜欢和她交往。女儿很羡慕她，也学着悄悄打扮自己。可女儿不算漂亮，男生并不因她打扮了就注意她，她也不愿主动接近男生，怕被人笑话。于是她渐渐发展成害怕和男生接触了。我担心女儿会出问题，请问我这当妈的该怎么办呢？

回复： 你女儿是因为太在意男生的态度，又因为自卑，所以才会有这样的表现。有一个很经典的故事，说有一个不漂亮又自卑的女生，全班同学商量好要鼓励她，便在一个春游的日子里一起使劲儿地夸她漂亮。女孩子的自信心被唤起，于是她有了更多的欢笑，脸上更多地洋溢出自信而快乐的神情。在那之后不久，同学们发现她真的变漂亮了。

不断夸奖你的女儿，告诉她：人的修养与气质可以使我们变得更漂亮，正所谓"腹有诗书气自华"。更要帮助她相信：最稳固和深刻的爱情不是基于外貌，而是基于内心；还有，每个人都有自己的美丽之处，要学会欣赏自己的美，也要相信一定会有人同样能够欣赏到她的美。

第8讲 孩子自慰怎么办？

发现孩子有自慰行为时，你会怎么办？是假装没看到，每天在心里暗暗担心，还是请孩子坐下来，进行一次面对面的交流？

自慰是一种自然的、正常的，也很常见的现象。 家长首先应该去掉对自慰的污名，更正对自慰的错误认识，才能在自慰的问题上给孩子正确的引导。

自慰背后的价值观之争

自慰,过去通常被称为"手淫"。但是"手淫"这个词不准确,为什么呢?

首先,自慰不一定要用手,还有多种方式,虽然多数人在多数时候都是用手;其次,"淫"的字面意思是放纵、恣肆、过度、无节制,在中国文化中是一个贬义字。所以,"手淫"既不准确又有污名化,赋权型性教育建议用自慰,这样表述就比较准确了。

有人推荐我去"戒色吧"看看,"你'自慰无害'的观点是不对的,去'戒色吧'看看吧,看有多少人因为'自慰无害论'受到了伤害。"

我岂止去"戒色吧"看过呀,我还见过常在"戒色吧"泡的真人呢。

我非常清楚,"戒色吧"里充斥着自慰有害、自慰可怕、"自慰伤害了我"的论述。一个人若意志薄弱些,连着去"戒色吧"一个礼拜,原先能坦然自慰的人都会被吓出毛病来。

我相信"戒色吧"里那些说自慰如何伤害了自己的男人描述的"后果"都是真实存在的,比如阳痿、早泄、注意力不集中、精神涣散、无法开展亲密关系、自卑、失眠、焦虑、抑郁,等等。但是我要告诉你的是:这不是自慰带来的后果,这是"自慰有害论"带来的后果。因为他接触了很多"自慰有害"的信息,包括看了"戒色吧"里边那些人的故事,被吓"病"了。

"戒色吧"里的故事,一直在建构着新的自慰有害者。

自慰最大的害处是你对自慰有害的担心

自慰有害论本身建构的有害,才是对你最大的伤害。也就是说,自慰最大的害处,是你对自慰有害的担心。因为你担心自慰有害,所以这些害处就来了。

我们假设一个男青年本来能坦然自慰,后来别人告诉他不能自慰,会过度、会有害,他会怎么样?

有一本心理健康的书写道:"自慰过度有害。"几次算过度呢?"一周超过一次,就算过度。"想象一下,如果这个小伙子原本一周两三次自慰,甚至一天三次自慰,都没有感觉有任何问题,但他看了这本书,接受这样的"知识"后,被吓坏了,整天都在想:"我要失眠了,我要焦虑了,我要注意力不集中了……"总之,各种担心,结果这些问题就真的来了。这些问题其实就是被自慰有害论给吓出来的，而不是自慰本身带来的。

十年前，我在一次讲座中讲到自慰无害，结果下面有一位心理学老师反驳我，说："自慰有害，我的心理门诊就有很多自慰之后受到伤害的男生来就诊，我目睹了他们受的伤害。"我告诉他："这就是被你的那些'自慰有害'的观点给吓出来的。"

世上本无事，庸人自扰之。你担心这么做有害，就被吓出这些"害"来了。要理解这一点，我们不妨把历史往前推几百年。中世纪欧洲医学院的教科书里有大量关于自慰有害的论述。有什么害处呢？书上说自慰会引发二十多种疾病，包括哮喘、佝偻、癫痫、黄热病、黑死病……

那个时候没有艾滋病，如果有艾滋病，它也一定会告诉你，自慰会得艾滋病。

今天我们以现代人的视角来看，不能理解它在说什么。但是，这些在中世纪医学院教科书中的"科学"，是当时"专业的知识""专业的科学"。为什么会有这样的"科学"呢？是那个时代对所有不能生育的性的排斥造成的。自慰能生孩子吗？当然不能生，所以也被认为是坏的。我们现代人要按照千年前的思维、千年前的人写的书生活吗？

有的人可能会说："不对。不是只有中世纪的西方人认为自慰有害，中医也认为自慰有害。中医认为自慰伤肾。"这一下子好像要变成中西医之争了。

西医认为：性和肾没有任何关系；自慰能够最大限度地降低男性前列腺癌的发病率。所以，即使男性每天只自慰一次，你的前列腺患癌概率也会大大下降。

中医里边还有一些说法：一滴精，十滴血；延而不射，还精补脑。后者指的是将要射精的时候不射，精液就会回来补你的大脑。然而现代医学研究早就证明：精液没什么营养，它的营养价值跟鼻涕的营养价值差不多。所以，无论是东方还是西方，前人说的不一定都对，不要盲目相信。

现在我要跟大家说：**自慰没有害处**。

自慰次数不会"过度"

在我个人印象中，20世纪70年代，中国社会普遍认为自慰有害。到了20世纪80年代，有极少数的声音出现了，说自慰无害，但是自慰过度有害。然后还有另一拨极少数的人出来说，自慰不会过度，不会有害。当时我正值青春期，读了马晓年的文章，文章中说自慰不会有害、不会过度。他的这种说法极大地保障了我的心理健康，促进了我的身心和谐。

自慰过度有害这种说法现在很流行，所以大家就很纠结。那什么叫度？自慰几次算过度？青春期的男生一天自慰几次很常见。

正如我们前面多次强调的，和人有关的事情，规定一个僵死的数字界限肯定是不对的。规定自慰次数这种做法本身就是值得怀疑的，有的人一天七八次都没事儿，有的人一个星期两次就觉得自己体力不支了。所以，不要管几次，自己感觉不喜欢了、过度了，就别做了。不开心了、累了、满足了，就别做了。

自慰方式可能"过度"

自慰次数不会过度，但方式可能会"过度"。严格来说，自慰可以有各种方式，因人而异。但一些青春期的孩子不知道如何自我保护，因为自慰而弄伤自己，这时候的自慰就是有害的自慰了，也可以视为自慰方式的过度。

我在做性调查的时候，有一个女孩儿跟我分享了她的真实经历。

她是一个"80后"，上初三的时候，她把发卡放入阴道，结果拿不出来了。她没办法，只能跟妈妈说了。她妈妈便带她去医院把发卡取出来了。从医院回来的路上，她妈妈跟她说："你该交个男朋友了。"妈妈的潜台词是"你别自慰啊，找个男朋友性交吧"。我觉得这跨度有点儿大。自慰竟然把父母逼成这样了，宁愿让初三的女儿谈恋爱、跟男朋友性交，也别自慰，足以见得自慰在父母的脑子里是多可怕的一件事儿。这个妈妈的性教育显然是不对的，但这件事儿给了我们一个提示：**自慰方式不当，可能给孩子带来伤害。**

说到这里，自然需要弄清楚一个问题：什么是无害的自慰方式呢？

我认为，对孩子来说最安全、最简单的自慰方式是，男生用手心握住阴茎上下撸动；女生用干净的指肚环状揉搓阴蒂，同时夹腿。

在我举办的夏令营中，我在讲自慰之前都会征求家长的意见：可不可以讲？通常家长都会一致支持我讲，偶尔会有一两个家长有点儿担心，说："原来孩子不自慰，听完课开始自慰了怎么办？"这取决于我们怎么跟孩子讲。如果我绘声绘色地描述一番该怎么自慰，那孩子可不就下课后去实践了吗？虽然这并不一定是坏事儿，但是赋权型性教育讲自慰的方式有一大堆前因后果的论述。比如我会跟孩子说："**有的人一生都不自慰**，我们在这里只是跟大家分享科学知识。**如果你原来没有自慰过，也并不一定要去做。如果你已经做过了，我希望你知道两点：第一，自慰没有害处，不要自责，不要担心；第二，别伤害你自己。**"我用这样的方式跟孩子分享，效果一直都挺好的。家长跟孩子讨论自慰的时候也可以这样分享。

婴幼儿自慰的三个要点

孩子从什么时候开始自慰呢？其实孩子在出生之前就开始自慰了。

我们都知道，胎儿在子宫里是蜷缩成一团的。有学者用 B 超观察，发现胎儿在子宫里时，把小舌头伸出来能够舔到自己的阴部，给自己口交。这招在我们出生之后就基本用不到了。胎儿还有一招，就是夹腿，这个时候测其血压、心跳、脉搏，都会有性愉悦、性兴奋时的体征。出生之后，孩子的自慰当然会更多了。一般来讲，在孩子出生几个月的时候，你就能观察到他（她）自慰。只是有的家长不知道，还奇怪孩子整天在床上蹭、使劲夹腿或者夹个枕头是干吗呢，那都是自慰。只要孩子发现某种行为可以使自己愉悦，他就一定会去做。偶然发现这样或那样可以带来快乐，他就会本能地不断去做。

我给各位出一道测试题：

一岁的男孩子，在家里一边看电视一边自慰，家长看到后该怎么做？

方案一，用手拉开，拍打一下他，说："不许这样！"对他进行教育，以免他以后还这样；

方案二，假装没看见；

方案三，观察他自慰的方式是否会伤害到自己，同时告诉他：这是自慰，属于私事，不应该当着别人的面做。

你会选择哪个方案呢？如果是我，我选方案三。

关于婴幼儿自慰，需要关注以下三点。

第一，不要让他们伤害到自己。

第二，注意私密性，毕竟自慰是私密的事儿。对于幼儿来说，如果家长不去干涉他，他一般都不会回避别人自慰。这个时候你就要跟他说："这叫自慰，绝大多数的人认为这是私事，不应该当着别人的面做。这属于隐私，你应该一个人躲起来做。"

第三，等孩子再大一些，家长就要告诉他："自慰没有害处。不管别人告诉你有多少害处，你都别信。"

如果我们不进行性教育，有些孩子可能会在公共场合自慰。比如小学一年级的女生，一到下课就用桌角蹭阴部。这是干吗呢？这是在自慰。她自慰了，但还不知道这是自慰，更不知道自慰应该回避别人。如果有的男生看懂了，取笑这个女生，很有可能会给这个女生带来不好的心理影响。所以**我们要告诉孩子自慰的私密性**，这是非常重要的一点。

说到在公共场合自慰，我想起一个故事，是一个幼儿园老师跟我讲的：

有个小女生一到午睡时间就用小被子把自己的头盖上，用手自慰。但她把被子往上一拽，盖住脑袋，阴部就露出来了。她自己看不到，就以为别人也看不到。

老师不知道该怎么处理这种情况。我告诉这位老师："就跟孩子讲，这是自慰，自慰是私事。这事儿其实不难说，是你觉得谈性尴尬，才不知道怎么说；是你对自慰没有一个正确的认识和态度，才不知道怎么说。"所以说态度非常重要。

上述关于婴幼儿自慰需要关注的三点，是我认为家长对孩子自慰应该采取的态度。除此之外，就顺其自然吧。自慰会对孩子有好处，家长应该感到开心才对。孩子看电视开心了，你开心；玩游戏开心了，你也开心；吃饭开心了，你也开心；唯独自慰开心了，你却生气，这不挺奇怪的吗？自慰是个人的事儿，只要对孩子没有伤害，家长应该替他感到开心。

女生自慰同样不羞耻

相对男生的家长来说，女生的家长对孩子自慰更焦虑。

我常常问学生一个问题："大家觉得男女在自慰上存在差别吗？或者说自慰有性别差别吗？"很多人说："没有，男女都一样。"

错了，是有差别的。

无论是美国的调查，还是中国的调查，都有一个很有意思的现象：男人比女人更早开始自慰，自慰的次数更多，自慰的频率更高，自慰人数占总人数的比例更高。

我们有充分的理由相信，在婴幼儿时期，男生和女生基本上都自慰。但随着年龄的增长，女生接受了不同的性道德标准，比如女人不应该关注性、不应该对性好奇、不应该太喜欢性，所以她们被教育得不自慰或者很少自慰了。而男生接受的教育则是要阳刚、要关注性……于是男生还在自慰，自慰的频率更高，自慰人数所占比例也更高。

女性更少自慰的结果是什么呢？就是她更少达到性高潮。 当她同龄的男同学已经通过自慰达到过性高潮的时候，女生可能还没有过性高潮。结果就是：达到过性高潮的人更加热爱性，对性形成更加正面的认识；没有达到过性高潮的人更加不热爱性，对性没有正面认识，甚至形成关于性的负面认识，然后更少自慰，更没有性高潮，再形成更多关于性的负面认识……这是一个负向循环。简单地说就是，男性多自慰，对性积极；女性少自慰，对性消极。所以，不自慰可能伤害了女孩子。

作为家长，你是愿意让你的孩子更喜欢性、更开心，还是愿意让孩子不喜欢性，直到结婚之后也不喜欢，没有性高潮？如果你想让他（她）更开心，你就应该支持他（她）自慰。

所以**无论是男生的家长，还是女生的家长，都不应该反对孩子自慰。男生女生都一样，不要再给女孩灌输关于性的错误态度了**。比较起来，自慰对女性更有好处。在做性治疗的时候，针对女性的性唤起障碍、性高潮障碍，我都是鼓励她们用自慰来解决的。

教学实操答问

问： 女生自慰，应该对她说说如何不破坏处女膜的事吧？

回复： 第一，"处女膜"的正确叫法应该是"阴道瓣"，是否具有阴道瓣与"纯洁"与否无关，我们也不应该给孩子灌输关于"处女"以及"处女膜"的思想，这对孩子将来开展亲密关系没有好处；第二，用手指肚环状揉搓阴蒂自慰，是不会破坏阴道瓣的。阴道瓣可能因为运动、受伤等其他原因而被损坏，但这些都是正常现象，与"纯洁"与否无关；第三，即使她把手指头伸进阴道，也不一定会破坏阴道瓣。我个人不太主张告诉女生如何不破坏阴道瓣，尤其是不太主张使用"处女膜"一词，因为这等于说你强调了要把处女膜留给男人，让男人相信你是"纯洁的"、你是处女。这不就等于告诉女孩子你是处女这件事情很重要吗？这便是性别不平等的教育，会加强她对阴道瓣的错误观念。如果未来阴道瓣不是因为自慰破的，而是被别的方式破的呢？

问： 有一个男孩，从幼儿园开始就有上课摸小鸡鸡的现象，现在上四年级了，还有这种情况。家长也因此打过孩子，虽然孩子做此类举动的次数减少，但没有停止。作为教师，应该怎么引导他？

回复： 自慰是一种很正常的行为，但在课堂等公共场所自慰是不好的。打孩子显然更不对，它虽然可能会减少孩子的自慰行为，却会对孩子的心理产生负面影响。

建议"晓之以理，动之以情"地帮助孩子，告诉他："自慰没有过错，但我们现在的社会文化认为这是涉及个人隐私的私事，所以不应该在公共场合做，可以在私下一个人的时候做，比如晚上在自己的床上。隐私对每个人都很重要，是个人尊严的体现。如果在教室自慰，被别的同学看到了，他们可能会不再喜欢你，觉得你是不懂得保护自己隐私的孩子。"

这样的教育，一是安抚了孩子，说这不是坏事；二是清楚地告诉了孩子在什么场合自慰才是被文化接受的；三是对孩子进行了隐私观念的教育，这有助于孩子今后懂得尊重自己和他人的隐私。

问： 有学生在课上问我手淫和自慰有什么区别，我该怎么回答？

回复： 手淫的"淫"字在汉语中具有贬义，所以"手淫"是贬义词，说明这是一件不好的事情。手淫常被用来指称自慰，这是不准确的，因为自慰有很多种方式，不一定要用手。而且就算是用手来达到性满足，也并不一定是自己一个人做，也可以是和伴侣一起做。自慰，则是比较准确的词，是中性词，没有歧视，指自己通过某种方式达到性满足。

教师遇到这样的问题时，应该进一步引导学生，给他们讲述"自慰无错、无罪、无病"的观念，以及自慰"私密、安全、悦纳"的三个原则，等等。

问：我女儿现在6岁多，在她4岁左右时，幼儿园的老师告诉我，孩子午睡时喜欢趴着睡，并且喜欢偷偷地在床上摩擦。我很是吃惊！平时我们过夫妻生活很注意，她也没有受到这方面的电视节目影响。我不懂要怎样和孩子说这事儿，只是告诉她不能这样做，然后让老师盯紧一点儿。现在孩子依然有这个习惯，都是在临入睡时做。我非常担忧，每次发现都会狠狠地打她的手或吓唬她，但一点儿都不起作用。请求方老师的帮助！

回复：孩子那是在自慰。自慰的方式有很多种，女孩子这样摩擦就是一种自慰。这是一种正常的生理现象，不必惊慌。我认为应该"视而不见"，只要孩子的自慰方式不会使她的身体受伤，也没有影响到别人，就不要管她，但要在合适的时候告诉她与自慰相关的"私密、安全、悦纳"的原则。相反，你现在这样非常强烈地"打"她、吓唬她，可能会使她对身体和性产生不愉快，甚至留下创伤性的记忆，还可能会影响到她进入青春期以及成年之后的健康成长。

问：儿子今年14岁，我帮他铺床的时候，发现他的裤子上有精斑，我想他是自慰了。我该怎么办？该和他说什么吗？

回复：基本上可以不说什么。这个年龄的男孩子自慰是很正常的，通常不需要去管。但要注意观察，如果孩子神思恍惚，可能说明他想得太多了、沉溺了，这就需要引导了。如果可能，不妨借洗澡等机会，很自然地向孩子传授一些正确的自慰方法，不要让孩子因为自慰而受到伤害。

问：儿子3岁，常跟包括妈妈在内的家人有身体亲昵行为，有时还会坐在爷爷的脸上"蹭小鸡"，该如何对待？

回复：不要害怕和孩子有身体的亲昵，这种亲昵对孩子来说可能只意味着亲情，和成人的想法不一样。但也应该回避在爷爷脸上"蹭小鸡"这种事儿，这属于自慰了。在这个过程中，要慢慢给孩子建立起正确的身体观：关于身体界限、隐私，以及尊重他人和自我尊重。如果家长没有觉得孩子这样做是对自己的不尊重，而且孩子对外人也不会这样做，就不必过分介意这些事儿。

问：我儿子读小学四年级，总是上课自慰，而且只在数学课上会这样。可能是因为老师要求做题时计算时间，而他手慢，太紧张了，所以就自慰了。

回复：如果确信是因为老师规定做题时要计时，造成紧张才自慰的，要想解决这个问题就应该从两方面着手：一方面和老师交流，老师有时安慰孩子一句就很管用，比如跟孩子说"不要太紧张"之类的。习惯是慢慢培养的，"手慢"也是一种生活习惯，不是靠计时就可以改变的。另一方面家长也可以安慰孩子不要紧张，同时要告诉孩子不应该在公共场合自慰。

问：关于孩子的自慰，我的看法是：七八个月大的时候和玩手指没什么区别，如果说是自慰，就有贴标签的嫌疑了。到三四岁的时候，家长不鼓励，引导孩子分散注意力，是不是更好一些？对于青春期的孩子做这事儿，我才可以接受自慰这个词。

回复：自慰和玩手指，还是有差别的。当然，把自慰看作玩手指一样的自然行为，是对的，这也就不存在贴标签的担心了。担心贴标签，是担心标签的污名化伤害到孩子。如果不把自慰当作坏事，便不必担心这个标签。所以重要的不是对它的称谓，而是对它的态度。态度上把它视为和玩手指一样，是正确的。

问：女儿3岁，喜欢摸自己的"小奶奶"是怎么回事？会影响发育吗？

回复：在性教育过程中，不要使用"小奶奶"这种怪词，应直接使用专业的名词，比如乳头、阴茎之类的。她摸自己的乳头是在自慰，家长应该接纳她，让她摸，没有问题。

这种行为对她的发育更好。她成年之后可能更喜欢性，更热爱性，更享受性带来的好处。所以，我们不要那么紧张和害怕。

问： 一名初三住宿的男生，对着监控镜头抚摸性器官，这是什么原因？应该如何应对？

回复： 与性需求被压抑有关。不妨和他谈谈，告诉他自慰是私事，躲在被子里做就好了，对着镜头做既不尊重自己也不尊重他人。如果事态发展严重，将来有可能成为所谓的"暴露癖"。不妨给他看看监控镜头里自己抚摸性器官时的影像，希望他可以由此知羞。

问： 我们学校二年级有一个小男生，天生身体发育比其他孩子迟缓，身材矮小，所以比较受关注。我曾多次看到这个孩子不自主地用手抚弄自己的生殖器（当然是隔着裤子）。这样的行为需要纠正吗？需要怎样引导？

回复： 我们在性教育中不使用"生殖器"这个词，而是使用"性器官"，或者直呼阴茎。无论是有意识自慰还是无意识自慰，都是自慰。要告诉孩子，自慰是私事，不要在公共场合做。而且，如果自慰方式错误，可能会给孩子带来伤害，所以要告诉孩子正确的自慰方式。

问： 中午小饭桌午休时，发现一个一年级的男生趴在床上，姿势怪异，仔细观察后，发现他在挤压、摩擦他的下体，此时他的面部表情也挺怪异，喘着粗气，脸色微红。当时，我叫了他一声，他就停止了这种行为。但过了一会儿，当他发现我不再关注他的时候，他又继续刚才的动作。这种情况应该怎样引导孩子？是否要告诉他的家长？

回复： 观察一下这个孩子的自慰方式是否有误，是否会给自己带来外伤，没有的话，可以不必管；有的话，要告诉孩子正确的自慰方式，同时跟家长沟通，让家长告诉孩子一些自慰的注意事项。跟家长沟通时，语气和神态都要自然、健康，不要有性的污名化，要把自慰视为一种自然、平常的事情来谈论。

问： 六年级的男生晚上偷偷自慰。父亲发现他自慰后很震惊，就想办法每天让孩子打球，打得筋疲力尽之后，再让孩子上床睡觉。但孩子一旦还有一丝精力，就依然如故。家长很是烦恼，问老师怎么办。老师也很震惊，也不知道该怎么处理，不知道这是心理问题还是生理问题，也不清楚对于13岁的孩子来说，经常自慰是否正常。

回复： 怎么会用"震惊"这个词？对这件事儿不需要"震惊"。自慰是自然、平常的事儿。只要孩子的自慰方法不会给自己带来外伤，就不必管他。我担心家长现在的这种态度会给孩子带来很大的伤害，会传达给他"自慰有害"的错误认识，这种错误认识才是自慰带来的最大伤害。

问： 高二男生上课时大动作自慰。旁边的女生一开始好奇，后来反感，报告老师要调座位。老师问为什么。女生不好意思说，脸都红了。老师了解事情的前因后果后，将此事告诉了校长。校长说要找这个男生谈谈。这件事儿该怎么谈？怎么处理？

回复： 校长出面找学生谈话，是否会给学生带来太大的压力？女老师找他谈也不容易谈透。建议找这个男生比较喜欢的男老师来跟他谈。一个前提条件是，即使遇到这样犯了性骚扰错误的学生，也不要把他们一棍子打死，他们可能只是性压抑，而且不知道性骚扰是非常严重的错误，要承担法律后果。所以，谈话要以帮助的态度出发，使他认识到自己这样做别人就会轻视他。

如果一时不管用，建议给他调换座位。当他周围全是男生时，问题就一定解决了，因为他就是要自慰给女生看。

问： 我孩子5周岁，有一次洗完澡换睡衣时，他突然拿出小鸡鸡对我说："妈妈，你看小鸡鸡！"我当时都蒙了，赶紧跟孩子说："不能玩小鸡鸡，而且不能在公共场合和陌生人面前拿出来。"孩子立马说："在爸爸妈妈面前可以。"我说："也不可以。"孩子当时听了，但过后还是偶尔会那样做。是不是我说的不对？我该怎样做呢？

回复： 你只是告诉孩子"不可以"，却没有告诉他"为什么不可以"。孩子希望父母关注他，就可能会做一些出格的事儿，如果这时候父母很紧张,他就会觉得很新鲜、很好玩,反而会越禁止越来劲。家长应该平静、清楚地告诉孩子:"阴茎是你身体的隐私部位,在咱们的文化中,展示给别人看是不雅的,别人会说你不礼貌、没教养,等等。等你再长大些,如果还这样做,会惹怒别人,别人会认为你侵犯到了他。若事态严重,你会受到法律的惩处,被关起来,不能跟家人见面。不做惹人讨厌的事儿,是对别人的尊重,也是对自己的尊重。爸爸妈妈和你是最亲的人,但是如果谁的行为让另一个人感到不舒服,甚至被冒犯,那也是不可以的。你现在这样做,就让妈妈觉得不舒服。希望你尊重妈妈,不要再这样做。妈妈希望你能做一个既尊重自己又尊重别人的小绅士。"

孩子知道了为什么不能做,当然会往好的方面表现(除非亲子之间有其他要解决的问题)。而且这样教育孩子,当孩子遇到有人向他暴露性器官的时候,他也能知道别人做了不礼貌的事儿,可以及时、准确地向家长诉说和求助。

问: 有个小学二年级的男生,老师找他谈话时,他总是非常紧张,还用手摸小鸡鸡,怎么办?

回复: 很显然,这不只是性的问题,还有个性、心理成长的问题。他紧张、焦虑,摸阴茎只是一个表现,要缓解孩子的紧张心理才是问题的关键。老师也要自省:是否对孩子太严厉了?能否试着更温柔地跟他沟通呢?

问： 我同事家的小男孩（大约 10 岁）和另一个同事家的小女孩（大约 5 岁）经常抠肛门，这是自慰吗？

回复： 自己抠肛门可能是自慰，这需要先排除疾病等因素；互抠肛门则可能是性爱抚。孩子做这事儿时不回避大人，更说明他们其实是不懂"性"的。家长应该平心静气地跟孩子谈：为什么这样做？这样做时的感受是什么？告诉孩子："这在社会中的绝大多数人看来，是不雅的、不好的，甚至是坏的事，也可能会给自己和对方造成伤害。你们小，还不懂，大人不会责怪你们，但是要知道这样做的风险。"

这个教育内容的意义在于：告知社会负面评价、风险，就是资讯的提供；不要简单地指责他们、命令他们不许再这样做，而是相信他们可以做出对自己和他人负责任的选择，便是赋权。

问： 我儿子现在 18 岁，平时学习比较用功。最近他的班主任找我谈话，说孩子最近一个月上课的时候爱打瞌睡，而且容易走神。班主任问孩子怎么了，孩子也不作声，所以找我谈话，看看我们家是不是发生了什么事。我当时也挺吃惊的，因为我们家现在一切都和以前一样，没有什么问题。孩子他爸几年前因工作原因调到外地，几个月才回来一次，家里基本上就我一个人照顾孩子。我全职在家给孩子做饭，照顾他读书。孩子的房间只有书籍，电脑都没有放。几天后，吃晚饭的时候，我特意假装什么都没有发生，问他学习成绩好不好、压力大不大、晚上有没有睡好觉，但他只说还好。

我这个做妈妈的当然不放心了，夜里特意悄悄地去他房间看他是否已经入睡。前两天晚上也没有什么异常，但到第三天晚上，我发现孩子总是起来上厕所，我就偷偷在他房门口观察，发现他躺在床上，手在下面动来动去。当时我就明白了，但也没有直接进去指责他。第二天他放学回家，我和他聊了这个事儿，当时儿子的眼泪就出来了，我心里也好难受。跟孩子聊完后，我才知道事情没有我想象的那么严重。孩子告诉我，每隔几天，他尿尿的东西不知怎么总会硬硬的，有时候在学校也会这样，尴尬极了，特别是有时晚上睡觉时，感觉有什么东西要流出来一样，弄得他睡觉也睡不好。这时，我才发现儿子那天并不是在手淫，只是那个地方难受，用手摸摸罢了。我这个做妈妈的心里既欣慰又着急，欣慰的是孩子没有早恋，也没有接触外面不好的东西；着急的是孩子现在这样，我也帮不上什么忙，而且高二对孩子来说太关键了。我该怎么做好呢？

回复：我很奇怪，高二的男生竟然还不了解这样的生理知识，看来是平时太关注学习，而缺少对自己身体、生命的关注。我们从这个孩子身上已经看到：不了解身体的知识、性的知识，会给青少年带来怎样的心理压力。家长和教师总担心他们接受性教育后学习受影响，这次应该懂得：缺少性教育，一样可能影响到他们的学习。这样的成长是不完善的。建议借这个机会给孩子补上这一课。

家长可以清楚地告诉他关于青春期的知识，比如阴茎勃起是非常正常的，不勃起反而不正常；"要流出来的感觉"可能是要遗精；"难受"的时候可以用自慰来缓解。还要告诉孩子：无论是遗精还是自慰，都是非常正常的生理现象，不需要感到羞怯，更不是疾病。

妈妈知道儿子"并不是手淫""没有早恋，也没有接触外面不好的东西"后感到"欣慰"，这说明妈妈的知识与观念也需要改变。

第9讲 孩子被性骚扰或者性骚扰别人怎么办？

近年来，社会上对性骚扰的议题越来越重视了。

什么是性骚扰？孩子被别人性骚扰，或者主动去性骚扰别人的时候，家长应该怎么处理呢？

赋权型性教育主张，上几节对性骚扰和性侵犯"说不"的课，不能达到真正有效应对性骚扰的目标，需要增能赋权才可以。**性骚扰本质上是对身体权的侵犯。家长不仅应该让孩子学会如何应对性骚扰，还应该告诉孩子不要去性骚扰别人。**

有些防性骚扰的教育是片面的

我们来看一看常见的反性骚扰教育是怎么做的。

常见的反性骚扰教育最重要的一点：只给孩子讲如何预防性骚扰，不会讲别的。

它不会讲性的全面知识、价值观，等等，只是单纯地进行反性侵的教育，只说性的坏处，不会说性的好处。它只传达性的负面价值观，不会传达性的正面价值观，加剧了我前文说的负面影响。

如果一个孩子得到的关于性的信息都是反性骚扰的，那么你想一下，这个孩子会对性留下什么印象？

有学者曾经到一所中学去调查，这所学校一个月前刚有人上了两节预防性骚扰的课。该学者到那里之后，让学生在纸上回答"提到性，你首先想到的是什么？"这个问题，结果他们写下来的都是一些负面的词汇：骚扰、恐惧、强暴、恶心、罪恶，等等。

如果孩子接触到的关于性的信息都是负面的，那么孩子的心中就会出现对于性的羞耻感、罪恶感。假设这些孩子不接触别的信息（当然有很多渠道可以接触到），他们就会带着性的羞耻感、污名感长大，未来在亲密关系中就会出现很多问题。

现在我们在大学里仍然可以看到这样一些学生,特别是女生,就出现了相关的问题。

我认识的一个女生,她在跟男朋友第一次接吻之后就呕吐了好几天。还有的学生即使恋爱关系很稳定了也拒绝发生性关系,有处女情结。当然有处女情结也不是不可以,但我们要看到这种观念的背后是贞操观对女性的压迫。而这种贞操观对女性的压迫来自哪里呢?来自早期的性教育。

我在做性咨询的过程中遇到过很多这样的案例:有女生在恋爱时没有过任何亲密行为,即便结婚了也拒绝发生性关系,有的甚至结婚几年了还拒绝和丈夫发生性关系。为什么?因为她内心有对性深深的羞耻感、罪恶感。在这些所谓的女性性障碍的背后,都能看到她早年接受的性教育对她的影响。

家长肯定不愿意将自己的女儿培养成一个未来性冷淡、拒绝性关系,需要找医生治疗性障碍的人吧?而单纯的反性侵教育,单纯的性的羞耻感、污名感的教育,就有可能造成这样的结果,这是我们要警惕的第一点。

家长需要警惕的第二点:单纯的反性侵教育还告诉学生,面临被性侵犯时要做到眼快、嘴快(大声喊叫)、腿快(快速逃跑),等等。

我经常看到反性侵的教育在讲这些,虽然内容没有错,但是孩子光知道这些还远远不够。**上几节反性侵的课,了解要对性骚扰说"不",不一定有说"不"的能力。**这种能力不是靠几节反性侵的课能培养起来的。

我们都知道在遭到别人侵犯时要说"不",但是为什么现实生活中很多人没有说"不"?因为很多女性在面对性侵犯时先被吓瘫了。长时间以来,针对女性的教育是男人很可怕,男人要强暴你,男人强女人弱,等等。这在女性心中建构起了对男人和性非常强烈的恐慌,所以很多女性都被吓坏了。在这样的教育背景下,孩子既没有能力真的说"不",单纯的反性侵教育又告诉她:"孩子,你一定要说'不'。"结果会怎么样?很多受性侵犯者是以死抗争的。在我看来,这些单纯说"不"的教育就是鼓励我们的受教育者在面对性骚扰、性侵犯时要以死相争。这对吗?当然不对!

我主张**一定要告诉受教育者:即使面对性骚扰,生命依然最重要**。当周围都没有人的时候,你就别喊了,喊了也没人听到。如果你跑不过他,又打不过他,你怎么办?与其以死相搏,换来对方把你杀掉,不如当时选择服从,两害相较取其轻,生命最重要!

为什么那些反性骚扰教育的人不讲这一点?因为这与他们前边强调的关于性的过于负面、污名的价值观相冲突了。如果你服从了,那和他之前说的内容怎么结合在一起?所以他们的教育注定有这样的缺陷。

这些防性骚扰的教育多数强调或者暗示了受性侵犯的对象是女性,其实,男性受到性侵犯的比例也是很高的。赋权型性教育主张应该清楚地告诉孩子:男性也可能受到性侵,男性、女性都可能性侵男性。男性受到性侵时所受的伤害也很重,很多男性被性侵之后,一生也无法走出阴影,同样非常痛苦。此外,还有女性性侵女性的。家长还要跟孩子讲:想要性侵犯你的人可能是熟人,可能是陌生人，也可能是老师，甚至可能是家人。

一个非常流行的反性侵教育版本是告诉孩子："泳衣遮起来的地方不能摸。"这也是错的。错在哪里？

性侵犯不只是摸你泳衣遮起来的部位。我记得前几年有一个案子：在深圳的一家餐厅里，一个官员喝醉了酒，从卫生间出来之后看见一个十四五岁的女孩子，就摸人家的脖颈，女孩子回去之后跟家人说要立即报警，她和家长都知道这是性骚扰。

摸脖颈是性骚扰，那摸手是不是性骚扰？摸脸是不是性骚扰？摸头发是不是性骚扰？摸后背是不是性骚扰？都有可能是！所谓**性骚扰是让你感觉不舒服的触摸**。所以我们说，反性侵不是泳衣遮起来的部位不能摸这么简单。这是以往反性侵教育一个大的缺失。

好的性教育怎么讲预防性骚扰和性侵犯？

首先，赋权型性教育主张：虽然性骚扰是让人感觉不舒服的触摸，但是不能别人碰你一下，你感觉不舒服了，就判定他是性骚扰。还要给自己一个判断的机会，给别人一个澄清的机会。别人也可能是偶然、意外碰到，或者彼此对这个行为的理解不一致。但是以往单纯的反性侵教育不会告诉受教育者这些。

家长应该教孩子学会判断一个人的行为是不是性骚扰。有的时候对方可能并不知道他的行为会让你感到不舒服，如果你没有觉得不舒服，就不算性骚扰；如果你觉得不舒服，要告诉对方，比如说："你发的色情图片让我觉得恶心，对我不尊重，这是对我的一种性骚扰，请你以后不要这样。"要给对方一个机会，如果对方不再发了，也就算了；如果对方坚持再发，性骚扰的性质就断定了，该报警就报警。同样的道理，如果身边的人有讲黄色笑话等行为，也应该明确地表达自己的态度。有的人态度不明确，比如笑着或红着脸说："讨厌，净讲这些。"人家可能还误以为你在调情呢，所以**明确地表达自己的态度很重要**。

我讲性教育的时候，会清楚地告诉孩子：你至少要验证一下。比如在公共汽车上，你觉得有人碰你了，你就看他一眼，然后躲得远远的。如果他跟过来继续碰你，那就是性骚扰；如果他不跟过来，就算了。同样，有熟人摸了你的后背，你觉得不舒服，可以躲开，也可以看他一眼，说："请别这么碰我，我觉得不舒服。"如果他还来摸，那你就知道这是性骚扰了。

要教孩子给别人一次机会，这样才不会形成人际间的恐慌。 反性骚扰的教育如果导致人际关系的恐慌，人与人之间好感的表达、亲密关系的表达受阻，显然也不是我们希望的。

说到这里，我想到了一部电影——《狩猎》。

电影的主人公是一个上幼儿园的小女孩，她很喜欢幼儿园的男老师，总让老师抱、老师哄，还要亲男老师。男老师觉得不合适，便回避她，小女孩就觉得受到伤害了。虽然只是上幼儿园的小女生，但她懂得不少。她对别人说："他摸我屁股，摸我这儿，摸我那儿……"幼儿园便报警了。小女孩描述了一个貌似被性侵的情景，其实内容来自她哥哥拉着她一起看的一部色情片。于是，这个男老师便被抓起来了。警察进行调查时，幼儿园的小女生们当玩儿似的，各种受性侵的版本都被描述出来了，包括在老师家的地下室、灰色的沙发上，等等。这位男老师说："我们家没有地下室，没有灰色的沙发。"警方的调查陆续证实了这些指控都没有证据，这个男老师就被无罪释放了。但是最终人们还是不相信他，认为他真的性侵了那些女孩子。

这个电影让我们警惕什么，大家可以想想。

另外，如果反性侵教育只讲反性侵，不讲不要侵犯别人，也很奇怪。性侵别人的人哪里来的？也是从我们的孩子中产生的呀。你希望你的孩子将来成为性侵别人的那个人吗？所以只讲反性侵，不讲不要侵犯别人，是不对的。家长要告诉孩子："你不能性侵别人哟！你不能未经同意就触碰别人的身体。"要从小培养孩子的这种意识。所以**防性侵教育应该是双向的**，这是很重要的一点。

也不要因为你的孩子是儿子，你就可以大松一口气，说："我的孩子不会被性侵犯。"错了。他既可能被性侵犯，也可能做性侵犯的实施者。因此，家庭性教育要全面。

孩子被性侵犯后怎么办？

关于这个话题，我先跟大家聊两部韩国电影。

一部电影是《妈妈别哭》。这部电影帮助我们思考的是：当你的孩子被性骚扰、性侵犯之后，你该怎么做。电影讲述的是一个被人强奸了的女中学生的故事。女孩的妈妈虽然陪伴她，但是做得并不好。妈妈一直觉得这是一件不得了的事情，特别痛苦，并把这种沮丧、痛苦的情绪传给女儿，所以女儿也特别痛苦。后来发生了一系列的事情，女儿自杀了，妈妈开始以暴制暴。

另一部电影是《素媛》。一个小学生被强奸了，而且这次遭遇给她的身体带来了极大的伤害。她的父母一直都在给她力量，所有的老师、同学及周围的人都在给她力量。影片的结尾，女孩子的脸上荡漾着幸福的微笑，她内心的创伤已经在爱的滋养中消散。

这两部韩国电影告诉我们：同样是女儿被性侵犯，父母的不同做法对孩子的影响非常不一样，很多父母的应对方式其实是在伤害他们的孩子。

如果孩子被性骚扰或被性侵犯，家长应该做到哪几点？

第一点，无论是被性骚扰还是被性侵犯，只要孩子跟你说了，你就要相信孩子。

有的家长不相信孩子，比如说熟人强奸。不相信的另一层意思是家长不知道该怎么办，家长觉得尴尬。这个时候，家长不相信的态度、对孩子的责怪与训斥，都会伤害孩子。一个被性侵了的孩子能对你说出这件事，其实是需要非常大的勇气的，而**你的不信任是对他的二次伤害**。

有人说："如果是我的朋友、熟人或者上司性侵了我的孩子，我真的不知道该怎么做。"

其实没有什么难的，要视情节轻重而定，如果情节触犯法律，就选择报警；如果情节不够触犯法律，你有许多顾虑，不想报警，那你也要找到他，告诉他："我知道你对我的孩子做了什么，我很愤怒。但因为种种原因，我决定先不报警，可是如果再发生类似的事，我绝不会再放过你，我一定会报警。"这样警告对方之后，事情可能就不再发生了。如果不警告他，他一定还会再做。

第二点，应该强调身体权。

我个人认为目前反性骚扰教育最大的问题是：目光只盯在性上。

可能有人会问："不是性是什么？反性骚扰不是谈性吗？"

不是的，在我看来，应该把它看作身体自主权的教育。如果只把目光凝聚在性上，那么跟孩子分享的时候其实是把与性有关的东西独立了出来，把它看得比身体其他部位都重要，间接认为对身体其他部位的侵犯都没有对与性有关的部位的侵犯那么严重。

如果过分强调了性侵犯，那就是把被性侵犯这件事的意义

夸大了。在这种夸大的情况下，很难再教育未成年人："生命最重要，必要时可以选择服从。"你也很难再教育他："受到性侵犯、性骚扰之后，你仍然是你，你没有贬值。"为什么？因为你前边已经把性独立出来了，过分强调了。

那么，好的性教育应该怎么讲？

好的性教育应该讲的是身体权，讲每个人的身体权不受侵犯。你摸我乳房，有性的意味，和你只有攻击意味地踢我一脚，甚至打一下我的脑袋，是一样的。这几种做法都是侵犯了我的身体权。也就是说，**要给孩子树立这样的概念：性侵犯是对身体自主权的侵犯，和对你身体其他部位的侵犯是一样的；侵犯别人身体权这件事情很坏，但并没有什么特别的。**

如果我们把反性骚扰的教育变成身体自主权不受侵犯的教育，情况就不一样了。对我们身体所有部位的伤害，都侵犯了我们的身体自主权。这样就解决了前面所说的问题，不会有针对性的羞耻感、污名感了，也不会存在以死相抗反性侵的情况了。就像别人踢你、咬你，你会跳楼自杀吗？被性侵者也不会有羞耻感、污名感了。受到性侵的人为什么会那么痛苦？就是因为文化建构了被性侵是一件非常可怕的事情，你不再是过去的你了，你不纯洁了，你已经是被人侵犯过的了，等等。把性的价值独立出来，让其超越了身体其他部位的价值。我们要回到性侵犯是对我们身体自主权侵犯的这种认识，要保护我们的身体自主权不受侵犯，而不只是保护我们的乳房、阴茎、阴部、屁股不被别人摸。两者的差别其实很大。

有人可能会说："你这是不是替施暴者开脱啊？摸乳房、摸阴部，能和打胳膊、打脸一样吗？"

我们不是替施暴者开脱，他应该受到怎样的法律制裁还是会受到的，不会因为我们不同的性教育观念就减刑了。我们这样的教育将使受教育者不再被灌输以往那种性的贞操观。**如果我们的反性侵教育变成性的贞操教育，反而会强化受性侵者可能受到的伤害。**

所以，这不是替施暴者开脱，而是支持受暴者。

需要告诉孩子：对你来讲，你受到的伤害和身体其他地方受到的伤害是一样的。

第三点，要告诉孩子：你还是你，和以前一样，你并没有变，依然是纯洁的、美好的，处女并不取决于阴道瓣（当然处女这个概念本身就值得检讨）。

很多受性侵者，特别是女生，会觉得：我被毁掉了，没有人会要我了，我的人生很糟糕，等等。要告诉孩子：不是这样的，你什么都没有失去，你依然是你。这是很重要的一点。如果孩子受到创伤，有惊恐情绪表现，可以带孩子去做心理治疗，帮助孩子走出阴影。家长的态度千万不要像《妈妈别哭》里的妈妈一样，而要像《素媛》里的家长一样。素媛的父母也很痛苦，但他们在孩子面前微笑，给孩子走出创伤的力量。

这样做是对孩子的二次伤害

有个找我做咨询的女生,讲述了她小时候的事。

她5岁的时候被一个18岁的男生强奸了。那个男生跟她说:"我们一起做个游戏吧!"然后哄着她比谁脱衣服脱得快,脱了衣服后又继续"玩游戏",最终强奸了她。她当时觉得这不像是一个游戏,总觉得哪儿有点儿不舒服、哪儿有点儿不太对,挺反感的。后来她跟我讲,那个时候的情绪就像自己喜欢的娃娃被别人踩碎了,也像自己正在吃的冰棒被别人夺走了。她回家跟父母讲了这件事,父母却不像她想的那么简单,他们找到那个男生,一顿暴打后将他送到警察局。后来查出,这个男生用同样的方法诱奸过另外一个小女生。最后这个男生被判处死刑。

时间一下子过了15年,那个5岁的女孩子长大了,进入一所大学读书。15年前的那件事情她并没有忘记,但她对我说,回想起来的感觉仍然是和她喜欢的东西被人抢走了一样。

20岁的她开始谈恋爱了。妈妈知道后却说:"你要去做处女膜修复术。"这个女孩子问:"我刚谈恋爱,为什么要去做处女膜修复术呢?"妈妈说:"难道你忘记了吗?你5岁的时候被强奸过。你不再是处女了。男人如果发现你不是处女,就会嫌弃你，你就不会有幸福的婚姻。处女膜对女人来说很重要。"她不愿意，说："身体是我自己的，我为什么要为一个男人去做处女膜修复？"妈妈说："你不了解男人。"最后，她被妈妈押到了处女膜修复术的手术台上。

这个女孩告诉我，她在 5 岁被强奸的时候没有哭，在过去的 15 年间想起这件事情的时候也没有哭，但是当她躺在处女膜修复手术台上的时候，她泪流满面。走下手术台，她拥有了完整的处女膜，但是她发现自己没有办法开展亲密关系了。她跟男朋友分手，后来再也没有办法像以前那样谈恋爱，直到她二十六七岁时来找我做咨询。

这个故事告诉我们什么？故事告诉我们：家长做错了，错在给孩子带来了二次伤害，这个二次伤害比第一次伤害还要严重。

再讲北京一所小学的一个真实案例。

有一个小学四年级的女生，在放学回家的路上被同班的两个男生拦住了。那两个男生跟她说："掀起裙子给我们看看，否则不让你回家。"女生觉得不舒服，但是拗不过这俩男生，很委屈地照做了。俩男生看了之后也挺满意的，就让她回家了。女生回家把事情跟父母一说，父母都快疯了。父母转天找到学校，要求学校开除这两个男生。学校说："小学生不能开除。"父母说："那给他们处分。"学校解释教育部不让处分小学生。父母再提要求："各赔 10 万元！"两家的家长不愿意赔，这件事情就僵在这儿了。之后女生的父母不让自己的女儿去上学了，他们的想法也有道理："那俩小流氓昨天让女儿掀裙子，明天还不知道会做什么呢，我怎么能放心地让女儿去上学?"于是他们便让女儿在家里给教育部门写信控诉。

在这个故事中,家长做错了吗?

其实除了受害女生,其他人都做错了。她的家长做错了,两个同班男生做错了,老师、学校都做错了。为什么?我们不妨思考一下,家长不让女儿去上学,让女儿在家写投诉信,对女儿不断强化这件事的伤害,这不就是对女儿的二次伤害吗?两位男生的家长和老师死不认错,不采取措施,只是一直跟这个女生家长对抗,这也是不负责任的行为。

也许有人觉得两个男生做的事情属于性侵犯、性骚扰,而在我看来,这只是性好奇带来的对他人的身体权的侵犯。本质上,这两个男生不是性骚扰者,也不是性侵犯者,他们是性好奇,他们也是缺少性教育的受害者。我们要认识到这件事情的性质,认识清楚后就好处理了。

正确的做法应该是这样的:首先应该让那两个男生认识到事情的实质,向女生道歉;男生的家长也应该道歉;女生的家长应该安抚自己的女儿,告诉她这件事没有什么;学校则开展性教育。

我有一个朋友在深圳开幼儿园,招的学生都是打工子弟的孩子,孩子的家长都是从农村来深圳打工的。一天早上,一个女孩儿的妈妈告诉我的朋友:"我女儿昨天说有个男生脱她裤袜,用手摸她的阴部。"我这个朋友很紧张,这件事情发生在自己的幼儿园里,这还了得?没想到这个家长后边跟了一句话,让她很感动:"这就是小孩子好奇,没什么,不要给孩子太大的压力。但是您要跟这个男孩子做做这方面的教育，也要跟他的家长说一下，免得他以后再对别的同学这样做。"

这位家长的境界不是一般的高！值得所有的家长学习。

前一个案例中的两位家长，不要以为你是在替你的孩子维权，其实这样做既可能伤害了你的孩子，也可能伤害了侵犯他人身体权的那个人。**当孩子遇到了性骚扰、性侵犯，重要的是家长采取的态度。**两个四年级的男生拦住一个同班女生，让她掀裙子，这件事情理解为性好奇就可以了。

给施加性骚扰的孩子成长的机会

对施加性骚扰的孩子应该怎么做？当然要批评教育，还要考虑其年龄、事件性质和侵犯的程度等因素。像上文提到的四年级的小男生拦住小女生掀裙子这件事，我觉得先对他们进行性教育，然后批评教育就可以了；如果再大一点儿，比如已经上高中，就要让他清楚地知道他的行为是性骚扰，是很严重的问题，会受到法律制裁。如果情节轻微，本着"治病救人"的原则，该谅解的要谅解，该宽容的要宽容，但重要的是那个孩子要认识到自己的错误。

在对施加性骚扰的孩子进行批评教育时，光批评教育还不够，还要表扬他。

可能有人会问："我为什么要表扬他呢？表扬他犯了错吗？这不是太奇怪了吗？"

不是要你表扬他侵犯别人身体权的行为，而是要你找到他的人生亮点，找到他在生活中的好品格来表扬他。

没有孩子是"坏透"的，他们只是孩子。每个人的身上一定有优点。真正想让一个人成长，就是要赞美他的优点，而不是总批评他的缺点。一个人只有在赞美声中才会更加积极进取。如果总指出他的不足，抓住他的错误不放，那么他就会没有自尊心，甚至会破罐子破摔。所以我们要帮他上进，就要找到他的优点，表扬他，比如家长可以告诉他："你的那个行为是性骚扰，是触犯法律的。但我觉得你是一个好孩子，看你数学学得那么好（或者说尊敬师长、体育好等），我觉得你非常有前途，爸爸妈妈觉得你非常好。但性骚扰是不对的，既是对别人的不尊重，也是对自己的不尊重。不过我们也有责任，没有及时对你进行性教育，现在你已经知道这种行为是不对的，爸爸妈妈相信你以后不会再犯了。"

当然，这样的话由老师来说效果就更好了。

老师可以说："老师一直都很看好你啊！但是你做了那样的行为让老师挺伤心、挺失望的，老师希望你以后只做好事，不做坏事，你能不能答应老师呀？老师希望你更出色，你未来一定是一个了不起的人！"

我一再说，性教育是教育的一部分。在教育中，我们主张用正面的激励，在性教育的领域也是一样。那些未成年人在性方面犯了错误，我们也应该同样来帮助他们。要知道他们犯的错误是我们性教育没有做好的结果，他们实际上也是我们成人未做好性教育的受害者。从这个角度出发，可以更好地支持他，给他力量，让他成长！

性骚扰的形式，除了肢体性骚扰，还有言语性骚扰、行为性骚扰，等等。

言语性骚扰，顾名思义就是说色情的话、讲色情笑话等。

行为性骚扰，比如说用含有色情意味的眼神瞟对方、凝视对方，还有发色情短信，要求对方看色情图画等。有一位男性被性骚扰，就是他的女老板总是拿一张男性性器官解剖图给他看，说是讨论身体结构。其实这是一种性骚扰。

教学实操答问

> **问**:性骚扰是拍肩膀、摸屁股、摸裤裆?判断性骚扰的标准是摸的部位,还是对方是否反感?
>
> **回复**:有意识地触摸性的敏感部位,当然是性骚扰。但这显然还不全面,因为性骚扰不只是肢体性骚扰,每个人对于身体不同部位是否涉及"性"的理解也不同。所以,我认为令对方反感、恐惧、不舒服的身体触摸,即性骚扰,也是对身体权的侵犯。特别是在明确表示了自己不喜欢的情况下,对方仍然进行这样的事,更是不可以原谅的。

> **问**:现在说到防性骚扰,都在讲要防止女孩子被性骚扰。我们家是儿子,现在社会上同性恋这么流行,我也挺担心他被性骚扰。家长应该做些什么才能保护好儿子?
>
> **回复**:我们主张,男孩子和女孩子一样需要防性骚扰的教育。但男孩子可能受到的性骚扰并不一定来自同性,也可能会来自异性。**千万要警惕,防性骚扰不要变成对某一个性别的敌视**,这样的"性教育"以前不少见,比如吓唬女孩子说"男人都不是好东西",这会直接影响到她们对异性的态度。所以,如果只强调男孩子可能受到同性恋者的性骚扰,有可能变成

对同性恋的污名化。

防性骚扰教育的核心在于：让青少年懂得"我的身体我做主"。这种性教育，对男女都是一样的，不应该有性别差异。我在前文讲的家长如何对孩子讲防性骚扰的内容，是同样适用于男女的。

问：我女儿马上4周岁了，一直是活泼可爱、讨人喜欢的。邻居家有个男孩，今年14岁了。由于两家走得比较近，男孩经常来我们家玩，有时我们还帮着带孩子。这两年来，他就是看着我们女儿渐渐长大的。今天中午女儿去他们家玩了一会儿，回来却告诉我，说男孩用小鸡鸡弄她的小屁屁了，很疼。我一开始以为是孩子之间因为好奇而自然出现的并无大碍的探索行为。后来女儿又描述了一下细节，说男孩把她放在床上，脱掉她的裤子，然后后面的举动就是性行为了。我惊呆了，她才是个不到4岁的孩子呀！我把男孩找来，很严肃地告诉他我很生气，以后绝对不能再有这样的行为。这些都是当着女儿的面说的，我是想让她意识到，小屁屁是不能随便给人看的，这样的行为是不应该的。不知道我这样做对不对？我婆婆晚上回来后去找了男孩的家长。他的家长当场要拿棍子打他，被我婆婆拦住了。因为是邻居，我们也不好说别的，只是以后不让两个孩子来往了。对于现在的情况，有没有更好的方法处理？我主要是想让女儿认识到保护自己私处的重要性，又不想让这件事对她的心灵有不好的影响。我现在的心情很沉重，是我没有很好地让女儿学会保护自己。以后对她进行性教育，会不会让她总是想起那一幕，我真的很怕，到底该怎么做？

回复： 这件事会发生，正是性教育缺失的后果。或者说，家长可能没有意识到，早就应该对孩子进行性教育了。我个人认为，防止性骚扰的性教育，在孩子两三岁的时候就应该做了。当然，现在补课还来得及。

一定要告诉女儿：身体有一些隐私部位，是别人不能碰的，也是不能给别人看的；有些行为是伤害你的。这次事件是个机会，可以就此对女儿进行性的自我保护的教育。但是，对事件本身，以后要尽可能淡化，直到不再提及。要让女儿知道：自我保护是重要的，但是她并没有因为这起事件而"贬值"，她也没有任何过错，这起事件并不会对她的幸福人生有任何影响，等等。

孩子很小，将事件淡化一些，对她心理的影响就会过去。如果父母总执着于这件事，反而可能会对孩子构成真正的伤害。如果将来孩子大了，出现你担心的情况，也可以持这种态度。

问： 8岁的女儿一回家就哭，说不想去上学了，因为同桌欺负她，摸她的隐私部位。妈妈问有没有和老师讲。女儿说讲了，但他还是摸，不敢再告诉老师了。妈妈想和女儿一起去找老师。

回复：告诉孩子，再发生这种事，还是要立即告诉妈妈、告诉老师，而且要马上离开，自己也要保护自己。

家长要分别同老师、男生的家长进行交流，但交流时不要先给男孩子贴上"小流氓"的标签，要认识到这是他的好奇心使然。但是，因为违背了女孩子的意愿，这也是绝对不可以的。

问：我女儿快上幼儿园了，我不想让她上传统的学知识、学算术的那种主流幼儿园，想送她上一所私立幼儿园，但那所幼儿园的带班老师是一个男老师，我有时会担心不安全，请问您对此有何看法？

回复：你的担心暴露出一种错误的思维方式：把所有的男人都当成潜在的性骚扰实施者。事实显然不会如此。如果男人都是性骚扰实施者，那躲也躲不过去，何况幼儿园里还有男生。与其被动"逃跑"，不如主动地教孩子学会自我保护。这其实并不难，只要让她懂得身体哪些部位是不能让别人触碰的，如果有人要触碰，就要坚定地说"不"，还要告诉父母。两三岁的孩子就可以理解这些了。这不仅有助于她在幼儿园中的自我保护，还有助于她在未来成长路上的健康与安全。

问：有孩子问我"强奸也是做爱，为什么要受到处罚？"我该怎么回答？

回复： 强奸是强迫别人做爱，这是一种犯罪行为，是要受到法律惩处的，也是被道德唾弃的。做爱必须是两个相爱的成年人之间自愿发生的行为，如果有一方不愿意，另一方绝对不能强迫对方做。被强迫的一方，有权利拒绝与反抗，保护自己。而强奸是明知对方不愿意，却以暴力强迫对方做。之所以会有人犯这种罪，是因为他们不懂得尊重别人，只要自己高兴便想做，不惜伤害他人。人做事情不能伤害别人，否则就要受到处罚。

问： 孩子因为性受伤了怎么办？

回复： 这里所讲的"因为性受伤"，可能是意外怀孕，也可能是被性骚扰或性侵犯。

无论孩子受到什么样的性伤害，父母和教师都要做到：鼓励他（她）说出来，接受他（她）的坦诚诉说，告诉他（她）没有什么过失，有错的是施暴者，父母和教师仍然爱他（她），他（她）没有任何改变。

告诉受性侵犯的孩子：他们仍然是纯洁的，没有任何损失；性器官受到的伤害与身体其他器官受到的伤害应该被平等对待，都是对身体自主权的侵犯，而不是对"性纯洁"的侵犯。这样讲不是替施暴者减责，而是避免受害者陷入"我不纯洁了"的错误认知困境。

即使孩子意外怀孕，也千万不要责怪她们什么。责怪于事无补，而幼小的心灵需要康复，需要家长和教师给予更多的宽容与爱。我非常反对学校以违反校规为由处罚怀孕孩子的做法，这样的校规本身就错了，不是基于对未成年人的理解和包容的。

学校或者社会，应该建立一个意外怀孕的求助途径，使得青少年在必要时可以放心地求助，不用担心受到任何处罚，而且能够得到及时的、安全的、贴心的帮助。

问：有天晚上，一个四年级的小男孩跟父母一起下楼了。父母忙着往车上放东西，让男孩把垃圾丢到大门口的垃圾桶里。两地仅相距五六米，但男孩大约5分钟后才回来。紧跟着过来一个女青年，她稍显紧张地跟男孩父母说，垃圾桶那里有个疯子乱摸男孩，以后注意一下，是她让男孩快走，男孩才离开。

父亲过去看到了疯子，没有对他怎样。父母询问后得知那个像疯子的流浪汉摸了孩子的下体，孩子没有反应过来，愣了一下。流浪汉又让男孩脱下裤子让他看，男孩说"不行"。这时女青年经过，说"你快点儿走吧"，男孩就离开了，但他没主动把事情告诉父母，如果女青年不说他也不准备说。

父母没有批评孩子太多，说他能拒绝是很好的，但应在看到有这样一个人时就离他远一些，他在那儿掏垃圾，一看就有潜在危险，宁可先不去丢垃圾也要远离。孩子表示记住了。

但孩子的父母仍担心这件事会给孩子留下阴影，不知处理是否恰当，曾来求助。我认为处理得不错，应该没问题。想问一下方教授对此事的看法，怎样处理最好？

回复： 我也认为处理得还是很恰当的。不要纠结于是否给孩子留下阴影了，越纠结，越没完没了地就这件事"纠缠"孩子，才越可能给他留下阴影呢。

有很多关于防性侵犯的教育，我一直不以为然。我担心这会破坏一个基本的人际关系的信任。比如在这个案例中，我们是否应该看到一个掏垃圾的流浪汉就躲开？这样的教育是否是对社会弱势群体的伤害？

问： 我儿子上小学三年级，他班里有个小男孩经常扒其他男孩子的裤子，并摸他们的小鸡鸡。儿子很反感，但又不愿意告诉老师，我们做家长的该怎么办？

回复： 可以对你的儿子说："这个同学可能只是好奇，但他的行为是不对的，那样做是不尊重其他同学的，摸他人的阴茎也是侵犯他人身体权的。这个同学应该向其他同学道歉。但这和侵犯身体其他部位是差不多的，你不用感到反感或恶心，而是应该真诚、大方地向那位同学指出他做得不对的地方。"这个时候，家长也可以向自己的儿子普及一些性教育知识，教孩子认识自己身上的性器官，以及对自己身体的权利（身体权）——每个人都有保护和行使自己身体权的权利，同时也不能去侵犯他人的身体权。

如果那个孩子继续我行我素，建议和他的父母与老师沟通。

问： 女儿今年上幼儿园中班，她班里有个小男孩总喜欢噘着小嘴巴亲女生，尤其喜欢亲我家女儿，而且小男孩的父母也经常引导小男孩说选我女儿做媳妇，我该如何引导我的女儿？

回复： 这说明你的女儿很出色，被一家人中的两代人都看上了。对待这个问题，还是要关注身体权，可以让女儿告诉那个小男生：你亲我，如果我喜欢，这是可以的；但是如果我不舒服，就请你不要亲了。而且你要和对方家长分享这个态度。

问： 孩子的爸爸工作忙，我经常一个人带儿子出去玩，出门就面临上厕所的问题。孩子小的时候，我可以带他进女卫生间，现在他已经五六岁了，我感觉有些不合适了。可让他一个人进男卫生间，一是不安全，二是有时会碰到悬挂式的小便池太高（只有小便池，没有蹲位），他够不着的问题。有一次，实在没办法，我就让餐厅服务员帮忙带他进去了。事后想想又有些自我矛盾，因为我们一直教育他，不能让陌生人看到他的隐私部位。我做得对不对呢？

回复： 这样做对啊，自己进不去，就让别人帮着带进去。服务员帮忙带孩子进去，并不一定就会盯着孩子的隐私部位看，对吧？而且，在卫生间也没必要刻意躲藏，被人无意看到是正常的，反而刻意躲藏是件很奇怪的事。

我想，你的本意是想让孩子学会保护自己的身体，捍卫自己的身体权。那我们可以这样告诉孩子：你身体的任何一个部分，都是受到法律保护的，如果有人触碰了你的身体，让你感到不舒服，都要告诉爸爸妈妈。

而对于隐私部位的保护，可以这样跟孩子说：身体是我们自己的，任何令你感到不舒服的触碰都要勇敢地拒绝。

问： 我阿姨声称她女儿多年前在我家寄宿时，被我弟弟多次性侵，且说我是知情人。但我完全不知道，且我弟弟否认性侵，说小学时曾与表妹玩过性游戏，当时二人自愿，且仅此一次。

现在的情况是，阿姨期望我家赔偿她家精神损失费，但我弟弟坚持说是诬陷，希望同表妹对质或去医院检查，还他清白。而我阿姨不同意，一口咬定我表妹被多次性侵，去医院是让我表妹承受二次伤害，于是事情陷入僵局。

事发时的年龄，我弟弟说他11—12岁、表妹4—5岁，只一次，仅限于搂抱抚摸。阿姨复述的是弟弟15岁、表妹9岁，且多次性侵。我弟弟现在27岁，表妹21岁，两边家庭都不知道谁的说法是真的。阿姨又护着表妹，她不准我们接近表妹，我们得到的信息都是阿姨复述的。

我想单独去找表妹谈一谈，但担心因为她的误解（阿姨说表妹坚持说我知情），会让她的心理状态更差（其实现在我弟弟、我阿姨和我妈妈的心理状态都非常差）。

主要在于我阿姨的态度。去年表妹高考结束，对阿姨说了这件事，然后阿姨的态度很传统，认为表妹一定被性侵了。阿姨给我打电话时用的词是"强奸"，说表妹不是处女了，一生的幸福被葬送了，表妹变脏了，等等。她拒绝我提出的带表妹去医院检查身体、评估精神状态的恳求，说这是对表妹的二次伤害。

这种当事人说法不一致的情况，在不伤害我表妹的情况下，我们可以做什么去找出事情的真相呢？如果我们报警，是否有用？

回复： 我想，也许当年两个孩子的亲密接触是存在的，但即使如此，这也是当时双方自愿的身体探索。这种身体探索是许多男性和女性在成长过程中都有过的。我们要思考的是，是什么使一个女孩子在多年之后将当年自愿的，甚至可能是愉悦的、私密的身体探索对母亲"坦白"？又是什么使这位女孩子的母亲视其为性侵犯？进一步思考，女孩母亲现在的一系列做法将带给她的女儿什么？

目前，真相已经不重要了，重要的是让你的阿姨、表妹和弟弟都明白：不能因为这件事而影响以后的生活。现在一家人都陷入这种困扰中，其实这都是对女性贞操的维护。发生在表兄妹之间的性游戏，被阿姨说得很严重——被性侵、被强奸、脏了等，让你家赔偿损失更证明她认为女儿吃亏了，这本身就是对你表妹的一种伤害。弟弟被说成强奸表妹，感觉委屈，同时心里一定觉得这是一种侮辱，也是对他的伤害。这种女性贞操观念伤害了当事人，也让家人焦虑。

应该问阿姨：纠结这件事，对表妹是否有好处，对她今后的生活有什么帮助吗？是不是处女真的很重要吗？来信者应该告诉阿姨，像她这样对待事情的方式才是对表妹的二次伤害。如果她希望她的女儿今后生活幸福，那就不应该像现在这样做。

双方都希望表妹好，所以我们应该最大程度地降低这样的伤害。推荐阿姨先看《素媛》，引导阿姨思考，事件本身对表妹造成的伤害和我们对这件事情的态度相比，后者所造成的二次伤害可能比前者更大。

问： 我儿子6岁，老师反映他在学校总是碰一个女孩的身体，女孩就投诉了。儿子说他喜欢那个女孩子，我该怎么办？

回复： 你可以告诉他："每个人都有自己的身体权，你这样碰女孩子，人家会反感，大家会不喜欢你，她们的父母和老师也不喜欢你，所以你不应该这样做。你是好孩子，你想对别人表达友好，可以直接过去跟她聊天，对她说'你好，我喜欢你'。"总之，教会他对喜欢的女孩子进行正确的表达，因为他可能不懂这是侵犯了那个女孩的身体权。性教育一定要有身体权的教育。

另一方面，既然女孩子已经投诉了，说明她很不满，自我感觉受到了伤害，你就应该让儿子向她道歉，保证今后再也不做这样的事，求得女孩子和她家长的谅解。

第10讲 孩子『不阳刚』『不温柔』怎么办？

最近几年，我经常听到家长和老师说这样的话："现在这个社会，男孩子不像男孩子，女孩子不像女孩子，性别都混乱了。"事情真有这么严重吗？或者，我们应该如何看待这一现象呢？

这背后其实是关于我们对社会性别的理解，对男女角色的理解。

性教育中，社会性别的教育非常重要。离开性别，我们无法理解什么是性。

性别气质多元呈现不可怕

一次,一位中学老师和我说:"现在女生都成假小子,男生都成假姑娘了。"

我便问她:"你班里这样'男不男、女不女'的孩子有多少?"

她想了想,跟我说:"我的班里没有,隔壁班里有一个。"

这种程度就能让她说出如此焦虑的话了,背后意味着什么?

在我看来,这是围绕性别产生的一种非常焦虑的情绪。这种焦虑来自我们社会上性别多元的呈现。

男性打扮得很女性或女性看起来很男性,其实并不多,而且是非常少的。我们社会上的大多数人从表面上看,还是符合男人要阳刚、女人要温柔的性别二元划分标准的。但是针对性别多元的呈现,整个社会不再是简单地否定、排斥,而是持接纳的态度,甚至有些年轻人还很欣赏。但这使一部分人产生焦虑。在我看来,这种焦虑才是抱怨"男不男、女不女""很普遍"的真正原因。

一些家长也陷入了这样的焦虑当中。有的女孩就是不喜欢穿裙子,家长找我咨询,我问:"你担心什么呀?"家长说:"我担心她是同性恋。"实际上,这跟同性恋完全没有关系,这只是性别气质的一种呈现。

许多时候，男孩的家长担心自己的孩子不够阳刚，女孩的家长担心自己的女儿不够温柔，可是别忘了，在孩子的童年、青春期前期，性别气质的二元呈现本来就不鲜明。人类社会一直是这样过来的，只是人们这些年开始焦虑了。所以这种焦虑背后的真正原因是，很多人觉得不够阳刚的男生和不够阴柔的女生是"变态"，是"有病"，甚至是同性恋。**其实，性别气质不等于性取向，性别气质多元呈现也不是什么坏事，并不可怕。**相反，传统的二元划分的性别教育，才可能对孩子有害。

二元划分的性别教育伤害了孩子

绝对的阳刚和绝对的阴柔并不是真的好，反而是有害的。一个非常阳刚的男性，好的一面是进取、坚强、有毅力；坏的一面是霸道。过去我们有一种说法叫"男儿有泪不轻弹"，但是哭泣、流泪是一种自然的生理反应，男人的泪腺系统和女人的泪腺系统是一样的。过分强调阳刚，让男儿有泪不轻弹，他的内心是受到压抑的。最"阳刚"的表现，是男人不断地追求成功。但是什么是成功？"成功"有止境吗？每个人都适合不断追求"成功"吗？

在"男人要事业成功"的建构过程中,男性又受到了什么样的压力?男性从小被要求学习阳刚,这个过程中包括学习暴力,比如同伴之间的暴力,一言不合便出手。父亲对孩子的冷漠:你是男孩,要有个男孩样!这也是针对性别气质的一种暴力。这都是围绕阳刚来建构的。要认识到,这种绝对的阳刚追求对男性是有伤害的,让他该柔弱的时候不能柔弱,必须扮演硬汉,而在扮演硬汉的过程当中,他个人可能深受其害。

女生阴柔就好吗?女生温柔细腻,好像听起来不错。但当温柔细腻一直被极端强化的时候,女性就会变弱,它的代价还包括柔弱,"我是不如男人的,我是男人的附属品,我是第二性的"这类价值观就会出现。这都是在塑造女性柔弱的过程中建构出来的,所以柔弱让女生有的时候不勇敢,有的时候没有毅力,有的时候不去追求人生更宏伟的目标。这些都是与柔弱、阴柔之气相对应的。

所以我们说,"男人要阳刚,女人要阴柔"这样的文化本身是错误的,对我们是有害的。因此,家长不需要有"我儿子有点儿温柔""我女儿有点儿阳刚"这样的顾虑。

前文讨论性骚扰的时候,我曾说:反抗性骚扰,对性骚扰说"不"的能力,不是凭几节反性骚扰的课就能培养出来的。因为对性骚扰说"不"是一种更深层次的能力。这是一种什么样的能力呢?我再举一个例子。

一个读高中的女孩子,在放学回家的路上被一个男人尾随。女孩子在楼道里开门要进屋的时候,男人从后面将她抱住,强行要把她推进屋里。女孩立即意识到了危险,自己有可能要受到强暴,她的第一反应是要跟这个男人进行激烈的搏斗。最终的结果是,女孩不仅打跑了男人,还将这个男人追出了几条街,而且回来以后她还报了警,并给附近的女同学打电话,告诉她们要小心。

这个女孩子做了这么多!但通常女性在面临被陌生人强奸的时候,你觉得她不知道说"不"吗?不是不知道,而是在说"不"之前,很多人就已经被吓晕、吓傻、吓瘫了,根本没能力反抗。为什么?因为我们的文化长期以来建构女孩子:你是弱的,你是不如男人的,你是打不过男人的,你这个也不如男人那个也不如男人……像白雪公主那样,一跑进树林里便草木皆兵。女孩子在陌生的环境当中,面对有危险的男人时,是弱者,是无力进行自我保护的一个形象。这样的女孩子真遇到危险时,怎么会不被吓瘫?

而这个故事中的女孩子则不同。这个女孩子的力气比别人大吗?也未必。女孩告诉我,她在跟那个男人搏斗的时候,才知道男人的力气那么大。但是她仍然可以尽力地搏斗,最后把那个男人打跑。她是怎么做到这一点的呢?

女孩子说,她的爸爸妈妈从小就告诉她:"女孩和男孩是一样的,也可以像男孩一样有力气,男人能做的事女人也能做。"她从小受的是性别平等的教育!这才是她面对性侵犯的时候有力量回击,并且能够保护自己的真正原因。重要的是,在这个过程中,她的精神力量是非常强大的。这些是靠几节反性骚扰的课可以做到的吗?不是,这是这个孩子从小接受的性别平等的教育带给她的。

有一学期,我给大学生们布置作业,要求学生以自己的经历写结课论文。有一个女孩子写的是她两次面临强奸犯的经历。她上高三的时候，住在南方的一个小镇，从她学校到家里的路上有一条小巷，被当地人戏称"强奸一条街"。之所以这样戏称，是因为那条小巷里发生的强奸案比较多。这样的道路在很多城市都有，它们的共同特点是没有路灯，没有居民楼直接面对它，处在楼的背身儿，人迹比较少。这样的城市建筑，是城市建设者没有性别意识的体现。我们称之为性别不友善的，或非性别友善的城市设计。

这个女孩子平时白天走这条巷子没什么担心，但是高三那年要经常上晚自习，夜里走那条巷子就很危险了。这时她有两个选择，一个是继续走这条路，另一个是绕道走。绕道走要多走七八分钟，而她上完晚自习已经很累了，恨不得早点儿回家睡觉。所以上高三的这一年，她坚持走这条巷子。

第一次是有男人迎面过来要抱她，她使劲抬腿踢了男人的裤裆，那男人惨叫一声后跑掉了；第二次是有男人抱住她，还把她压到身下，这时她已经没办法踢他裤裆了，但是她把手腾出来，用很久没有修剪的指甲朝男人的脸上狠力地抓下去，男人也是惨叫一声后就跑掉了。她回家一看，手上血糊糊的，红的白的都有，弄不好可能把那男人抓得面目全非了。

面对性侵犯，这样的反抗和有效的回击，是靠几节反性骚扰课可以教出来的吗？反性骚扰课可能会告诉她怎么搏斗，但不可能建构起这个孩子内心的力量，所以孩子遇到这个情景时可能已经没有力量搏斗了。**真正能与性侵者进行搏斗，是一个非常有力量的表现。我说的这个力量不是指身体的力量，而是指精神的力量。**这个力量来自哪里？一定不是来自"女孩子很弱，你要温柔，要小鸟依人,要婀娜多姿,要弱不禁风"这样的教育,一定是来自"女孩和男孩一样,男孩能做到的事女孩也能做到,女孩子不比男孩子弱"这样的性别教育。

让孩子获得最佳的人格模式

反对二元划分的性别教育,我们要提倡怎样的性别教育呢?是倒过来,女孩要阳刚、男孩要温柔吗?不是。我们主张兼性气质。这里说的兼性,也经常被称作双性气质或中性气质,但我习惯使用兼性气质。我认为兼性更准确,它意味着全面的包容性,兼具了传统的男性气质和传统的女性气质。可以想想,一个男人既坚定又温柔,既阳刚又有耐心;一个女人既细腻又有勇气,既善解人意、体贴他人,又有理想、有毅力、有追求,而且坚强,这有什么不好吗?

兼性气质就是兼具了男性和女性的优点,这样的孩子人格岂不是更强大?岂不是更有力量?**兼性气质是一种理想的性别气质。**

兼性化气质理论有这样几个论述:第一,男人和女人原本都具有传统意义上的男性和女性的气质,每个个体一开始都可能是兼性的；第二，整个社会化的过程就是让男人阳刚、女人阴柔的过程，这个过程让我们变得单一了，将我们做了二元划分；第三，具有兼性气质的人，人格更强大，这是理想的性别气质类型。

有一个双性气质量表，即贝姆性别角色量表，我有时候上课会让学生们做，等他们做完后问问有几个学生属于兼性气质。通常 100 个人里会有一两个，只有一两个人逃脱了传统性别建构的压迫。我通常会夸这一两个人，说："应该给你们发一个证书，证明你们是具有兼性气质的人，这样你们以后谈恋爱、找工作，都可以在自我介绍时说'我是兼性气质的'。"

为什么说兼性气质好呢？

可以想一下，在亲密关系中，一个男人既知道照顾伴侣又懂得承担家庭责任，既会照顾孩子又会努力工作，还会做家务；一个女人既温柔细腻、呵护孩子、关爱伴侣，同时又不把自己当作一个依附于他人的人，她不是弱不禁风的，而是内心坚定的，在婚姻当中是一个平等的呈现，这难道不好吗？这样的亲密关系多和谐！

在职场当中也是一样。无论男女，都既坚强又有同理心，既有上进心又细腻体贴，你觉得有什么不好？这样的职场关系与人际关系都会很好的。兼性气质是最佳的人格模式。

如果你的孩子属于兼性气质，完全不用担心，他们也许会有焕发不尽的创造力。所以，父母该做的是从小鼓励孩子具有兼性气质，培养他们的兼性气质，而不是打压他们的兼性气质。

这样做从小培养兼性气质

在一个孩子从小到大的成长过程中，如何做才能培养他的兼性气质呢？

比如说玩玩具，我们习惯于让男孩玩枪、玩汽车，让女孩玩娃娃、学刺绣，这是性别气质二元划分的教育。好的兼性教育是：无论男女，让孩子一起玩枪、玩汽车、玩娃娃，一起学刺绣，男生女生一起做这些事情，这样可以培养他们的兼性气质。

荷兰的幼儿园就是这样做的，他们组织男生女生一起学缝纫，一起抱娃娃，又组织他们一起做同样的体育运动。原本这些游戏是建构二元性别气质的，但是让男生女生一起玩所有的游戏，其实是能培养他们的兼性气质的。比如玩汽车、手枪等游戏是培养竞争意识的，照顾娃娃是培养合作精神的，学缝纫可以培养细腻的态度。通常在二元划分的气质教养下，男生玩娃娃，家长、教师会很反对，女生玩汽车、玩枪，也会被反对。但是现在我们让他们都玩，我们替他们打开不同的门、打开所有的窗。在这个过程中，他们可以尝试生命的所有可能性。这是一件非常有意义的事情。

我在欧洲旅游的时候，常看到大街上都是男人带孩子的情况，女人干吗去了呢？女人可能去当国会议员了。这种男人带孩子的画面非常温情。

台湾地区有一个男生,他上中学的时候特别喜欢设计女装,每天画漂亮的裙子。父母很着急,说:"你怎么像个女孩子一样喜欢这个?"老师和同学也都觉得他怪怪的。后来,在美国前总统奥巴马第一次上台出席典礼的时候,有一个男人在美国电视机前看直播,兴奋异常,打电话给自己的爸爸妈妈:"奥巴马夫人穿的服装是我设计的!"大家一定能猜到,这个男人就是之前那个爱设计女装的男孩子。

所以性别气质可以是多元的,我们要鼓励兼性。孩子的行为不符合传统的性别气质建构的时候,家长要做的不是打压,而是支持。

《舞动人生》是一部英国电影,男主角叫比利,出生在一个矿工家庭。矿工都具有非常张扬、阳刚的男性气质。他们全家都喜欢打拳击,家里有一副拳击手套,爷爷用过,爸爸用过,哥哥也用过,现在又给比利用,让他去学拳击。但是比利偏偏不喜欢学拳击,而喜欢跳芭蕾舞。他把用来学拳击的钱偷偷交了芭蕾舞班的学费,跟在一群女孩子后边穿着小天鹅的服装跳芭蕾舞。他爸爸知道后很生气,阻止他、咒骂他:"娘娘腔!"而比利坚持自己的理想和喜好。慢慢地,他的父亲对他跳芭蕾舞的态度也由反对、排斥、阻止转变为接纳、支持、赞许。得到父亲支持的比利,最后成了著名的芭蕾舞演员。父亲和哥哥多年之后去伦敦看芭蕾舞表演,比利是主角。影片很令人感动,它淋漓尽致地表现了一个阳刚之气爆棚的家庭在孩子成长面前的转变,对一个阴柔的男孩子给予接纳和支持。这样的父母才是懂爱的父母。

这部电影可以给很多家长启发——尊重孩子的性别实践,不去干涉他,不论他的性别气质是怎样的,都尊重他。如果有人贬损孩子,父母更要坚定地支持孩子。

然而在日常生活中,性别气质二元划分的教育随处可见。

像孩子在两三岁的时候去医院打针,通常小男生的家长会说:"你是小男子汉,打针不能哭。"如果是女孩哭,爸爸妈妈通常就不会这么说了,而是抱着女儿很心疼地安慰她。这便是不同的性别气质教育。那我是怎么对儿子说的呢?我没有说"你是男人,你要勇敢",而是告诉他:"你很勇敢,所以你要坚持,你不怕!我们能挺过去!"这就是去掉性别二元划分的教育。

在日常生活中,还有很多细微小事。比如很多人可能有一个概念,认为女孩子细心,那我们就会说:你是女孩,该如何如何。这无意之中就强化了"你是女孩,你要细心"这样的概念。还有一个常见的概念,认为男孩有力量,所以动不动就说:你是男子汉,该如何如何。男孩子也是人呀,不要把他当作一个金刚不坏的机器,他又不是变形金刚,你总跟他强调男子汉干什么?

校园教育中也有很多类似的事例,比如曾有一个老师自以为是地介绍自己做的性别教育,说整理图书馆时,他让男生搬书,女生码书,以便发挥男生力气大、女生心细的特点。这就是坏的性别刻板印象的教育。我主张男生女生一起搬书、一起码书,男生也可以心细,女生也可以有力量。

有一个小学老师听我讲了这些之后,就做了改革。她原来在学校安排午餐的时候，会让男生把饭桶、汤盆从一楼搬到二楼，让女生负责给大家盛饭。现在，改派一个男生和一个女生一起搬，盛饭盛菜也改为男生女生一起盛。这就是我们说的兼性教育和性别气质多元发展的教育。在这样的教育下长大的孩子一定更有力量。

其实，家庭生活中也有许多这样的时刻，可以对孩子进行兼性教育。父母只要先接受了兼性教育的理念，就可以在日常生活中灵活地应用兼性教育了。

教学实操答问

问： 听人说，3—6岁是对男孩进行性别教育的最佳时期。在男孩3岁的时候，应该让他从事一些"体力活"，如搬纸箱、保护更小的孩子、帮妈妈拿东西等；告诉他，男孩应该照顾女孩、保护家人等，说这样可以把小男孩慢慢培养成有担当的男子汉。这个说法靠谱吗？

回复： 性别教育是伴随人的一生的，不能说3—6岁最重要。

在先进的性别教育中，首先要反对的就是社会性别刻板印象的教育。曾经有学校专门办男生班、淑女班，等于是把整个人类世界一刀切成两部分：男和女。男性必须往勇敢、阳刚、坚强上培养，女性必须往温柔、细腻、体贴上培养。听上去很美好，实际上会伤害那些不符合"标准"的孩子。而且美好的品格应该都为男性及女性所有，何必区分性别呢？所以，你提到的这种说法是有问题的，它是从性别刻板印象出发的。让孩子学会照顾他人、照顾弱者、保护家人、有担当，这些都很好，但不能说这是男孩子的专利，女孩子也应该这样做。

培养孩子时，应该注意让男孩女孩有相同的尝试，比如都应该搬纸箱、保护更小的孩子、帮妈妈拿东西、干点儿体力活儿、学习对自己负责、自己的事情自己做；都应该做做手工、学学刺绣、培养心细的能力；都应该带带娃、学学关心别人……这样培养出来的孩子会更有灵活性，更宽容，更适应社会的发展。

问：孩子有一个重要的心理发展任务就是完成性别认同。您的观点好像是要打破性别刻板印象，淡化男女差异。这是否会对性别认同带来困难？

回复：性别认同与性别刻板印象之间没有必然的关系，这是两回事。

性别认同是对自己的生理性别的认同。社会性别刻板印象是否认个体差异，认为男性一定要这样，女性一定要那样，这对男女都构成伤害。

性别不认同也未必就是坏事，这是一个开始尊重性别多元实践的时代。传统的、过时的知识应该更新了。

问：您说男女社会性别差异要消解，那岂不是只剩下生理差异了？

回复：如果只剩下生理差异，有什么不可以的呢？虽然事实上，我们可能永远看不到这一天。我们要消解的是社会性别刻板印象，打破二元划分，这已经是联合国等国际组织致力于推动的主流价值观。

问： 9岁的小侄子喜欢我衣服上的毛领子，我就给了他一个类似的布娃娃玩，但是感觉他的爸爸妈妈不是很开心，说男孩子怎么还玩布娃娃呀。

回复： 我觉得你做的是对的，男孩子也可以玩布娃娃。很多父母都觉得男生不应该玩布娃娃，这种观念是错误的。父母可能担心男生玩布娃娃会太阴柔了。其实你可以跟他们分享这样的观点：男孩子玩布娃娃，可以培养他细腻的情感，他未来会成为懂得带孩子又细心的人。

问： 我会对孩子说"想哭就哭，不要憋着，憋着对身体不好"。但我公司里有一个男同事因工作的问题哭过，结果大家就说他怎样怎样。我担心孩子将来也会被这样对待。

回复： 这是很多家长担心的问题。许多时候，我们让孩子做一件事情，明明知道这种选择是对的，但是担心和社会主流的态度不一样，会让孩子在面对社会主流压力的时候受到打击。

我想说的是：第一，担心错误的主流压力影响、干涉、打击你的孩子，不应该成为让孩子做正确选择的阻碍。相反，更应该让他做正确的选择，不能因为可能受打击就让他选择错的。第二，要努力地使孩子变得更有力量，在教育的过程中告诉他，如何面对别人的闲言碎语，怎么应对别人带给他的压力和打击，比如别人嘲笑他时应该怎么办。这是应该给孩子力量、让孩子成长的地方，而不是因为有顾虑就不去做正确的事，那样得不偿失。第三，要一起努力，致力于改变这样的文化。比如像你说到的，遇到单位的男同事被别人说闲话，那么你可以跟周围的同事分享："男人也可以哭呀！男人哭吧哭吧不是罪呀！哭泣是疗伤最好的方式，我们不应该嘲笑他。"这样就会影响到别人的观念。慢慢地，社会的观念也会改变。你的孩子将来就不用经历同事经历过的困境了。

问：我的孩子是男孩，读初二，与离异后的母亲同住。母亲觉得儿子缺少阳刚之气，缺少男子汉的性格，请问应该如何培养孩子？如何引导他？

回复：首先，责怪一个刚读初二的男孩子缺少"男子汉气概"，这背后体现的是一种"男性气概焦虑"。我们处在一个习惯于男性气概焦虑的时代，总担心男人不像男人了，觉得男孩子需要被"拯救"，害怕他们"变成"同性恋了。但是，他们只是在成长期，"男子汉气概"还需要时间来"成熟"。随着他们年龄的增长，一切都会自然地如人所愿。

其次，"男子汉气概"就一定是有益于青少年的吗？对此，我已经在前文阐述了我的观点，这里就不再赘述了。简单地说一句：我们认为，兼性性别气质是最理想的选择。

问：儿子一直喜欢毛绒动物玩具，我们也会买给他，他的床上曾经堆得像个动物园。每次出城游玩，他都要带一个毛绒动物玩具一起旅行。三四岁时，他要求买个儿童用的推娃娃的小推车，我们也满足他了。推车的颜色只有粉红色和玫红色，他选了一个玫红色的小推车，带他的毛绒玩具散步。七八岁的某一天，他突然想织毛活儿，说要给他的毛绒动物织个小毯子。我说："好呀！不过不容易学，你要有耐心。"他还真去学了，粗通。

买玩具不会太分性别，而且是兄妹（差两岁半）或者全家一起玩；课外班也有70%一起学，钢琴、体操、滑雪、中文、网球……儿子酷爱足球，女儿也进过足球队。我们这样做对吗？

回复： 让女孩参与到传统社会认为是男生干的事；让男孩玩他喜欢玩的东西，尽管这个东西被认为是"女生才玩的"，这都有助于培养孩子的兼性气质。兼性气质是指男生也可以具备女生的性格特征，如温柔、细腻、体贴等，女生也可以像男生一样勇敢、果断、有力量，而且具有兼性气质的人能更好地适应社会。我们的社会过于强调男生应该做什么，女生应该做什么了，其实这种二元划分是不对的。

问： 我是一个13岁小男孩的妈妈。我儿子是由外婆外公带大的，晚上与外婆睡觉的次数多一些。当然，在亲戚家他也愿意与其他亲朋好友睡。但是每年放暑假或者过年跟我一起睡时，我发现他有以下行为：他晚上走路一定要挽着我的手走；睡觉总是喜欢与我头碰头或手挽手；给他穿上衣、穿裤子，只要衣服不是穿在外面，什么花色都行，或者女孩子才穿的衣服他也会穿；我让他洗碗、洗衣服，他也没意见！而且他是那种胆子很小的人。以上这些表现在我看来都是女孩子才该有的嘛，怎么一个男孩子也这样呢？我很担心这些是不正常的！我总是暗暗地想他会不会变成女孩。

回复： 其实，像帮你干家务这些事，不正是许多家长梦寐以求的吗？既然你担心他穿花色或女性化内衣不太合适，为什么还给他穿呢？而且他拒绝穿在外面，不是已经很符合社会对男性的要求了吗？孩子胆小的原因有很多，而且女孩子也并不都胆小，男孩子也并不都胆大。

我能够理解你的担心与焦虑，但是我觉得你有些过虑了。性别实践是一个多元的、建构中的过程，家长最好的态度就是让孩子顺其自然。过分的担忧、焦虑以及在此基础上的干预，反而可能会对孩子的心理造成负面影响。即使有一天孩子真的"变成女孩"了，也不是你现在的担心可以解决的，那时再面对那时的困扰吧。

问： 我女儿今年7岁半。我们小区男孩子较多，她的两个好朋友都是男孩子。孩子爸爸认为这样对她的性格不好，以后不像女孩子，像个男人婆，另外也怕她性早熟，所以不让她跟男孩子玩，让我帮她找几个女孩子做朋友。我想问，小女孩能主要跟小男孩做朋友吗？这样有没有什么不好的影响？请给予指导，谢谢。

回复：对于这种现象，说法不一，确实有学者认为这对女孩子的性别气质成长会有影响。但是，我不这样看。我认为最重要的是让孩子快乐、自由，按她自己向往的方式生活和成长。强行干预，反而可能会给她带来负面影响。

从另一个角度看，好朋友以男孩子为主，女孩子受到传统男性气质中的"勇敢""大大咧咧"的影响，不是也挺好？为什么一定要把女孩子塑造得娇嗔、胆小、害羞、内向呢？

和异性交往多，去除异性的神秘感，反而可能会让她自然地接受性别的差异。所以重要的是要对她进行一些防止性骚扰的教育，让她学会尊重自己和他人的身体，而不是担心因为和异性交往就会"性早熟"。

问：我儿子8岁，长得清秀、白净、文弱、瘦小，与班上疯玩的男孩玩不到一块儿，于是总是与一群女孩一起玩。我有点儿担心，需要干预吗？怎么做？

回复：我能理解你的担心。但他未必是你担心的同性恋或跨性别，也可能只是性格比较内向，或性别气质比较温柔，这些都没有什么不好，不用有太大的担心。如果真是同性恋或跨性别，你也改变不了什么，不要强行干预。什么也不做，尊重他自己的处事方式，就是最好的。

问：您主张我们的性教育中鼓励性别平等,但是一个有社会性别平等意识的女性要去面对社会传统压力、性别歧视,是否会压力太大?该如何面对?

回复：其实,可能远远没有想象中的那么大的压力。中国社会正在快速变化中,整个社会的性别意识,包括许多女性的性别意识,都在崛起。在这个过程中,个人的努力也在促进社会的改变。重要的是,社会性别平等意识可以使一个人更具有力量,而绝不会是使一个人在面对社会压力时变得更加脆弱。我接触过非常多具有社会性别平等意识的女性,她们几乎无一例外地认为性别意识帮助她们成长,使她们强大,使她们耳聪目明,焕发了生命的力量。她们是如此的自信,足以面对任何外来压力。

问：如何给10岁的女孩子解释什么是贞操?

回复：我们反对向女孩子灌输传统的处女膜崇拜的贞操观,因为这是性别不平等的教育,是歧视、伤害女孩子的教育。这种建立在男女性别不平等的基础上的性教育,是剥夺女性身体自主权、强化女性对性的负面认识、强化女性在性上是"弱者"地位的教育。

但是,我觉得可以给孩子讲另一种"贞操"：每个人的身体是自己的,是不允许别人侵犯的,要保护好自己的身体,爱自己的身体,做自己身体的小主人。这是防止性骚扰的教育,我觉得是需要的。

问： 若根除"腐朽的贞操观",会不会导致青少年"无羞耻感"?觉得性无所谓,甚至觉得和很多人做爱也无所谓?

回复： "腐朽的贞操观",通常指的是认为女性应该"守贞",第一次应该给自己的老公,等等。因为它剥夺了女性的身体自主权,认为女人是男人的附属,女人的性不属于自己,所以我们要反对。性原本就不应该是一件让人感到"羞耻"的事。认为性是"羞耻"的,或认为同自己喜欢的人做爱是"羞耻"的观念,在我看来才是最羞耻的。

每个人都拥有对自己身体的使用权,也可以拥有不同的性价值观。所以,赋权型性教育不试图强迫青少年形成一种"统一"的性价值观,恰恰相反,我们鼓励他们包容不同的价值观。我们只是对他们强调:每个人都应该做出对自己和他人负责任的选择,并且对自己选择的结果负责任。

第二讲 孩子看了色情品怎么办？

在中国，制作、传播色情品是违法的。未成年人看色情品，更可能是有害的。但是，色情品防不胜防。家长需要自己先了解色情品，对色情品有正确的认识，才可能在孩子出现相关问题的时候做出正确的应对。

色情品不是真实生活的反映

我的一位女性朋友告诉我,有一次她使用孩子的电脑,发现电脑上存了一些"带颜色"的电影。

她说:"孩子才 14 岁,会不会做一些不好的事情啊?"

我问她:"你担心的是什么呢?"

她说:"他肯定会从电影中学一些脏东西,并且很有可能做坏事,这可怎么办呀?"

发现孩子看色情品以后,很多家长都会感觉到很焦虑,也深深受此困扰。

有一个家长曾经急不可耐地问我一个问题:"我家男孩 9 岁了,看手机和电脑时不可避免地会有一些色情图片和动态图蹦出来,我不知道该怎么跟他解释好。我让他遇到这种图时关上,他说有时是关不上的,但也没有就此问我什么。我该怎么办?"

色情品在我们国家是被禁止的。但是,来自各种渠道的色情品屡禁不绝。可能大家都有类似的经历,有的时候要在网上查一个信息,结果会蹦出来一些色情片的链接,确实是防不胜防。

既然是防不胜防,无处不在,那我们就不应该掩耳盗铃,要正面地探讨它,而不是回避它。

我们不希望孩子看到色情品，但是孩子难免会看到，如果在他看到之前没有用关于色情品的正确观念引导他，他就有可能被一些错误的观念或者色情品本身传播的错误观念所影响，那时可能就比较麻烦了。有的孩子看了色情品之后，可能会出现自责、自卑、焦虑、模仿、过分关注性、急于尝试等问题，甚至把色情品当作亲密关系的教科书。

与其让孩子自己在色情品当中摸索、跌撞，面临被误导的风险，还不如事先就跟他们分享什么是色情品，以及应该用什么态度来看待色情品，正面引导孩子。只有这样做，才算是一个负责任的家长。

那么，该如何正确地引导孩子看待色情品呢？

首先要做的一点：跟孩子分享什么是色情品。

色情品是什么？是性爱教科书吗？是亲密关系的教科书吗？是性学指导书吗？都不是！色情品是用来挑逗人们性欲的东西。我在学校、夏令营等场合给孩子们讲课的时候都会说："色情品是用来挑逗、撩拨、激发成年人性欲的，你还是青少年，没有性伴侣，你被撩拨起来了是不是很难受？何必自己找罪受呢？"

然后要进一步告诉青少年：色情品不是真实生活的反映，不能当作性爱教科书，更不能当作亲密关系的教科书。

武侠片里的功夫不一定是真的，言情片里的爱情不一定是真的，色情品中的性和亲密关系更不是真的。色情品就是绞尽脑汁地来撩拨你的情欲的，它的内容是激发人在性爱上的欲望的，而不是对真实生活的客观反映。你如果当真，就输了。

一定要反复、认真地告诉孩子：万——不留神看到了色情品，千万不要把里面的男人和女人当作现实生活中的男人和女人。特别是孩子刚进入青春期的时候，可能没有别的渠道来了解真实的性，以及真实的男人和女人。这个时候接触了色情品，很多人就会误把它当作情爱和性爱的指南。

如果孩子没有接触过亲密关系，他就不知道亲密关系是什么样的，所以他可能认为色情品当中的行为、态度都是可以直接模仿的。比如一个男生可能会认为：色情品当中的女人就是真实的女人，可以随时随地跟她发生性关系。你可以问孩子："你看了《蜘蛛侠》之后，会试着在楼和楼之间蹦来蹦去吗？"不会。因为他事先知道了，在楼和楼之间蹦来蹦去是不可能的，是会死掉的，《蜘蛛侠》只是个电影，不能学习和模仿。色情品也是一样。

我做性教育教师培训的时候，有一个老师对我讲，一个男生在放暑假之前学习很专注，暑假回来之后总是性骚扰女同学，一到课间就跟别的男同学说："这些女生都是假装纯的，都希望我们去摸她们，不信你看。"然后他便在楼道里对女生摸一把胸、摸一把屁股。女生都被吓傻了，不知道该怎么办。男生更得意了，和同学说："你看她们害羞了吧，不好意思了吧，高兴了吧！"为什么会这样？老师跟男生了解情况后，才知道他假期在家没事的时候翻到了爸爸妈妈没有藏好的色情片，开学回来后就开始性骚扰女同学了。

这个事情说明了什么？说明这个男生原来并不了解女生，他把色情品当作教科书了。

色情品的另外一个风险是：看了色情品之后，男孩子对于色情品当中男人表现出来的性能力不理解，或者会想："他们太强了，我不如他们。""他们的阴茎又粗又长，射精时射一堆，为什么我做不到？"你以为电影里射的是精液吗？那可能是奶昔，人家是蒙太奇技法。女生看了色情品后也可能感到自卑："为什么那个女人那么热爱性，我却觉得性很恶心？"或者"为什么她的胸那么大，我的胸却这么小？"这些都可能是色情品给孩子带来的负面影响。

所以家长也要告诉孩子：这是电影，演员都是精挑细选出来的，是在那儿表演呢，不能当真。

孩子意外看到色情品莫焦虑

如果孩子看了色情品，我们该怎么办？

我建议，家长可以告诉孩子："色情品是挑逗成年人的，你最好不看，免得撩拨情欲受伤害。但是如果意外看到了，也没什么大不了的，很多人都看过，很正常，不用焦虑，也不用因为你看了色情品而自责、自卑。"

不谴责孩子，而是告诉孩子这不算什么。这样做的意义是不要让孩子看了色情品后太自责，不要对自己太污名化。有时候看色情品就跟自慰一样，你认为它有害才是最大的害处。你整天担心自慰对你有伤害，那伤害就来了。孩子觉得看色情品对自己有伤害，想"我不该看，我不是好男人/好女人了"等，处于这样的思想困扰中，更可能自责、自卑、自我否定，从而带来其他的心理问题。有的孩子越不想看越忍不住要看，开始执着于这件事了，这也不好。如果孩子想："看就看了吧，看过就放下了，也无所谓。"那孩子就不会因为看了色情品而感到压抑、纠结，也就不会因此出现心理问题了。他可能就真的放下了，也不会有后续的负面影响。

在现实生活中，孩子们总会看到色情品的。如果你不让他有一个坦然的、自然的接纳态度，一定要跟他强调色情品"特别坏""特别可怕""千万别看"，而他又看到了，那他承受的压力反而对他的心理健康不利。家长应该让孩子以平常心、平静心去看待色情品，就是这样一个不把它当回事的态度才最好。

既然不是个事儿，孩子忙的时候自然就不看了，有压力、累的时候可能会看看；看的时候有性幻想、性愉悦、自慰，也没什么大不了的，宣泄之后，欲望得到了满足，就该干什么干什么了。

举个例子，家长能够完全禁止孩子玩电子游戏吗？不可能，也不人道、不正常。我们是培养学习的机器还是培养人？培养人就应该让孩子玩游戏，玩游戏有很多好处，玩就玩了。孩子累的时候玩一会儿，然后就去学习了，什么都不耽误。所以，家长不要把孩子想得太脆弱，以为孩子一旦看了色情品就肯定没心思学习了，一定去找人做爱了。

什么样的人会对色情品上瘾？我觉得是那些拿不起放不下的人。如果拿得起放得下，他们的态度就是："我看色情品了，看了就看了，不当回事。"越是觉得"我不该看"又忍不住看的人，才容易上瘾呢。所以，坦然面对就没有问题。

人格培养最重要

色情品包括很多种，一般来说直接做爱的色情片，以及色情小说、色情图片，属于硬色情。与之对应的，还有软色情，软色情是有情节的。此外，还有情色品。

好多人问我："给孩子看日本的动漫绘画，发现里面有好多性交的内容，这是不是色情品啊？"其实准确地说，这是情色品。情色品也能撩拨情欲。

有些家长说："看情色品也不行呀。"

这让我想起了我上初二的时候，当时我正在看一本正规出版社出版的香港作家写的小说，我的老师把它夺走撕烂了，还理直气壮地跟我妈妈说："这种书上都是些乌七八糟的东西。"当时我也不敢说什么，但总觉得哪儿有点儿不对。现在回过头来想想，那些阻止孩子看色情品、认为孩子一定会因此变坏的家长，和撕掉我的书的那个老师有什么差别呢？没什么差别。那本书可能有点儿爱情描写，涉及接吻、拥抱之类的，甚至没有性描写，他就担心我变坏。

今天我们也担心孩子看情色动漫、情色小说会变坏，更担心孩子看了色情片会变坏。我们的孩子是保鲜期这么短的产品吗，说坏就坏？

如果一个孩子本身不爱学习，没有上进心，没有人生规划，又没有好的性教育、人格成长的教育、责任心的教育，那么当他看了色情片，或者和几个男生一块儿看了，然后去性骚扰、性侵犯的可能性才比较大。但如果这个孩子懂得对自己和他人负责，家长就不需要担心太多。所以**最关键的是，家长要致力于培养孩子人格的成长**，而不是简简单单地说他能不能看色情品。家长与其反对他看色情品，不如把这个精力拿出来去培养孩子的人生观、价值观，这才是用对了地方。

所以，色情品没那么可怕，我们担心的是看了色情品的青少年会做一些不该做的事情，包括性骚扰、强奸等违法犯罪的事。但如果孩子有好的性教育，即使他看了色情品，也不会出现这些问题。

孩子看完色情品去做坏事，怎么办？

如果一个学生看了色情品，真的去做坏事了怎么办？

像上文说的那个看完色情品去性骚扰女同学的男生，他的老师不知道该怎么办，向我咨询。我给他的建议是：表扬他。什么意思？表扬他看色情品？还是表扬他性骚扰女同学？都不是。

正如这位老师说的，在放暑假之前，这个男孩子是很好的，很专注学习，暑假看了色情品后人就变了。我建议这位老师这样表扬他："你是一个多么好的学生，老师多么喜欢你，你那么爱学习……"把他所有的优点都列出来，然后说，"你性骚扰女同学这件事情做得不对，色情品看就看了，但是你去性骚扰女同学就不对。色情品里的不是现实生活中的男人和女人，你不应该模仿。"这么一处理，孩子的自尊心、进取心都被激发出来了，他就不会陷在色情品中了，而是更有力量前行。

有的家长说："如果我的孩子看色情品让我知道了，我回去就打折他的腿！"

打折腿有用吗？打折腿完全不会减少他的性欲望，看过的电影也不会从他脑海里删掉。所以如果你想让孩子选择正确的人际交往，你就要激励他的自尊心和进取心。

不要打击孩子，不要谴责、咒骂、体罚他们，要抓住他的优点来赞美他，让他更加爱自己。这就是对于未成年人看了色情品，我们应该把握的策略。

教学实操答问

问： 我无意中发现儿子在小学高年级的时候就接触了色情品，当时不知道该说什么。到了中学，他还看了色情影片。当时我好奇地看了一眼，还被孩子看见了。我尴尬得不行，但强装镇静，说："你还小，看这个太早了。"之后我就把影片删了。后来还有新的片子出现，他爸爸曾经为此骂过他，我只是旁敲侧击地点点他，无非告诉他等长大了再看。现在他20岁了，反而不怎么看了。请问我这样的教育方式对吗？

回复： 孩子的房间你可以进，但他的东西你不能翻，所以当他看色情品这个隐私被你发现的时候，你最好装不知道。要尊重人家的隐私，发现了也不能直说。即使进行如何看待色情品的教育，也不能说出来你窥探他的隐私了。

问： 我对"色情"和"情色"的理解是，作为两个差异不大的定义，前者比后者较为狭隘些，后者的范畴更为广泛。这种理解对吗？

回复： 以电影为例，色情就是以性为主，几乎没有情节。绝大多数的色情片，都是没有情节的，不知道谁跟谁为什么做爱，这叫硬色情。软色情有点儿情节，至少知道人物关系。这些影片都是赤裸裸的性交，有性器官的特写，这叫色情品。

情色品则很少有性交、性器官的特写。情色片更多的是艺术片，可能是很好的艺术影片，有极少量性爱的镜头，但不会有性器官的大特写，也就是说，情色品当中的色的描写是为情节服务的。而色情品即使有情节，也是为性服务的。这两类还是不太一样的。

问： 最近发现7岁的外甥在百度贴吧看小黄文，那些文章写得露骨又变态，我不知道怎么处理这件事情，该如何和他解释不能看这种文？现在他已经认识很多文字、会拼音，自己就能上网搜索，断网不现实，网络环境又不乐观。我知道现在很多动漫都是很黄很暴力的。

回复： 首先要清楚，7岁的孩子看色情品，并不一定真的懂了，不一定是把它当色情品在看，可能只是偶然翻到，所以不用太紧张，也不必纠结这件事情本身。但我们也不能完全排除他没有懂。无论如何，都应该对他进行性教育。

可以和孩子聊聊：网上有一些内容是大人编来娱乐的，是为了吸引更多的阅读量才写给成人看的，不是提供给孩子看的。这些文章里边有很多不正确的信息，很容易误导别人。大人的阅历更多一点儿，所以能够辨别那些内容是不是真的；小孩子缺乏阅历，不能辨别那些内容是不是真的。而且很多内容是没有性别平等和维护人权的意识的，对于小孩子来说，不是好的阅读材料。如果看到一些很奇怪的内容，应该关掉。

同时要培养孩子读文学名著的兴趣，和孩子一起读好书，培养好的阅读兴趣和习惯。

问：我的孩子今年上高二，以前他学习不错，在学校表现也不错，什么都不用我们家长操心。这两年家里给他买了电脑。有一次，我突然发现他的电脑里存有色情游戏，还有一些色情电影文件。我不知这些是他从同学那里得到的，还是自己上网找到的，但这些的确对他的学习造成了一定的影响。我们家长真不知该怎么处理，打他骂他，肯定不会解决问题；找他学校的老师，又怕给孩子造成不好的影响；不让他用电脑，我想那也只能是因噎废食，可能还会带来更不好的效果。此外，现在的电视节目、电影里都有好些并不适合孩子看的内容，可孩子们都在看，他们对性的接触和了解比我们这一代要早得多。我们应该如何正确处理这样的情况呢？

回复：青春期的学生会对性产生好奇与渴望，是再正常不过的事情，任何"堵"的办法不仅毫无意义，而且还可能出现与父母期望相反的结果。家长要给孩子满足自己好奇心的权利，也要相信他们不是那么容易"堕落"的。与之相伴的，是性的责任感教育，比如告诉孩子，性虽然是很美妙的事情，但一个有责任感的人，应该在长大之后再开始尝试。不同的年龄要做不同的事情。他现在这个年龄在性方面可以做的，只是幻想与期待，因为要把全部的精力用到学习上。专注于学习，同样是责任感的一部分。

我认为，对于这个年龄段的孩子，可以借助一些生活中偶然出现的具体事件来进行性教育，比如一起看新闻报道、电视剧时，父母可以有意识地就某事件谈论一些有关价值观的话题，从而在谈论、评论中影响孩子。如果孩子能够参与到交流中，发表自己的看法，进行讨论，那就是再好不过的性教育了。

问： 我是老师，最近接到家长的电话反映，说她发现读初二的女儿购买了很多言情小说并沉浸其中，每天花大量时间阅读，不思学业。家长趁其不备，翻阅了这些小说，发现其中有很多露骨的色情描写，为此非常担心，不知道该如何引导女儿。

回复： 也许是我们过于紧张，与其试图禁止，不如通过性教育教他们如何处理性的萌动。另一个途径，就是给学生布置一个作业，让学生读一些名著，将她的注意力从那些言情小说转移到名著上来。还有一个方法，就是让这个学生在课上跟同学或在家里跟家长分享她看的言情小说，讨论这些言情小说中的情节。学生在说的过程中，老师和家长可以加以引导，让她正确认识爱情、性、亲密关系等问题。

问：我儿子15岁了，今年中考没有考好，与他以前的成绩相比，有很大的退步。初三上学期以前，他排在全年级30名左右，到中考时竟排到了130多名，让所有人大跌眼镜。老师说他分心了，他自己说没有。我们也不是很清楚他的思想，只是看他在中考前很迷一个叫《灼眼的夏娜》的动漫，还向他的同学（包括女同学）推荐，并私自买MP4下载看，于是我们把MP4搜出来，没收了。中考后，我们在他拿回来的资料中找到一个他自己仿写的动漫故事，写的是他作为动漫主人翁与一个心仪的女生的故事，好像准备写很长，但零零散散的，其中有一些情景就是写他与那个女生拥抱、接吻，他为她写诗，愿意为她献出一切，甚至是生命，等等。现在他还特别关注青年偶像剧。我们做父母的就很着急，怕他沉迷其中，荒废了学习，不知要怎么来引导他，让他把主要精力放在学习上。

回复：从现状来看，他已经出现了一定程度的"沉迷"，这也在一定程度上影响了学习。这是许多学生在这个阶段都会经历的。我建议给孩子推荐一些经典文学名著，给他看一些励志电影，培养他的上进心，让他把精力转移到追求学业上面来。

父亲可以和孩子进行交流，给他讲"书中自有黄金屋，书中自有颜如玉"的道理。

总之，目标是培养他的上进心、积极进取心，然后希冀在这种追求中，让他自觉地放弃对动漫、偶像剧的关注。父母强行干涉和禁止是没有用的。当然，首先父母自己不能看那些剧，否则一定会影响到孩子。

问： 儿子在枕头底下藏了一本色情杂志，被我发现了，要不要找他谈？我该怎么谈？

回复： 人家藏起来，就是不想让你知道，你还"侦察"出来了，要谈也要委婉一些呀。建议不提那本色情杂志，要充分尊重孩子。可以和孩子谈人生观、理想、亲密关系、责任、尊严、自尊、对自己和他人负责，等等。当他有了这些价值观，你担心的影响学习、在性方面犯错之类的事，就不会出现。

问： 男女对色情品的态度有差别吗？

回复： 这是一个很好的问题。我个人认为，男女对色情品的态度原本应该是没有差别的，差别是被文化建构出来的。很多女性第一次看色情品会觉得恶心，为什么？因为文化建构了女人不应该关注性、性是肮脏的，所以她看到时才觉得恶心。如果没有被不同的性道德标准建构的女人，应该也一样喜欢看。更重要的一点是，很多色情品是拍出来给男人看的，这也是一个文化的产物。如果是拍给女人看的色情品，那女人更会喜欢看了。即使是女性，看了色情品也不要太担心。

问： 儿子12岁时，有一次全家一起出去旅游，儿子看到酒店房间挂的裸体画立刻大呼小叫，说太不好意思了，要求服务员拿走。当时我们也不懂性教育，现在想起来觉得应该给他讲些知识。现在儿子初二了，我们应如何做？

回复： 当时就可以通过这件事告诉他人体是美的，这幅画是艺术品，裸体画不是色情品，要正确看待。所以，进行正确的性教育，要从出生开始。现在孩子初二了，对于这件已经过去很久的事，家长就不必再做什么了。性教育的机会有很多，从日常生活中观察发现吧。

第12讲 孩子进入青春期，谈恋爱怎么办？

20世纪七八十年代就有"早恋"这个词儿了，可以看出它对爱情有否定的色彩。其实，这是大人在表达自己的不理解、不舒服、不高兴，大人站在自己的立场认为孩子做了一件不应该做的事情，他们担心孩子谈恋爱会受伤、影响学习等。这些担心是有道理的，但是实践证明，单纯地禁止谈恋爱是无效的。

那家长应该怎么办呢？从之前的章节当中，我们知道"堵"是行不通的，但家长真的要让孩子自己选择"早恋"吗？怎样才能让孩子真正拥有做出负责任的选择的能力呢？从赋权角度出发，家长又该如何处理这个问题呢？

我一再强调：**性教育不应该致力于简单地反对或支持孩子谈恋爱，而应该让他们学习如何更好地处理情感问题。**

让孩子学会负责任

直到今天为止，多数的家长还是采用简单的禁止，甚至惩罚、恐吓的手段，不让自己未成年的孩子谈恋爱，似乎这就是保护孩子的最好办法，除此之外别无他法。

回想30多年前，我上中学的时候，我们班里就有一些同学谈恋爱，那时我们叫"搭伴儿"。我也不知道为什么叫"搭伴儿"。这些"搭伴儿"的孩子受到老师的训斥等种种惩罚，然后被粗暴地禁止谈恋爱，学校还请家长来棒打鸳鸯。这样做有没有效呢？可能表面上有效，但这些孩子都没有成为学习好的孩子。于是似乎就有了这样一个悖论——谈恋爱会影响学习。但是一对对小恋人被拆散后，他们的学习成绩并没有提高呀。也许正是老师、家长这样的一通折腾，才让孩子们学习不好的，谁知道呢？

重要的是，这么多年过去了，我们仍然用30多年前的老方法，教育那些所谓"早恋"的孩子。30多年来，我们成功了吗？没有，孩子们该谈恋爱还谈恋爱。各种禁止的方法明明失败了，我们却仍然在使用。

为什么明明知道方法没用，却还继续用这些招数对待孩子们呢？

其实，这样做的背后更多地透露出家长和老师的无奈。他们不知道有别的办法，认为面对孩子谈恋爱只能是反对，家长不可能去支持或者默许，否则不更影响孩子的学习了吗？所以只能反对。虽然方法都已经失败了，自己也知道不管用，但还是这么做，脑子里想的是：万一管用呢。

确实，对有些"乖乖宝"来说，似乎"管用了"，但是更多的小恋人只是转入"地下"而已。还有的孩子，人家本来没谈恋爱，只是普通的异性交往，但家长和老师一看男生和女生走得近，就干涉人家，发出"你们不许谈恋爱"的吼叫，结果孩子反而开始谈恋爱了。或者人家刚开始谈恋爱，朦朦胧胧的，那份美好的感情正在内心激荡，而且也没影响学习，该干什么干什么，但是家长和老师棒打鸳鸯，使得孩子把精力全用在了对抗家长和老师上，他们的心情也被家长和老师弄坏了，还需要想办法躲避压迫，想办法继续谈恋爱，结果反而影响学习了。

在家长和老师严厉反对的高压下，并不是没有孩子放弃已经开始的爱情，但这样的孩子是少数。青春期的孩子哪有那么乖的？如果是这样，爸爸妈妈怎么想的、社会怎么想的，他都知道，一开始他就不会谈恋爱了。孩子哪里会那么"听话"呢？他不"听话"，恋爱了，那你给他压力，他就"听话"了吗？不可能。哪里有压迫，哪里就有反抗，何况青春期的孩子有叛逆心理，"哪个少女不怀春，哪个少年不钟情"。所以我说，简单地禁止、恐吓、惩罚孩子，很可能适得其反，让一些原本没谈恋爱的孩子开始谈恋爱了，原本谈恋爱的孩子把更多的精力用来对付家长的压迫，甚至可能出现私奔、殉情的事情。

那该怎么办呢？家长就真的没有办法了吗？

当然不是，当然有办法，但重要的是**家长要改变思路，不要再害怕孩子们谈恋爱，要担心的是孩子们没有能力处理情感问题；不是要禁止他们谈恋爱，而是要帮助他们学习如何面对一份爱情。这才是真正好的教育。**

青春期的孩子渴望爱情是很正常的，这出于满足自身心理、生理成长的需要。所以，重要的是如何让青春期的孩子在感情问题上懂得对自己和他人负责。基于这样的教育态度，孩子并不一定就选择谈恋爱。在我的教学实践中，多数孩子同样可以基于对自己负责任的态度，最终选择不谈恋爱。这可不是家长或教师不让他们谈，而是他们自己思考后做出的决定。这个决定才是有效的。

这样的教育可能吗？怎么做呢？

处理情感问题的增能

为了引导孩子处理好自己的感情问题，我编写了18节课。家长们看一下这18节课的题目，就能够明白应该怎么帮孩子在情感问题上成长了。

1. 同伴交往
2. 有一份感情如何处理？
3. 爱要怎么说出口？
4. 被不喜欢的人追求怎么办？
5. 面对单恋
6. 失恋中的成长
7. 学习与爱情矛盾吗？
8. 恋爱与忌妒
9. 小说与影视中的爱情能信吗？
10. 我们的爱情观
11. 关于恋爱怎么和家长、教师有效沟通？
12. 如何结束一段关系？
13. 是否性爱需要沟通
14. 性，我们准备好了吗？
15. 我们的择偶观
16. 《致橡树》的爱情启示
17. 忘年恋
18. 规划我的亲密关系

如果孩子已经有一份感情了，应该如何处理呢？不是简单地对孩子说："把这份感情压制下去，把这份感情消灭在萌芽之中！"这样做没有用。而且你这样告诉他，他也不会听你的；就算暂时听了，他也未必真的能够成长。我们不是希望他成长吗？对不对？

我开设性教育夏令营的时候，第三天会花一整天的时间跟孩子们讨论如何处理爱情问题。夏令营一般会在比较大的空间里办，我们让孩子们站在空荡荡的小礼堂中间，跟他们说："假设你现在有一份感情，你喜欢上了一个人，该怎么办？你有哪些选项？"

孩子们会说出不同的选项，有的说表白，有的说压抑，有的说等高考之后再表白，有的说我就藏在心里默默地爱，有的说先和对方做朋友……通常他们会说出五六个选项来。我们就把孩子们说的选项写在纸上，然后把它放在大厅的不同角落。孩子们则继续想：自己做出一个选择之后，后面将会遇到什么？

每个不同的选项背后都会有新的挑战。

有人说选择压抑就可以解决问题了，但每个人都不一样，所以要让孩子把选择之后的不同可能性都想好，比如不要以为你压抑自己的感情，不去想他（她），这件事情就结束了，不可能。以我自己为例，我上初中的时候就是这么干的，结果没压抑住，反而更想她了，更占用我的学习时间，更耽误学习了。

有的人选择表白。那么表白之后会是什么结果呢？可能是被拒绝，可能是被接受。拒绝的后面是什么呢？是伤心、失恋、痛苦。也可能有同学说"拒绝了，我就开心了，终于不用再想他（她）了，可以放心地学习了"。对，这也是一种可能。那如果是接受，接受的后面是什么呢？可能是老师、家长的反对，可能是你走近对方后反而不再喜欢他（她）了，然后可能是你想分手，但是他（她）不分；也可能是他（她）跟别的同学交往，你吃醋；还可能是热恋……总之，会有多种可能。

所以，我做性教育的时候，是让孩子设想每一种选择背后的可能，然后问那些仍然站在大厅中间的孩子：你想好了吗？看到每一种选择背后的可能后，你想如何处理这些可能？你要如何处理每种可能才能让自己的利益最大化？比如说家长反对你要怎么办？你不喜欢他（她）了，想分手，你要怎么办？对方不想分你又要怎么办？

我让大家认真思考，还可以小组讨论，然后让每个孩子走到写着自己选择的那张纸前。

这个教育的过程是什么？就是增能赋权的过程。教育者让孩子自己思考每个选项可能带来的结果，思考结果后面的结果，以及对应的策略和策略之后的结果。这个过程就是思考、成长的过程，就是"成年"的过程。这才是长大，才是教育。在这个过程当中，青少年恋不恋爱已经不重要了，因为他们成长了。这样的训练对每种可能性都进行了操演，引领孩子们学会深思熟虑。有能力做出最负责任的选择的那个孩子，即使在恋爱的时候遇到各种问题，也知道如何选择和处理。这就是我们说的增能赋权，是孩子自己思考之后做出的选择，而不是家长替他（她）做出的选择。

比如说，孩子面对一份感情，最终选择了压抑。这可能是很多家长要求孩子做的，或者是孩子自己选择的。但我们要在这个过程中和孩子一起思考，在思考的基础上做出这个压抑情感的选择：可能是因为我对这份感情没有信心，可能是因为我学习的压力。但选择压抑的结果是什么呢？当然可能有好的结果，比如专注地学习，不想他（她）了；但也可能有坏的结果，比如说压抑失败、精神抑郁等。如果是这样，你又怎么办？如果不选择压抑，又有什么好办法呢？这都是我们要思考的。像这样一步步思考的过程就是让孩子学习和成长的过程。我们要做的性教育就是这样的。

在夏令营当中，我们还会安排更多的训练——如果决定表白了，你知道怎么表白吗？怎么表白既尊重自己，又尊重对方？我们可以排演出各种情景剧，包括表白所用的方式、可能出现的结果以及面对这样的结果你要怎么办。比如说，对方听完你的表白后选择了沉默，你要想对方为什么会沉默；如果被拒绝，有哪些原因；如果被接受，又可能有哪些原因。在对方沉默、拒绝或接受之后，你下一步又该怎么办？

各位想一想，这是不是让你的孩子成长的过程？

当然孩子也会面临被不喜欢的人追求，这个时候我们又该怎么做？孩子可能会选择沉默，可能会选择拒绝，或者选择逃避。那如何选择才不至于让对方纠缠、发飙甚至行凶呢？如何让对方心悦诚服地接受孩子的拒绝？如果对方追得紧，又该怎么办呢？怎么做才不会给对方幻想呢？如果对方是小混混，又该怎么办呢？这些都是需要学习的。

当然，解决问题的方法，还要结合每个孩子的实际情况来思考和讨论。

学习思考如何应对不同的可能

我们举办的夏令营每次是 30 人左右。大家知道每次我们让孩子们面对大厅中贴出的不同选择，思考往哪里走之后，结果是什么吗？

每次都只有一两个孩子最终会选择表白，绝大多数都选择不表白、压抑、沉默或者放弃等。

我们讨论的目的是帮孩子学会处理情感。所以，孩子选择表白，我也不觉得担心；选择不表白，我也不觉得放心。

当他们做出选择之后，作为夏令营的带领者，我还是会走过去问他们：你为什么会选择走到这里？你选择走到这里后，如果发生怎样怎样的事，你又怎么应对？如果你忘不了他（她），茶饭不思，你又怎么应对？

我们会这样一步一步地和孩子一起思考。每个孩子的思考可能都不一样。带领者要有充分的理解能力，带领他们一起思考、一起成长，对他们的反应做出正确的回应。最重要的是，孩子在这个过程中学习了如何对自己和他人负责，学习了如何做选择。这也是他们可以做到的！

还应该有针对单恋的教育，就是说孩子喜欢对方，但对方不喜欢他,这种情况很常见。那遇到单恋,孩子该怎么办呢?我们在夏令营当中就会讨论:单恋的坏处、单恋的好处、处理单恋有哪些办法,以及我们该怎么做。大家集体支招。在讨论的过程中,孩子们就成长了。同伴给建议,远远比我们大人告诉他怎么做要有用得多,因为这是他们认为信任自己、理解自己的同伴的声音。将来有一天他真遇到单恋,就会想起大家分享的这些建议。

在恋爱这个部分,家长有的时候会比较难做。家长可能担心:夏令营都是小组讨论,那我在家一对一的时候应该怎么做?

一对一的时候,也可以跟孩子讨论:如果你遇到了一份感情,应该怎么办呢?我们可以有哪些选项?每个选项的背后是什么?所以,增能赋权的思路是一样的。

家长也可以跟孩子讨论失恋:你不喜欢对方或者对方提出分手,这个时候你的情绪感受是什么?你可能会有什么行为表现?它的伤害来自什么?

都知道失恋是一种不好的情绪体验,但这种情绪体验几乎所有人都经历过,该如何面对这种不好的情绪体验?在讨论的过程中家长就可以激励孩子思考自己的人生前景,可以告诉他:天涯何处无芳草,不要为了一个不爱自己的人放弃生命,应该为爱你的人勇敢地追求未来。还可以查找《苏格拉底与失恋者的对话》,通过这篇精彩的文章,一句一句地与孩子分享其绝妙之处。

失恋是"别人不要我"的情况。那如果是"我不想要别人"呢?我想结束这段关系,可是对方不愿意结束,又该怎么办呢?家长当然可以和孩子一起探讨,结束这段关系的时候,我们的情绪体验，包括积极的情绪、消极的情绪，会有哪些？提出分手的方式、理由是什么？如何既提出分手，又不让对方觉得被羞辱，自尊心受到伤害？我们不能接受哪些情况下的分手？我们能够接受什么形式的分手？我们如何为分手做好准备？等等。

当然，家长与孩子一对一的讨论显然不如同龄人之间的讨论效果好，但这也是家庭性教育的思路。你不是去告诉孩子"快分手，不要耽误学习"，而是要给他一个思路，一起在讨论中成长。

所以，再次强调：我们不是简单地反对或支持孩子谈恋爱，而是让他们学习如何更好地处理情感问题。

恋爱与学习，如何两不误？

如果你的孩子还是恋爱了，你要求他们分开，他们分不开怎么办？

要和孩子讨论如何做到恋爱、学习两不误，甚至可以和孩子讨论恋爱的好处。当然家长要先了解恋爱可能带来的好处，不然自己都不知道，就没办法把孩子往好的方向引导。

恋爱可能带来的好处有哪些呢？

比如恋爱可以增加学习动力。我们夏令营中有孩子说:"自从我爱上他,我的学习动力就增加了。我原来是中等生,现在变成优等生了。"爱一个人,就要使自己变得更加出色,以便配得上他。恋爱还可以愉悦身心,减轻心理压力,互诉衷肠;有人关心、有人哄、有人包容、有人陪、有人给你父母给不了的爱、有人替你擦眼泪,还可以获得恋爱经验……

几乎所有人都是早晚要恋爱的,恋爱是一种重要的人际经验。青少年学习谈恋爱之后,人际交往能力也会增加。能够处理好恋爱关系的人,至少在处理与其他同学的关系时会更有经验。恋爱还能够增加人生阅历,让孩子为未来做好准备;失恋了还可以增强心理素质,让孩子以后可以少走弯路……

恋爱还有很多好处,比如交朋友、自我成长、学会照顾别人、表达感情、表达爱的能力,还可以打发时间,不然玩游戏也是占用时间。你不让他谈恋爱,他整天玩游戏,也是影响学习的。你以为谈恋爱的学生不会学习吗?有不少谈恋爱的学生是彼此督促学习的。而且一些孩子虽然不谈恋爱,但他照样不学习呀。

讨论了中学生谈恋爱的好处,再讨论它有什么坏处。

可能的坏处有:耽误学习、受到伤害、浪费钱、浪费时间、导致爸妈批评从而影响家庭关系、被老师训斥、受到别的同学忌妒、因两人的误会而影响情绪……多种可能性都有。

让孩子了解这些可能性,就是让孩子知道该如何恋爱,使其中的好处增加和提升,使那些坏处减少甚至不出现。

青春期谈恋爱还有一件要面对的重要的事,就是忌妒。面临忌妒的时候，应该怎么办？

孩子学习了这么多东西之后，你还担心他恋爱吗？我觉得你不应该担心了。重要的是激发孩子思考人生观，树立理想，提升上进心，相信他们，让他们安排好自己的生活。

尊重孩子的选择，但是父母要有引导、有教育。前文说的内容都是教育，而简单地禁止恋爱不是教育，是规训。所以，如果孩子遇到爱情，建议各位能用这样的教育思路来引导孩子成长。

此外，还可以进行恋爱观的教育，引导孩子思考什么样的爱情最美好。

舒婷的《致橡树》是我经常分享给孩子们的，引导孩子们树立积极的人生观和性别平等的恋爱观。

我们也看到过，有些孩子在高中不谈恋爱，但上了大学之后就开始乱谈恋爱。他（她）没有受过好的性教育，谈了恋爱也不会恋爱，遇到前文我们说的那些问题都处理不好，所以这是我们要注意的。**我们不应该怕孩子谈恋爱，而应该怕他们不会谈恋爱。恋爱是人格成长的一部分，恋爱能力的成长，也是一个人整体能力的成长。**

我的孩子是在北大附中读的高中。当时北大附中的校长叫王铮，他就不反对中学生在学校谈恋爱。他在一次学生办的小报上回答学生记者提问时说："为什么孩子吃饭、睡觉，我们不担心影响学习，而孩子恋爱就担心影响学习？吃饭、睡觉也会影响学习的。学习在学生阶段当然是重要的，但不是唯一的，不要把我们的孩子变成学习的机器，要让我们的孩子学会做人。"

我非常欣赏王铮校长对于学生恋爱的态度。

有一天，我中午去北大附中给儿子送东西，在校门外隔着铁门等他。下课后，我看到学生一对儿一对儿地拉着手出来。这些小恋人在校园里也很坦然，因为老师不反对。

老师不反对谈恋爱，这个学校的中学生谈恋爱的人数就多了吗？没有。我问过儿子，只有 1/3 的学生在谈恋爱，2/3 的学生没谈恋爱。这和那些反对学生谈恋爱的学校的人数比例差不多。所以，孩子并不是因为你不禁止就都去谈恋爱了。而且，北大附中 1/3 恋爱的学生也没有学习很差，不恋爱的学生也不是学习都好。

当然，如果孩子恋爱了，家长也可以时常有所提示，敲敲边鼓，告诉他们要处理好各种关系。总之，对于孩子们的恋爱，我们不是简单地禁止、惩罚与反对，而是要帮助孩子学习如何谈恋爱，要相信我们的孩子都是积极向上的，每个人都渴望成长。家长与其把时间和精力放在反对孩子谈恋爱上，不如把时间和精力放在促进他们的成长上。

教学实操答问

> **问：** 有的孩子看到别人谈恋爱，出于从众心理，自己也谈。我记得我上初中时就曾有过这种想法。
>
> **回复：** 会有这种情况。但如果按照我们前面说的做，和孩子讨论与分享，帮助孩子形成恋爱观，增能赋权，就不必担心"从众"的问题。看到别人谈恋爱，自己也想谈恋爱，这很正常，就像看到别人吃好吃的，我们也想吃。重要的是回到我们的起点——该如何处理这份关系，这才是核心。

> **问：** 我女儿现在谈恋爱了。孩子放假回家，提出想和对方一起做作业或者出去玩什么的，应该怎么应对呢？
>
> **回复：** 我觉得可以让他们一起做作业，这不就一起学习了吗？如果不让他们一起做作业，他们各自在家，互相又想着对方，隔一会儿发个微信说我想你，那作业还怎么做呀？一起做作业，至少还能一起学习。一起出去玩也可以的，你把你的担心告诉孩子，让她小心就行。

问： 我儿子今年上小学一年级。他读幼儿园的时候很喜欢一个女同学，总亲人家的脸，两人也总在一起玩。曾有另一个小女孩和他玩时说："长大了你娶我吧。"我儿子说："不行，我还要娶××（他喜欢的女孩子）呢。"后来上小学了，两人到不同的学校上学，很少见面了。但我能看得出，儿子很想念那个女孩子，他也说喜欢她之类的话。我有些担心，怎么办？

回复： 孩子有感情，不需要担心。你可以告诉孩子：喜欢一个人是好事，但现在也不可能结婚呀，要慢慢长大，在这过程中要好好学习，使自己更加出色。

问： 我女儿今年上三年级，最近有一件让我们很烦恼的事，说来话长，跟一个男同学有关。女儿上一年级时，跟同桌的男同学很玩得来，经常跟我们说她同桌很有意思、很幽默。孩子跟同学处得不错，我们也很高兴。到二年级时，换了同桌，女儿很不高兴。后来，这个男生经常给女儿写纸条。班里开始有传言，说他俩关系不一般。我们就开导她："同学之间玩得来，并不代表就是同学说的那样，不要紧。"有时我们两家会约着出去玩，也没有特意回避。到三年级时，女儿说他们还在传纸条，不知道怎么处理他们的关系，但是听得出来女儿很喜欢这个男同学，当然她也知道不能耽误学业。昨天女儿是哭着回来的，说同学都在议论他俩，说他俩从一年级就开始谈恋爱。这事该怎么办呢？

回复： 可以从三个方面入手解决这个问题。

第一，继续安慰、引导孩子。你之前就做得很好。同学之间（不管男女）有友情很好、很重要，彼此喜欢、欣赏也很好，但这并不一定就是爱情，这个年龄段的孩子对于友情和爱情的理解还是一团麻（就此跟孩子讨论一下，也是很好的性教育）。家长还需要告诉孩子的是，人生总会有各种磨难和困扰，这是避不开的，比如"现在同学们的议论让你很烦心，我们虽然没办法命令别人说自己喜欢听的话，做自己喜欢见的事，但有一件事我们可以做，那就是明白自己做得对不对，不让别人的传言影响到自己。内心坦然，便可以我行我素"。

第二，需要跟老师沟通。全班同学都在议论这事，那这就不是小事了。而且，老师在这件事上大有可为，可以开个相关主题的班会，讲讲性教育，比如第一个主题讨论什么是友情、什么是爱情，让同学们知道：男女同学之间应该有正常的交往，男女同学相处得好了，不能说那一定就是爱情。现在大家开始关心爱情，说明同学们长大了，很爱思考。但从另一个角度来讲，恰恰也说明同学们还不理解爱情。第二个主题可以讨论如何尊重别人，不议论别人，不造谣，不传谣，不侵犯别人，如何处理同学关系。

第三，跟这位男同学沟通。我们不知道男同学的纸条上写了什么（有必要的话就问问孩子），如果让你女儿困扰的是传纸条这个行为，那得让她学会明确表达自己的想法，比如可以明确地跟这个男同学说：有什么话等下课再说，或者放学

> 后再说，要不就周末一起出去玩的时候说，因为传纸条会影响上课听讲，还会让其他同学觉得很特别，会让人误解。

问： 小侄女上小学四年级，今年交了男朋友。不知道她交男朋友是出于好奇还是攀比，因为她的同班好友有男朋友了，经常跟她说这个男同学怎么抱她、怎么亲她。后来小侄女也给自己找了一个男朋友。俩人传纸条传得很疯狂。男孩写的"……老婆，……陪你过一辈子……"被她妈妈看到了，她妈妈立马快疯掉了。全家人都认为小侄女是被她的好友带坏了，被那个男同学引诱了，要小侄女立马跟这些同学断绝来往，还说以后要给孩子多灌输礼仪教育。不知道我姐家这样做对不对？

回复： 孩子谈恋爱，可能有"榜样"的力量，但这也不是绝对的，重要的还是自己的选择。要追究同学的责任，要孩子断绝跟同学的关系，这不应该是家长要面对的问题。因为简单地禁止，是很难有效果的，你不可能天天跟在孩子屁股后面监视孩子。

家长需要做的是，跟孩子平等地讨论这份关系背后的意义，让孩子看清这份关系，知道自己要承担什么责任，让孩子学会对自己负责。

家长很担心孩子以后怎么发展，于是决定给孩子灌输礼仪教育。这事也做得有些南辕北辙。一个孩子的人生发展得好不好，不是由孩子几岁谈恋爱决定的，而是跟孩子有没有理想、有没有人生规划有关。所以,不如帮着孩子树立人生目标,和孩子讨论以后的步子怎么迈。

问: 我女儿上小学五年级,喜欢一个男孩子,特想和他坐一起,但又觉得不对。我告诉她:"喜欢是一种很美好的感情,但不适合此时表达,两人应该尽量避免单独接触。"女儿做到了,但很痛苦。她告诉我:"我一直没有单独和他相处过,但我就是喜欢他,想他,晚上在被窝里都想得哭了。"我如何做合适?

回复: 你的女儿是一个听话的"乖乖女",其实她内心的感情是非常纯洁的。看得出你也很开明,但我感觉可以更开明一些。建议不要反对她和那个男孩子交往,甚至和老师沟通,一起提供机会给她和那个男孩子,让他们正常接触、交往。这个年龄的孩子的"喜欢",许多时候是一种很单纯的感情。应该鼓励异性交往,如果强行隔离交往,就会让女儿像现在这样,身体没有走近,心理和学习却一样受到影响。而且,距离产生神秘感,会激发更深的渴望。相反,通过正常交往后走近了,神秘感消失,异性交往就会变得很自然。

问: 母女同路,看到一对男女学生打闹、逗趣。母亲问女儿:"他们是什么关系?"女儿说:"同学呗。"母亲说:"为什么他们会打逗?"女儿说:"因为他们喜欢对方呗,逗着玩。"母亲问："你们班有人喜欢你吗？"女儿说："有，我没理他们。"母亲应该说什么？

回复： 什么也别说了。

问： 亲戚的儿子正上高三，因为打算出国读书，所以家里让他去我们当地英语培训学校学习英语，结果他和大他8岁的女老师产生了感情，而且目前看来两人感情很深，也有了亲密关系。孩子的态度非常坚决，一定要和对方保持来往，说是真爱。但是他也意识到两人以后不大可能，只是阶段性的。家里人非常着急，担心影响他的学习，怕他在感情上受伤受骗，或者沉迷于亲密关系而不能自拔。如果阻止他们见面，孩子的情绪就很激动，以出走之类的话相威胁。所以向您求助，家里人应该怎么做，才能让他不影响学习，身体、感情也少受伤害？

回复： 家长该怎么做，其实非常简单、清晰：无条件地尊重孩子的选择。即使他因此受伤，也是成长。

家长现在的态度可能带给孩子的伤害无法评估，但绝对比那个女教师带给他的要大许多，甚至可能酿成悲剧。

推荐家长看几部电影：《天佑鲍比》《处女之死》《朱诺》；推荐孩子看：《成长教育》《毕业生》。

再次提醒家长：千万！千万！不要再做硬性干预的事，否则后果可能非常可怕。

问： 我儿子13岁多，到目前为止，我和他妈妈没有关注过他的性教育方面的问题。春节时他的QQ忘记下线，我们查阅了他的QQ聊天信息，发现他的QQ聊天记录里有大量黄色图片和信息。当时孩子解释说是自己的QQ中病毒了，不是他操作的。五月初时，我们通过手机找回密码登录了他的QQ，发现从四月份开始，他和班上的一位女同学互相表达了爱慕，并且相互抄袭作业，女同学还每天早上在学校食堂等他一起吃早餐。我们没有和他提及QQ的事情，后来他自己以为QQ被盗再通过手机找回了密码。我们和他侧面沟通，表扬他已经长大了，同时引导过他关于初中生谈恋爱的弊端，试图改变他的状态。

但他最近一学期学习完全不在状态，作业敷衍拖沓，期中和各单元测试成绩逐步下滑。昨天他妈妈在他枕头底下发现几十页打印的网络文章，内容非常恶劣地描述了乱伦和性方面的内容。他妈妈很震惊，也很焦虑，第一时间打电话给我。我建议他妈妈不要过虑，等我回来，由我来出面沟通、引导。但他妈妈撑不住，就再次通过手机找回密码登录了他的QQ，发现他不仅在家时瞅着空隙上网，通过QQ与女同学聊天，还总在周末找理由邀多位同学从家里出来到学校或某一个同学家，借机会与女同学单独相处。

他从学校回家后发现QQ密码被改，就爆发了，说他妈妈和我串通起来监视他，并且说我们侵犯了他的个人隐私。后来，他从他妈妈那里强行将手机抢过去，又通过手机找回了密码。晚上临睡前，估计发现打印的那些文字纸张不见了，他反锁着门找了很久。今早我特意6点半与他一起起床,尝试和他说话并表达开车送他去学校的意愿。他明确拒绝了我,很不高兴地走了。

我和他妈妈一方面觉得孩子的早恋问题让我们比较困扰,另一方面又很焦虑,不知道如何与孩子沟通性教育的问题。针对当前的情况,我和他妈妈该如何面对孩子?如何疏导孩子?

回复: 我的建议是充分接纳孩子。青春期关注性,开始和异性接触,非常正常。而且孩子已经开始了,这时候任何试图逆转的努力都会深深地伤害到孩子,也伤害亲子关系,更不可能达到目的。所以,最好的办法是充分接纳他。家长对孩子关注性、谈恋爱有两个最大的担心:一是影响学习;二是过早的性给孩子和对方带来伤害。所以家长的工作目标是解决这两点。

要解决这两个问题,首先,要尊重孩子。从你的描述中来看,我觉得你是可以做到的。其次,肯定地告诉孩子:"关注性,是正常的,我们不反对;和异性交往、走得近,是正常的,我们也不反对。但是,你是大孩子了,要对自己和他人负责,所以最重要的是学会负责任。这就包括:与异性交往、谈恋爱都可以,但是要处理好感情和学习的关系;关于性,你的年龄还小,可能给自己和对方带来麻烦,比如对方可能会怀孕。"

建议跟孩子进行一次非常坦诚的谈话,彼此说出所有的想法与期望。重要的是,父母要改变观念。父母不应该像"管理者"一样"管"着孩子,而应该是给孩子增能、赋权的角色,充分尊重孩子,甚至无条件地信赖孩子,允许他有自己的生命探索。只有在相互尊重的基础上,孩子才可能学习并做到对自己和他人负责,否则一切都不可能。像 QQ 监控之类的事情,千万不能再做了。

当然,对于绝大多数的父母,要做到以上这些不是很容易,需要自己学习和成长,等准备好了,再和孩子说。在这之前,父母要给孩子充分的爱。记住:孩子从父母那里受到的所有伤害,都是来自父母自以为是的"爱",因为其本质是控制。父母要改变"控制"的自我定位,真正把孩子当作一个成人来对待。

问: 我儿子 11 岁,上课做游戏的时候按要求拉了一位女同学的手,没想到下课后,喜欢那位女同学的男生打了我儿子一顿。遇到这种情况怎么办?父母应该如何做?

回复: 父母应该首先安慰自己孩子的情绪,寻问伤势情况,告诉孩子他没有做错什么。父母要支持自己的孩子:"在游戏当中遵守规则是没有错的,那个男生打你是不对的。"

其次应该和老师以及那个男生的家长沟通这件事情,让那个男生意识到错误。虽然可以理解他作为一个小孩子陷入爱情中的忌妒心,但要让他清楚这种忌妒心及其导致的占有欲是错误的。喜欢一个人没有错,但不能因为喜欢一个人而去伤害其他的人。孩子按游戏的规则拉了一下女同学的手,并不是对女生的侵犯。同时女同学也不是那个男生私有的物品，别人都不能拉她的手等。他应该向你的孩子道歉。这是一个帮助打人的男生成长的过程。

此外，应该以此为契机进行反对校园性别暴力的教育。

问： 女儿高一了，有次聊天时她说："我寝室里一同学说暗恋别人6年了，我怎么从来没喜欢过男生？"我当时还真有些担心，问："那你喜欢女生吗？"她说："没有啊，我就没喜欢过谁。"我该如何和女儿聊这件事？

回复： 有喜欢或没有喜欢的对象，喜欢同性或喜欢异性都是正常的，妈妈不用过分焦虑。她总有一天会遇到喜欢的对象的，不用急。每个人在情爱上的差别较大。可能女儿现在还处于大大咧咧、情窦未开的阶段，上高二、高三就会有喜欢的对象了，所以应该顺其自然。在女儿有暗恋的对象，或与他人开始亲密交往的时候，要对女儿进行性教育。能感觉到你对女儿可能是"潜在的同性恋"的担忧，这是"同性恋恐惧症"。我也感觉你现在和女儿谈爱情的能力欠缺，建议多学习，或者送她去接受专业的性教育。

第13讲 孩子有了性关系,怎么办?

我们不希望孩子过早地发生性关系,因为这对他们的成长很可能是不利的。但是,如果孩子已经有了性关系,应该耐心正视这个问题,而不是对孩子非打即骂。打骂与责罚解决不了任何问题,家长应该更有智慧地进行家庭性教育。

孩子发生性关系，家长怕的是什么？

我曾经收到过一位妈妈的来信，她的女儿正读高二，在网上交了一个男朋友。女儿和自己分享她的网恋，她也坦然地接受了，只是会和女儿讨论处理情感问题的技巧。这位妈妈就具有赋权型性教育的理念。问题发生在高二的暑假，女儿说男朋友要来找她，并且两人要在一起玩几天，为此征求妈妈的同意。妈妈很焦虑，写信告诉我："如果自己答应，担心女儿和她男朋友会发生性关系；如果不答应，也担心女儿偷偷出去约会，还是会发生性关系。"

这位妈妈说得有道理，无论是否同意女儿出去跟男朋友约会，都不能决定她是否会发生性关系。

我的回复是："祝贺你和女儿有这么好的关系！她什么都跟你讲，不会瞒着你，这是很多家长梦寐以求却达不到的境界，你达到了，所以要祝贺你！如果你拦着她，她选择瞒你，那么你们之间的信任关系就被破坏了；不如和女儿分享你的担心和希望，比如你不希望女儿过早地发生性关系，担心她会受到伤害。如果女儿能接受你的建议，那最好；如果她不接受你的建议，即使你禁止他们见面，她还是会想尽一切办法去做她想做的事情。所以孩子是否发生性关系，与家长是否同意没有关系。"

很多家长都反对自己的孩子有性关系，甚至要求孩子结婚之后再发生性关系。即使孩子成年之后在大学期间谈恋爱，有些家长还跟孩子说这样的话。为了阻止孩子发生性关系，很多家长开始痛斥、怒骂甚至怒打孩子。

家长那么害怕中学生发生性关系，是因为什么？家长到底是在怕什么？这个问题需要先回答清楚。

有人说怕影响孩子学习。其实孩子心情愉悦，还有可能让学习更出色。

有人说怕怀孕。怕怀孕的话，可以教给他们避孕的办法。如果家里的孩子是男孩，家长怕他会让别人家的女儿怀孕，那么应该告诉他如何正确使用安全套，这才是性教育。

有的家长怕孩子得性病、艾滋病，那可以教他们避免得性病、艾滋病的办法啊，让他们懂得如何避免因发生性行为而受到伤害。

有些女孩的家长说："担心我女儿将来后悔自己不是处女了，男人不要她。"如果是这样的话，那就是家长脑子里的贞操观念在发挥作用。家长应该告诉女儿做独立的自己，不做男人的附属品！

我说这些，不是不理解家长，也不是说孩子过早的性关系不值得担心，而是建议家长要先理清思路。有的家长只是简单地说："他还小，我不想让他发生性关系。"这不是理由，只是你的态度和情绪。认真想清楚你为什么会有这样的态度和情绪，你到底在担心什么，才能够知道该如何应对。

守贞教育为什么失败？

先不说对于孩子的性行为，我们应该采取什么态度，只说那些强烈反对婚前性行为的性教育，它的结果是什么。守贞型性教育主张婚前一定不能发生性关系，认为一旦发生性关系就会有恐怖的事情出现，就会怀孕、堕胎，女孩子会被别人看不起，等等。这是很明显的性别歧视。

2008年，一堂守贞型性教育课在浙江大学开讲，那个时候只让女生签守贞契约，我当时就写文章对它进行了批评，批评其行为有严重的性别歧视。2010年，守贞课在云南省再次开讲，我又写文章对其进行了批评。在一次电视辩论中，我指出守贞契约是性别歧视，一位30岁左右的守贞型性教育的男导师，从口袋里把自己的守贞契约掏出来给我看，说现在不光女生签守贞契约，男生也签守贞契约。这样一个改良版契约，并不能改善守贞教育的毒害性。守贞契约的改良版只能说明它不仅要压迫剥削女性，同时还要压迫剥削男性。

在美国，曾有人针对几万名签署守贞契约的女学生进行调查，发现在她们签约的 5 年之后，80% 的女生都发生了婚前性关系。不仅如此，接受守贞型性教育的青少年，与接受学习做出负责任选择的性教育的青少年相比，他们发生性关系的年龄更早，怀孕、堕胎、感染艾滋病的比例更高。这说明守贞型性教育失败了。

守贞型性教育不让青少年做爱，它想让青少年不受伤害，结果青少年反而更受伤害。为什么会这样？

我在多年前参加过一次电视节目，节目里围绕守贞型性教育和其他性教育理念做辩论，当时听众中的一位大妈站起来说了一句："哪里有压迫，哪里就有反抗，你不让他做，他不一定听你的。而当他真正做的时候又没有接受过性的安全教育，没有接受性的自我保护教育，所以他不会用安全套，会因为不懂得自我保护而受到伤害。"看看，守贞教育失败的原因就是这么简单。

最重要的是让孩子学会负责任

另外一种性教育模式——安全型性教育，认为未成年人最好不要发生性关系，但如果实在要发生，就戴安全套，安全地发生性关系。这种性教育模式稍微成功一点儿，接受其性教育影响的青少年怀孕和堕胎率会少一些，为什么呢？因为这样的性教育告诉孩子一定要安全地做爱。如果只讲守贞，教育者也想到了青少年可能不听，守贞不能成为唯一保护青少年不受伤害的办法，所以也讲性安全、讲戴安全套。这种性教育模式略好一些。

还有一种性教育模式被称为欧洲性教育，我把它翻译为整合型性教育。它在青少年要不要发生性关系的事情上很清楚地表达了其理念：我不关心青少年是否发生性关系，我关心的是无论他是否发生性关系，他都要对自己和他人负责，关心的重点是"负责任"。它不会讲最好不要发生性关系，而会讲发生性关系意味着什么，能给你带来什么，可能让你丧失什么，你应该如何做出对自己利益最大化的选择？

这种性教育理念认为：父母应该对性活跃和性守贞的孩子给予同样的责任教育。无论孩子是性守贞还是性活跃，无论孩子决定现在做不做、将来做不做，父母应该做的不是夸奖谁、批评谁，而是致力于让他们都对自己的选择负责任。它强调的是"责任"。所以欧洲许多国家的父母是允许读中学的孩子把自己的男朋友或女朋友带回家过夜的。在这种情况下，是不是会有更多的孩子谈恋爱？欧洲小孩会不会更早地发生性关系？他们岂不是更有可能怀孕、堕胎？

事实恰恰相反。

调查显示，接受整合型性教育的欧洲青少年平均首次性交的年龄比美国晚 1 到 2 岁，其中荷兰最晚，是 17.7 岁，也就是青少年将近 18 岁才开始有性关系。荷兰做过一个调查，结果显示荷兰青少年从谈恋爱到发生性关系，平均要走过3年的时间。具体地说，孩子开始谈恋爱后，相处将近一年，才开始接吻，又相处一年左右才开始抚摸彼此，再相处一年左右，才开始插入式的性交。这听起来是有点儿难以置信的事，却是事实。这是为什么呢？

荷兰的青少年从小被教育"你要对自己的行为负责"，在做每一个行为选择之前，都要认真思考，深思熟虑。所以谈恋爱后的3年时间他们在干什么呢？他们在思考如何对自己的行为负责任！所以才会用这么长的时间。这和我们赋权型性教育强调的理念是一致的。所以荷兰的青少年没有因为父母不阻止他们发生性关系就疯狂地做爱，他们反而会更晚发生性关系。而且荷兰青少年的意外怀孕、堕胎、感染性病等数据都只是美国同类数据的10%左右。

在欧洲的这种性教育模式下，青少年受的伤害最小；守贞型性教育模式，是我禁止你做，青少年反而更早地做。所以大家就知道什么样的性教育是好的，什么样的性教育是不好的。好的性教育就是鼓励孩子学习对自己和他人承担责任，是负责任的性教育；而不好的性教育就是禁止、惩罚、恐吓的性教育。这就回答了这个问题：为什么家长和老师简单地禁止孩子发生性关系的策略总是失败。

特别有意思的是，有一些家长心里明白孩子不会听他的，坚信孩子肯定偷偷地发生了性关系，但这些家长想的是：我必须告诉孩子不能做，要是我不禁止，孩子就更翻天了，更纵欲了，就会怎么怎么样……这还是那个规训的思路，不是性教育的思路。结果只能是孩子和家长互骗。我在前文也提到过这样的情况：女儿已经堕胎两三次了，父母还以为她没有过性关系，还是处女。我们欺骗自己、欺骗他人，这不是性教育，而是"逗你玩儿"。在这个过程中，孩子受到了伤害。所以，重要的不是解决孩子做不做爱的问题，而是要让他们学会对自己和他人负责任。

如何培养孩子负责任？

以往的性教育失败了，我们该怎么办？

是时候该转变了，要对孩子进行对自己和他人负责任的性教育。

那么，该怎么做呢？

在这里和各位分享我在青春期性教育夏令营中的一些做法。性教育夏令营是针对11岁及以上的孩子的，我们讲完生命从哪儿来之后，会让孩子分小组讨论，并在纸上写出他（她）认为"好的性"是什么，"不好的性"是什么。如果在这个过程中有人对某个观点不同意，比如小组普遍认为同性恋不好，只有一个人认为同性恋好，那就在这个观点后面写上"－1"。

孩子们互相讨论的过程，就是大家思想观念交流碰撞的过程，也是大家逐渐形成共识的过程。当然最后有可能还没有形成共识，没有关系，这就是夏令营的带领者要发挥作用的时候。带领者把小组讨论的结果逐条呈现出来，再问大家为什么这个是"好的"，为什么这个是"不好的"，有没有不同的可能。讨论到最后，孩子们都会得出一个结论：自主、健康、责任的性一定是好的。通过孩子们的总结，我们提出的关键词是自主、健康、责任，这就形成了"好的性"和"不好的性"的标准。我们就是要让孩子懂得这一点：不是自主、健康、责任的性就是"不好的性"。这个理念一直贯穿在为期三天的夏令营的始终，我们在后续的许多环节中都会重复提到这个理念，这样会让其深深地烙印在孩子的脑海当中。

在我主编的《中学性教育教案库》一书中，有两节课专门讨论学生要不要做爱，一节是"性，我准备好了吗？"另一节是"是否做爱，需要沟通"。

在"性，我准备好了吗？"这节课中，我们会请孩子们尽可能多地写出他（她）想到的性交的原因，然后要尽可能多地写出发生性关系的正面价值，同时也尽可能多地写出发生性关系的负面价值。写完之后，大家就进行讨论。这样大家就清楚了性爱可能带来的正面价值和负面价值，明白应该怎么选择才能利益最大化，然后就会自己决定要不要做爱。当他要做的时候，就会努力地去规避负面价值而发挥正面价值。性教育应该鼓励孩子在了解一件事的正面价值和负面价值之后，做对自己最好的选择。

当然什么是好，什么是不好，对于在具体情境当中的每一个孩子来说都不一样，所以赋权型性教育主张尊重每个孩子的选择。

老师还会根据孩子列举出来的情况，让孩子们思考在什么情况下发生性关系是比较安全的、负责的。孩子们通常会说：是否对性行为有大致相同的认识，是否性价值观有冲突，是否相互信任，是否希望和对方更亲密，是否愿意承担责任和后果，是否双方自愿，是否都能感到愉悦，是否能够彼此自如地讨论如何避孕，是否感到安全，是否想以此来建立某种关系，是否愿意为彼此保密，是否顾及对方的感受，是否了解对方的健康状况，是否彼此坦诚既往的经历，是否对怀孕、感染性病等负面影响具有承担后果的能力……然后他们会根据以上的选项选择自己和对方的关系。当这些信息都呈现出来的时候，孩子的选择就出来了，就是这么简单。孩子在这个过程中学习了如何对自己和他人负责任，这就是我们的教育。

孩子学习到这一步，我们还希望他（她）能够继续学习如何让对方了解自己的感受和想法，尊重自己，也尊重对方。

在"是否做爱，需要沟通"这一节课中，我们先有一个情景导入：有一对恋人，男方提出想发生性关系，女方拒绝，但是男方坚持想做。面对这样一个纠结的情况，双方应该如何处理？我们让孩子自己排演各种情景剧，以此来呈现他们的选择。这是一个让孩子思考、表达与对方交流的过程。当然，我们不告诉孩子说一定要同意或者不同意，他们是有各种选择的，但要了解每种选择的后果。

各位家长应该已经理解我们的性教育思路了：我们让孩子自己思考成长，把好的和坏的、正面的和负面的、可能的伤害和可能的愉悦都呈现给他们，然后让他们自己做出判断和决定，这才是性教育，是让孩子成长的过程。一个懂得在性方面对自己和他人负责的人，在其他方面也错不了。

我们可以相信的是，减少怀孕、堕胎，感染性病、艾滋病的目标，会在这样的性教育中实现。而且孩子也知道自己怎么做才能不影响学习。他可能开心了，之后学习的劲头更足了。我们为什么不可以这样来思考问题？我们的家长为什么总是想孩子有了性关系之后就不学习了，会沉迷于其中呢？家长们自己做爱后就不上班了吗？会从早上做到晚上，一天到晚想着做爱，不思进取了吗？如果你自己不是这样的，为什么就要预设你的孩子是这样的呢？你以为孩子不如你吗？那是因为他没有接受好的性教育。只要接受了好的性教育，孩子就会比多数家长强许多！

理解和接纳孩子

所以，好的性教育不是教孩子说"不"，而是教孩子做出有利于自己的选择。家长要理解孩子。一个人进入青春期了，他的性需求和性压抑是不是很大？当然很大，他很难受的。

我的祖父在 14 岁的时候和我 15 岁的祖母结婚，后来生了我父亲。大家看到我就能猜到，我父亲应该个子不矮，智商也不太差。我祖父母那一代，智力不如我们，受的教育不如我们，营养不如我们，生理发育也不如我们，他们几乎在所有方面都不如我们，但当时的社会文化认为他们可以做爱，可以结婚，可以生孩子。今天我们的孩子接受更好的教育，营养和智力也更好，更早成熟，性的欲求更早出现，更陷入身体欲求的困扰当中，也有能力学会对自己和他人负责，但是社会却认为他们应该更晚做爱。这不是很荒唐吗？这不是折磨我们的孩子吗？

所以爱孩子是站在孩子的角度思考问题，考虑到他青春期性需求的状况，而不是说"担心你学习受影响""担心你怀孕""你是女生，担心你有性关系了，将来没男人要你"……这样说是没有用的，反而会带来更多的伤害，甚至可能会很严重地影响到她未来开展亲密关系。所以，我们针对孩子的"性"要改变态度。

我们要做的是：在孩子没有做之前，帮助他学习负责任。

如果孩子已经做了呢？

我要说的是：理解孩子，接纳他。做了就是做了，事实无法改变。所有的谴责、批评都有可能给他带来心理负担，给他带来更大的伤害，使得他真的不能专心学习；而接纳他，鼓励他继续去学习，处理好各种关系，不因为性和恋爱而影响他的学业、影响他的人生追求，才是父母好的选择。

要让孩子做到这一点，家长绝对不是靠谴责和责骂就能做到的；学校也不是靠开除孩子就能做到的，而一定是靠理解孩子、包容孩子、接纳孩子，才能够做到。

即使如此，我们也不能保证孩子不因性关系而受到伤害，只能够最大限度地降低他们受伤害的可能性。

如果孩子意外怀孕，又该怎么办呢？

我相信已经了解赋权型性教育理念的家长都会知道该如何选择了。那就是继续接纳孩子、关爱孩子。孩子已经很难受了，家长怎么可以不接纳她呢？曾有个 16 岁的女孩子不小心怀孕了，回家告诉母亲。母亲抱住孩子安慰她，到学校说孩子得阑尾炎请假半个月，然后带着孩子去医院以妈妈的名字挂号，做人流。孩子很感动，从那之后学习很努力，最后考进了北京一所她梦想的大学。试想一下，如果那位妈妈知道女儿怀孕后，采取的是打骂策略，结果又会怎样？

爱而不会爱，必将制造悲剧。

教学实操答问

> **问：** 12岁的女孩子生了孩子。父亲打骂她，问她是谁的孩子。女孩子坚持不说，怎么办？
>
> **回复：** 不要再打骂、责问了。本来就是家长做错了，这是家长没有进行性教育的后果，要打就打自己吧。家长应该关爱孩子，给她温暖，帮她渡过这个难关。她比你们更难受。

> **问：** 女生怀孕的事例可以和孩子交流吗？可以对自己的孩子讲吗？
>
> **回复：** 不仅可以和孩子交流，而且**非常应该**和孩子交流，**非常应该**和自己的孩子讲。因为这是难得的性教育实例。我一向主张通过生活中的实例进行性教育，但重要的是怎么讲，我认为目标不应该是恐吓，而是应该让孩子有自我保护的意识，有年龄界限的意识。

> **问：** 妈妈在上初二的儿子的书包里发现了安全套，应该怎么办？要和孩子谈谈吗？如何谈？
>
> **回复：** 首先，孩子知道妈妈会翻自己的书包吗？如果孩子是不知情的，建议父母尊重孩子的隐私，以后不要再翻了。遇到这种

情况，如果妈妈感到尴尬或者对性教育不了解，可以当作没看见，放回去就可以了。无论如何，不要直接说你看到了安全套，那会让孩子很难堪。

青春期的孩子开始性萌动很正常，他的书包里有安全套，证明他从其他地方了解了一些性知识。但这未必能证明他有过性行为。如果有了性行为，那他知道要用安全套也是好事。

这件事提醒家长，应该关心孩子的性教育了。毕竟儿子上初二了，已经进入青春发育期，家长要提供给他需要的知识、方法，帮助他去面对和解决可能会遇到的一系列问题。

谈话的主要目的和重点，一是表达关注、争取信任——了解儿子的生理发育（如是否遗精）和心理认知状态（对自身发育、异性、感情、性的认知和感受），正面评价，表达理解、接纳和共情；二是提供知识、给予支持——借此机会对儿子进行相关的性教育，提供正确的知识或获取知识的正确渠道。性教育的内容至少应该包含：生理卫生、安全避孕、尊重他人、爱与责任，等等。

谈话时，家长的态度一定要坦然、放松，采取关怀和信任孩子的姿态，而不是紧张、责备、视性为羞耻下流之事，并胡乱假设儿子已经"变坏"或做了"错事"。

为此，家长应提前在性知识和教育方法上做好准备，需要的话，应该先进行一定的自我学习，或者向儿子推荐获取正确性知识的渠道，购买相关的书籍。如有条件，最好带孩子参加青春期性教育夏令营，促进孩子人格的全面成长。

问： 一些性关系是"假性自愿",是被诱导的,后来孩子受了伤害,后悔了。那么,如何避免孩子"假性自愿"呢?

回复： 性教育应该清楚地让青少年知道性的意义、性的后果、性的自主选择可能性等。在这些都清楚的情况下,仍然"被诱导"选择发生性关系,那就是他当时的选择。即使事后可能后悔,也应该尊重他作为一个独立个体当时的选择。成年人做选择,未必事后不后悔,不仅在性的领域。

问： 对中学生来说,性交是不是只要有了第一次,以后没有就不行了?女儿读高中,住校时夜里出去和男朋友过夜,被我发现后她还撒谎说去上网了。她明明知道出去过夜不对,为什么还去?

回复： 成年人如果在第一次性交之后不再性交,是不是"不行"了呢?我觉得没有什么不行,只是会非常难受而已,虽然可以通过自慰解决性需求。

假设女儿"知道出去过夜不对",是错误的。她对父母撒谎隐瞒,并不等于她认为自己做的是错的,只是为了避免家长的惩罚而已。她可能认为和自己喜欢的人做爱和过夜没有什么"不对",只是要注意安全与责任而已。

她喜欢这个男生,喜欢和这个男生过夜,这和成人没什么不同,是可以理解的。但是,家长要在合适的时机以合适的方式进行性教育,以负责任的态度和她讲明其中的利害关系,让她自己进行选择,不要强行干涉。

问： 初中生已经有了性接触，该如何引导？

回复： 不知道这里讲的性接触是指哪类？性交是性接触，接吻、爱抚甚至谈性，也都属于性接触。无论如何，事情已经发生了，家长以暴力方式惩罚孩子没有任何的意义，反而可能使孩子更加远离父母。家长这时应该教育孩子：性是长大之后才能做的事情，不应该过早接触。如果只是接吻和爱抚，希望就到此为止，不要再进一步发生性交行为了。家长还要告诉孩子：有欲望是正常的，但有些欲望是需要克制的，克制是为了让自己更好地成长。如果已经有了性交行为，要告诉孩子：这可能会带来怀孕等严重的后果，最好不要再发生了；如果实在忍不住做，就要戴安全套。坦白说，如果已经有了性交行为，再绝对禁止是比较困难的了。对孩子进行戴安全套的教育，甚至给孩子准备好安全套，是家长应该做的事。

问： 女生对男生喜欢到不能自拔，且跟到男生家留宿，父母管不了，怎么办？

回复： 已经确信管不了了，当然没有办法了。我想这个"管不了"，是指无法阻止她和男朋友同居，但如果在其他方面帮助她，应该还可以"管"，比如告知其采取安全措施，尽量避免怀孕。这里应该考虑给孩子一些支持，表示父母理解她，不要总是谴责她。这样她遇到大挫折的时候，还会向父母求助。如果父母强烈谴责，当她再遇到和男朋友分手、怀孕等情况，真的有可能会绝望。

问：两个中学生谈恋爱、怀孕、生子，他们的父母都支持这两个孩子的选择，您怎么看待这个现象？

回复：我个人认为中学生应该避免怀孕和生子。我们多数人可能无法理解这两个孩子的父母的态度，也许我们需要听听他们怎么说，才能下结论。我个人猜想，未必是"支持"吧，可能是看着两个孩子一步步走过来，父母面对现实，仅是不"反对"而已。其用意也许是不想伤害孩子，相信孩子到了结婚年龄就可以正式结婚，过普通人的生活了。这可能与父母的观念和生活方式有关。未成年人的监护权在父母那里，如果双方父母都做了这样的选择，老师虽然可以表达自己的看法，但似乎也没有更好的办法。

问：我女儿的学校有一个女生怀孕了，在学校生了孩子，校长对同学们说："这学生不是我们学校的，是从校外跑进来生的。"我问女儿："你怎么看？"她说："傻瓜，做就做了，还不采取安全措施。"我说："也许是被迫的，也许没有随时准备安全套……"女儿说："啥时候容易怀孕呀？一次就怀孕了吗？"我应该怎么办？

回复：你做得非常好。你女儿在这方面不需要你操太多心。

问：17岁的女生怀孕，母亲坚持要让男生家长来，要对方赔钱。女孩子想生，父母不让生，最后引产。母亲说："一定要和那个男生结婚，要让男生的家长负责。"

回复： 这个家长的做法非常错误，对孩子造成了二次伤害。正确的态度是接纳孩子，体会孩子是否有受伤的感情。

问： 女儿14岁，做过两次人流，对妈妈说："我不行了，我的身体完了，我不是小孩子了。"在女儿自己的强烈要求下，她退学了。她一直生活在自责中。

回复： 这是被社会上的恐吓思想给吓坏了，应该去掉社会负面信息对她的毒害。一些孩子不知道事后可以吃紧急避孕药，应该在进行安全性教育时告诉他们，而不只是告诉他们关于安全套的事。而且，性交、人流，绝不等于"身体完了"。家长要调整好心情和态度，不应该谴责孩子，而应该帮助孩子更正这些错误的认识，接纳她，陪伴她一点点走出阴影。孩子还小，未来的路还很长，一切重新开始都来得及。

问： 我弟弟今年上初一，12岁。前段时间我发现了一件不可思议的事情——他居然从网上买了一个充气娃娃。现在家里人除了我之外都不知道，当然我也是无意中发现的。我作为哥哥，是直接跟他面对面谈吗？请方老师给予一些提示或答案。

回复： 我觉得要尊重他的隐私，他一定不想让别人知道这件事，所以千万不要告诉别人。我觉得他的行为是可以理解的，不用太紧张、焦虑。至于是否要面对面谈话，我不知道你准备谈什么，以及是否能够做到理解和接纳。如果是批评，以及无意义地表示担忧，那这样的谈话就没有必要，而且可能有害。你只需要再默默地观察他就好。使用性用品本身没有什么危险，可以含蓄地向他传达一些关于正确自慰、避免自我伤害以及不要性骚扰他人等价值观。我认为孩子需要的是全面的性教育引导，要给他学习的机会。

问： 我女儿今年读初三，有天回家说："妈妈，我们班有两个女生和我说，她们已经不是处女了。"我该怎么说？

回复： 女儿愿意主动和母亲交流同学间关于性的话题，这真是值得庆贺的大好事，既可以帮助母亲了解女儿及其同伴的想法，也可以让母亲借机对女儿进行性教育。

母亲可以问女儿："你认为什么是处女？那两个女同学有没有说她们为何不是处女了？你对她们的做法和处境怎么看？"可以和她讨论处女的定义，进而引申到性的价值观。既然是女儿主动开始的话题，就具备了讨论下去的空间，千万不要错过。母亲在这个过程中，可以把自己的担忧、希望与建议委婉地传达给女儿，鼓励女儿做对自己和他人负责任的选择。

第14讲 孩子疑似同性恋怎么办？男孩子偷穿女性衣物怎么办？

在各地做性教育实践的过程中，包括办性教育夏令营、老师培训、家长工作坊，我都遇到了以下的情况：有的家长觉得自己的孩子是同性恋，有的孩子确实是同性恋，有的男生偷穿妈妈的裙子，还有的孩子想变性，等等。虽然这样的情况不多，但是遇到这种情况的家长备受困扰。

而且，随着时代的发展，互联网越来越发达，我们会更多地听到和见到这样的情况。如果孩子问起，或者孩子遇到有这方面倾向的同学，该如何应对？该如何看待性少数群体？又该从什么视角分析这样的现象呢？

概念澄清

同性恋是指一个人的情感和性爱的指向是同性。

我们过去说"易性癖""异装癖"等,现在不用这些词了,而是叫作跨性别。

我个人早在十多年前,便改称"易性癖""异装癖"为跨性别和异装欲者,意思就是想做性别肯定手术的人或者想穿异性服装的人。今天,我们将跨性别视为不属于男性或女性的第三种性别。由过去的"易性癖""异装癖"或者说"易性症""异装症",到现在的跨性别,词汇被改变的最重要的意义是**我们不再把跨性别视为病了**,他们不再是需要被治疗和改变的病人了,他们拥有一种和男人女人一样平等的性别。

这里需要强调,想做性别肯定手术的人和喜欢穿异性服装的人,还有喜欢同性的人,是三种不同的人,不要把他们弄混。

想穿异性服装的人,不一定认为自己就是另一种性别,也不一定喜欢同性。

把这三个概念区分清楚,后面的讨论就会容易一些。

小心"恐同症"

几年前我在一个地方讲性教育的时候,有一位妈妈很认真地听了三天。她之所以认真地听,是因为她担心自己的儿子是同性恋。后来我到另一个地方做性教育夏令营,她又带着孩子来参加,希望我能够处理她儿子的同性恋问题。

为什么这位妈妈会觉得孩子是同性恋,这么焦虑、紧张呢?

这个孩子正在上初一,事情的起因是一天他的老师打电话给他妈妈,说:"我上厕所的时候,你的儿子歪过脑袋看我的阴茎。这样的情况有好几次,所以你要关注一下他的性取向。"这位妈妈就开始焦虑了,问她的孩子。孩子说:"我不是同性恋。"她还是不放心,陷入深度的焦虑和恐慌当中,带孩子来性教育夏令营。

我便在一个晚上单独约她儿子聊天,结果发现她的孩子根本不是同性恋。

处于青春期的时候,孩子关注身体、性器官是很正常的。这个孩子在上厕所的时候歪头看老师的阴茎,是对成年人阴茎的好奇,也很正常,完全不能凭此说他是同性恋。如果法律允许,他可能还会歪头看女生的阴部呢,那你又该说他是异性恋了,对不对？他对女人的身体也会好奇，也想歪头看，只是不敢看、没机会看而已。所以家长要明白，很多时候是我们过于焦虑了。

然而像这位妈妈一样焦虑的例子非常多，比如看到自己的儿子跟别的男同学走得近一点儿，几个同性孩子成天在一起玩，就担心孩子是同性恋；看到自己的女儿不喜欢男生，总喜欢跟女生玩，也担心不已，想着"你都进入青春期了，别人都开始关注异性、喜欢异性了，你怎么还总跟女生玩呀？"可如果女儿真的去跟异性交往了，家长又怕人家谈恋爱。所以家长也挺辛苦的，怎么着都焦虑。

随着我们的文化对于同性恋的接纳程度越来越高，社会上出现越来越多的关于同性恋的正面信息，很多人就形成一种错误的观念，觉得同性恋是可以"传染"的，开始担心自己的孩子变成同性恋。我们将这种情况称为恐同症。恐同症就是指对同性恋恐惧。

有家长跟我说："现在外边这么多同性恋，万一他学同性恋呢？万一他上网看了同性恋信息，变成同性恋呢？"我跟他说："在这么多的信息覆盖下，你学同性恋了吗？你变成同性恋了吗？你没学，你没变，为什么要假设你的孩子会学习、会改变？"

还有的人传：同性恋时髦了！

成为同性恋是方便找工作还是高考能加分？怎么就时髦了呢？

这都是一些错误的认知。

有的人会反驳：明明是同性恋多了。

其实不是同性恋多了，而是因为社会对同性恋接纳之后，同性恋的可见度提高了，你能看到他们了，他们也敢于对公众现身了；还有些人是因为接触同性恋文化，认识到自己是同性恋，有勇气讲出来了，也就是专业术语所说的"出柜"，并不是他们的数量变多了。全世界的研究都显示：无论一个社会对同性恋采取什么态度，同性恋者都是少数人。

也有一些青春期的孩子搞不清楚自己的性取向，想着"我喜欢同性，我是不是同性恋啊？"甚至有的男生和同性玩过性游戏，是不是同性恋呢？

即使青春期的孩子有过与同性的性接触和性行为，仍然不等于他们是同性恋。因为青春期是一个探索期，同性间的性游戏就是一个游戏，不要贴上标签。不仅家长不要给孩子贴同性恋的标签，孩子也不要轻易地给自己贴同性恋的标签。

我在接咨询的时候一般会这么讲："不用着急确定你是谁，你就是你自己，干吗非要急于给自己贴个标签呢？探索生命的多种可能不好吗？"在孩子的青春期，在他（她）人生刚刚开始的时期，要探索生命的多种可能，听从自己内心的声音往前走，不急于给自己贴标签，这是非常重要的。

20 世纪 90 年代之后，最流行的性学现代理论是"**酷儿理论**"：**它认为不存在绝对的同性恋和绝对的异性恋，人的性取向是在情景当中变化的一个过程。**

所以，我们是反对贴标签的。

孩子是同性恋怎么办？

很多家长在确定自己的孩子是同性恋或者孩子跟他说自己是同性恋之后，都会焦虑、痛苦、压抑、紧张。

我指导学生做过一个研究，发现家长在知道自己的孩子是同性恋之后都会经历以下几个阶段：

第一阶段：太可怕了，这样的事怎么发生在我家里了？

第二阶段：是不是我当年哪里做错了，把他变成同性恋了？

第三阶段：不相信这是真的，带孩子到处看"病"，要帮孩子改变。

第三个阶段的家长，我就接触过很多了，因为他们来找我做咨询了。而我的咨询目标就是帮助家长进入到第四个阶段：**接纳孩子的性取向**。

我会清楚地告诉家长："完全不需要自责，这与你当初的教养方式没有任何关系，比如你把他当异性养啊、给他扎小辫、夸他漂亮……跟这些都没关系。和妈妈强势、父母离婚这些事也完全没有关系。这些都是过去的性心理教科书的内容，早被证实是错误的了，都是已经被淘汰的观点。"

那么我们应该怎么办？

我会问家长："你的孩子是同性恋，你担心些什么呢？"

家长说："担心他面临的社会压力啊，痛苦啊！"

你担心社会压力给他带来痛苦，你就不能再给他压力了。如果说你的孩子作为一个性少数在社会上生活已经比较难了，那么你要做的就是支持他，站在他身后，而不是给他压力。

有的家长又说了："我希望他改变，我希望他变成异性恋！"

我要告诉那些家长：**全世界没有一个进行性取向扭转治疗成功的案例**。美国最大的同性恋治疗机构 Exodus International（走出埃及国际组织）的主席叫艾伦·钱伯斯。他在 2013 年宣布："针对同性恋治疗 37 年，其实我们从来没有成功过，我从来没有看到过同性恋扭转成功的，那些都是骗人的。"同时他宣布 Exodus International 解散。

家长可能会听到一些心理专家、性学专家说"我能治，我能帮你的孩子改变"，其实那都是骗你的。他以为自己能治，其实是他无知。这是不能改变的。

家长应该做的是，当所有人都给你的孩子压力的时候，站在孩子身后，成为支持他的力量。你爱的是你的孩子，还是你的异性恋孩子？当然爱的是你的孩子，对不对？无论你的孩子是同性恋还是异性恋，是贫穷还是富贵，是好看还是不好看，是出名还是不出名，你不都爱他吗？

有的家长说："我担心我的孩子不幸福，遭遇人生挫折啊！"

他怎么会不幸福呢？你给他力量支持，让他自信、快乐，让他有勇气面对自己、接纳自己，寻找自己人生的幸福，他就会幸福。记住：你是他获得幸福的重要力量。

有的家长还担心："孩子不结婚，将来老了怎么办？"

对此我想说，时代在变化，未来的养老结构肯定比现在完善，养老举措也特别多，那时可能就有同性恋养老院了。而且，现在很多同性恋伴侣会选择意定监护公证，解决关于生病、养老等法律上的问题，父母不必过于担心。

还有的家长说："我还想抱孙子呢！"或者"我还想抱外孙呢！"随着现代科技的发展，这些都不是事儿，未来都能够解决。何况，异性恋孩子也未必都能让父母抱上孙子或外孙。

我在前文说过，建议家长朋友去看一部电影——《天佑鲍比》，这是一部根据美国真实事件改编的电影。

鲍比是一个青春期的男孩子，他发现自己是同性恋，而他的家人都是反同性恋、歧视同性恋的。他的妈妈知道他是同性恋之后带他到处去看"病"，到处去做所谓的"扭转治疗"。当然，这些治疗都没有成功。最后，儿子站在过街天桥上，跳入滚滚车流之中，自杀了。

儿子自杀之后，妈妈才幡然悔悟：我怎么把儿子逼得自杀了？然后她去学习，发现原来同性恋不可以被改变，同性恋也可以很幸福。她才认识到：支持我的孩子才是对的，是我把自己的孩子送上了死亡之路。

这位妈妈后来投身于美国的同性恋解放运动了。她参加了美国的同性恋亲友会，还曾担任美国同性恋亲友会的主席。几年前她去世了，美国同性恋界纪念了她为美国同性恋平权运动所做出的贡献。

这位妈妈帮助了很多同性恋的家庭，让他们的父母接受了自己的孩子，但是这些都无法挽回她的亲生儿子鲍比的生命了。

家长不妨想一想：你爱你的孩子，是希望他幸福，还是希望他生活在痛苦当中？**如果你希望他幸福，就要无条件地接纳他的性取向。即使他是同性恋，也要无条件地接纳他。**

家长都是爱孩子的，爱孩子就要支持他选择自己认为幸福的生活。这才是我们需要做的。

跨性别

讨论完同性恋之后，再来讨论一下变装和"变性"。

注意我在这里使用的"变性"是要加引号的。为什么呢？因为从性学界的专业角度来看，一个人的性别取决于他的自我认同。也就是说，如果一个生理男性认为自己是女性，那她就是女性，我们应该称之为"她"。假使她要通过手术把男性的身体变为女性的身体，那也不能叫"变性"，因为我们认同她自我认同的女性性别，所以这样的手术应该称为"性别肯定手术"。

有一位妈妈跟我咨询："我发现儿子偷我的内裤穿，还偷我的丝袜穿。有时候他会把我的裙子藏起来，穿我的裙子照镜子，让我撞见了。我的儿子是不是要变成女的呀？"

首先我们要说，想穿异性服装不等于想要"变成女的"，孩子可能只是喜欢穿异性服装。其次我们要说，你的孩子可能连异装欲者都不是。

青春期的孩子可能只是对异性、异性的服装好奇，可能只是穿上异性的内裤，想象一下女人是什么样子；穿上女人的裙子，想象一下做女孩好不好看。所以，他可能仅仅是出于对性和异性的好奇，这种情况并不少见。我认为这也是性游戏的一种，不一定是异装欲，或者跨性别，家长完全不必过于焦虑和担心。

在这种情况下，家长应该怎么办呢？

孩子想穿就穿，最多需要跟他说一声："如果想穿就来妈妈这里拿，或者去网上买，千万不要拿别人的。"如果他是一个接纳自己性别的人，探索到一定时候就会自然而然地成为他自己。

很多时候，恰恰是家长的反对和施加的压力带来了更多问题，造成孩子的痛苦，甚至使他固执于某种行为。

我有两位很熟的朋友，他们是真正的异装欲者。其中一位曾经是一家大的快递公司的老板，现在已改行。他结婚了，有俩孩子，但他就是恋皮裙。他曾经跟我讲，他的衣柜里有几十条皮裙，他老婆出门都找他借裙子穿。但人家的心理、智商、情商都没问题。

我们再看跨性别。

有的孩子认识到自己应该是另一个性别的时间很早，五六岁就能认识到：虽然我生理上是男生，但我心理上是女生，或者虽然我生理上是女生，但我心理上是男生。他也会有一些表现，比如生理上是女生但坚持拒绝穿裙装，在心理上更接受自己是男生，按男性的谈吐和方式生活，等等。

过去的心理学教材在分析这些情况时会告诉我们，这是教养失败、"性别认同障碍"等，其实都错了，**"变性"的欲望和早年的教养没有必然的关系。**

跨性别更不可能改变自己的愿望，所以家长就不用拉着他到处去看"病"了。别人说他能改变都是骗你的，你要做的还是接纳他。

我接触过这样一个案例：儿子心理上认为自己是女性，跟妈妈说他要通过手术变成女人，妈妈得知后非常痛苦，不知道怎么办。

我给这位家长这样的建议：首先，孩子进行性别肯定手术的意愿不可改变，强拉着孩子去改变，真的会害了他。之前就有希望进行性别肯定手术的男孩子，因为家长拒绝让他做手术，他就自己用刀把阴茎切了。这在有相同遭遇的孩子中是常见的事情，根本不奇怪，自杀也很常见。

你真的要把自己的孩子逼成这样吗？自己动手切阴茎是很危险的，而且以后想变性就更困难了。

我们要和父母说的是：如果孩子是跨性别，一定要接纳他。要带孩子去做咨询，但千万不要找那些声称能改变他的人，要找懂得肯定性咨询法的咨询师。

不久前我遇到过这样一个孩子：他本来是同性恋，但是因为接受了关于同性恋负面的、污名化的教育，无法接纳同性恋，觉得同性恋很恶心，所以他想当然地认为自己是跨性别者，想着"我变性了，我是由男人变成女人再去爱男人，这样就不恶心了"。他的想法非常幼稚。我跟他聊了10分钟就告诉他："你不是跨性别者。"

我建议家长带孩子去做咨询，不要事先就假定要改变他。能不能改变，要听当代最前沿的意见。你不能抱着几十年、几百年以前那些所谓的专业人士写的书来看。这太害人了。能害人到哪种地步呢？有的家长甚至把自己的孩子送去精神病院，结果孩子在精神病院里又吃药又打针，还被电击，能好得了吗？本来没有精神病都被弄出精神病来了，非常可怕。

所以，家长必须接纳孩子。当然说起来容易，做起来难。明明是个女儿，结果变成了儿子；明明是个儿子，结果变成了女儿，这对一般的父母来讲很难接受。但对孩子来说，如果父母总是压着他、想改变他，那么他受到的心理压力和创伤，会让他生不如死，真的是非常痛苦的，他宁可死也要做手术。家长要认真理解孩子的这个心理。

所以，第一步，家长要接纳他；第二步，家长要了解跨性别者是不能通过心理咨询等方式改变他们的性别认同的。认识到这些后，就可以处理家长的其他担忧了。

有的家长会说："手术之后，人的寿命会变短。"这也是一个误区，做完性别肯定手术之后寿命缩短并不是必然的。手术对寿命和健康可能会有影响，但是没有想象的那么大。

家长可以算一算，假设手术后能活到 50 岁（当然这不是真的，我认识的一个做了性别肯定手术的人已经 80 岁了，还活着呢），你现在不让孩子变性，孩子想自杀，那他可能都活不到 30 岁。你是想让他 30 岁就死，还是变性后活到 50 岁再死？这是一道很简单的算术题。更何况，有很多人还活不到 50 岁呢。

当孩子 50 岁的时候，不少父母都已经不在人世了，所以就不要再操心孩子了。重要的是每个人都渴望过自己想要的生活，应该尊重他、接纳他、支持他。还是那句话：家人的支持是一个家庭给孩子的最强大的力量。

如果你的孩子真的是跨性别者，我再给你推荐一部电影——《假小子》。这是一部法国电影，讲的是一个即将要上小学一年级的孩子的故事。这个孩子生理上是女生，但她认定自己是男生，然后就把自己装扮成男生跟别人交往。影片中发生了很多故事，最后他的家人、同学都接纳了他对自己的性别认同。

如何更好地爱孩子？

几年前，新浪微博上传播了一件非常感人的事。

一位上中学的男生是同性恋,他的妈妈知道并接纳他是同性恋,但是同学中有人因为知道他是同性恋而欺负他。妈妈便跟他商议:"要不咱们就转学吧?"然后妈妈在新浪微博上说了这件事情,也说了自己孩子所在的学校。

事情在微博上传播得很快,很多人转发这条微博。结果转天课间休息的时候,这所学校很多其他班级的同学都来到这个男生的教室门口,干什么来了?不是来打他,而是来陪伴他的!那些同学说:"不是有人欺负你吗?我们都来陪伴你,不让别人欺负你!"

男生回家跟妈妈说:"妈妈,我太感动了!同学们都对我这么好,我不转学了,我有勇气去做我自己,我不再怕别人欺负我了。"

这是很棒的一个故事!

我也做过一位高中同性恋男生家长的咨询。这对父母后来接纳了自己的儿子,不仅接纳了他的性取向,还接纳了儿子带他的男朋友回家帮助他补习功课,对方是一个大学生。每当儿子的男朋友来家里时,父母都会以散步为由躲出去。父母觉得孩子也有性的需求,给他留出一点儿时间和空间,总比他们到外边找地方去做这件事情好。

我觉得这对父母是非常有智慧的。他们走到这一步很不容易,用了很长时间,也有很多痛苦的经历,但是他们最终做出了真正爱孩子的选择。

什么是爱孩子?爱孩子就是支持孩子,真正为孩子好。父母做到这一步,孩子能不努力学习吗?能没有孝心吗?能不积极进取吗?

所以我经常说:爱,还一定要会爱。

和传统的观念不一样,我们是讨论怎么做才能让中学生更好地处理恋爱的问题,包括同性之爱。

再来讨论一个让我们更有压力的话题——艾滋病。

现在高校当中,艾滋病已经很常见了,几乎所有的高校都有艾滋病病毒感染者。甚至有一些中学生也感染了艾滋病病毒,包括同性恋。

如果孩子感染了艾滋病,怎么办?

还是那句话:爱孩子就要永远地支持孩子。

我见过一个遇到这种问题的家长,就是因为没有处理好,骂孩子,结果孩子自杀了。大家不要以为得了艾滋病就快要死了,现在的医学可以让艾滋病病毒的潜伏期一直延长,而且再过几年,关于艾滋病的疫苗、治愈艾滋病的药物可能就会出来了。所以,艾滋病已经成为和高血压、糖尿病一样的慢性病,没有你想象的那么可怕。国家也出台了相关法律来保障艾滋病病毒感染者的权利,比如就学权、工作权、隐私权、就医权,等等。

如果孩子感染了艾滋病,谁最痛苦?其实是他自己最痛苦,而不是家长。所以家长要给他力量,支持他。

同样的,如果孩子是同性恋,受到很多压力,谁最痛苦?是孩子自己最痛苦。

如果孩子想变性,谁最痛苦?还是孩子最痛苦!不是你最痛苦。

不要把你想象出来的痛苦压在更痛苦的人身上。 最好的办法就是爱孩子，支持他。除此之外，别无他选。

同时要相信，我们的社会对性与性别多元的接纳度也越来越大。

从第一讲到现在，有的家长可能已经发现了，我们一直讲的其实都是怎么爱孩子，从性教育的角度来谈爱孩子。

最重要的是：**作为家长，要知道尊重孩子，不把他当作自己的私有财产，不把他当作"我们的"孩子。他是他自己的，是一个独立的人，是一个需要被尊重，包括被父母尊重的人！**

这是我们应该有的态度。

教学实操答问

问： 所有同性恋都是先天的吗？能说说同性恋的成因和变性者的诊断标准吗？

回复： 关于同性恋的成因有各种各样的争论，非常多。有的人认为是先天的，有的人认为是后天的，前者占多数。现在有一个开玩笑的说法：同性恋的成因是"斯芬克斯之谜"，意思是这是无法解答的。但也有的人认为这是不需要讨论的，讨论同性恋的成因本身就是对同性恋的一种歧视。如果认为同性恋和异性恋是一样的，为什么不讨论异性恋的成因呢？只有认为它是病，才会讨论它的成因。

也有一些同性恋者认为自己是后天的。但即使是后天的，也是一个自然而然的成长过程。想通过心理治疗来扭转它，已经被全世界证实是不可能的了，而且侵犯人权。

那些声称能够扭转性取向的研究都有几个致命的弱点：

1. 它都来自当事人的主观报告，没有客观测量依据；
2. 它都来自外显的行为；
3. 都没有长时期的后续观察。

用一句话概括：都不靠谱。

"变性者"这个称呼本身有歧视性，专业的称呼是"跨性别者"。关于跨性别的成因,学术界也普遍认为是先天的。跨性别不是疾病,也就不存在所谓的"诊断标准",它是一种对自己的性别身份认同。

问: 孩子问同性恋是怎么回事,我该怎么解释?
回复: 异性恋是男人和女人之间的爱情,同性恋就是男人与男人,或女人与女人之间的爱情。同性恋曾经被认为是病,甚至是罪,但是现在人们普遍不再这样看待了,医学界也已将同性恋从精神疾病的范畴中排除了。

在我们的社会中,异性恋者占多数,所以占少数的同性恋者便容易受到歧视。这种多数人对少数人的歧视是不对的。

问: 孩子现在和一位大学同学关系非常密切,另一方的家长觉得孩子的性取向不对,发现了她们的亲密关系并胁迫她们分手。孩子情绪上有变化,我该怎么办?怎样确定自己的孩子到底是不是同性恋?
回复: 孩子是不是同性恋只有她自己能确定,别人确定不了。就算两个女生有了性关系,也不能确定她就是同性恋。性取向要自我判定,她们是大学生了,关于同性恋、性取向的知识通常比家长知道的多。

对方家长胁迫孩子分手,那你就要给予自己的孩子支持、安慰，鼓励另一个女孩给她的父母做性教育，让她的父母学习同性恋的相关知识，包括做肯定性咨询。

问： 5岁女孩不喜欢异性老师，该如何引导？
回复： 如果是不喜欢异性老师，可能是老师有哪里做得不够好。不喜欢就不喜欢，你是担心她是同性恋吗？担心得太早了，想得太多了。

问： 我朋友的儿子读初二。据说，他既亲吻过某一男孩，又和另一个女孩谈恋爱。这让人很迷惑。
回复： 他自己开心就可以了。我们之所以迷惑，许多时候是因为我们无知。他可能是双性恋，可能是跨性别，也可能仅仅是在表达不同的亲密情感。只要对方没有反感，别人就不应该干涉。

问： 儿子12岁时，我偶然发现我的黑丝袜在他的床垫下，当时不知道该怎么和他交流，于是买了一本关于青春期的书放在家里，希望他能看看，但他好像也没看。
后来每隔两三个月，我们就会发现一次类似的情况，有一次他还穿着黑丝袜睡着了。
13岁时，他把自己的牛仔长裤剪成短裤，我们发现一次就没收一次，但从来没有和他正面交流过。我当时想，他的这些行为会随着年龄的增长而慢慢消失。

可是当他上高中之后，把长裤剪成短裤（都是牛仔裤）的事情还是会时常发生。我们大多数情况下还是会没收，依然没有和他正面交流，大家装作什么事情都没有发生过。

在高考前两个月，我们发现了一条陌生的女性牛仔短裤，非常焦虑，于是我们自己去省立医院看了心理医生。心理医生建议我们以包容的心态接纳他的行为，于是我们便把这件事彻底地放下了。

可是今年寒假，已经大一的他（已18岁半）回家，我在他的书包里发现了一条女性蕾丝裙、一条蕾丝边的牛仔短裤和三条不同颜色的长筒袜。我们再也放不下了，跟他摊牌了。他大发脾气，说我们搜查他，但之后也说自己会改。我们在他心情好时跟他说了一些关于社会的价值观、道德观的话题，他也不吭声地听着。

我们两口子又去看了心理医生，主要想咨询对他这种行为的处理方法。但是这个心理医生认为我们的孩子一定是出了心理问题。我当时和医生说："我想带他去看心理医生，又担心他会认为自己是个问题学生。我希望他没有这种想法，希望他觉得自己一切正常，所以一直没带他去看心理门诊。"

但那个医生反问我："你们还觉得你们的孩子没有问题吗？"他这句话时时萦绕在我耳边，让我心烦意乱！

而且我一直有这样的困惑：他上大学时装回来的裙子和丝袜

是从哪里来的？我问过他，他说是捡来的，我肯定他是在撒谎。我查阅了许多资料，说这种情况最主要的途径是偷。如果是偷的，那么高三时那条牛仔短裤也是他偷的？我们非常害怕。我给他讲了媒体报道的例子，类似"偷窃乳罩被发现后毁掉前程"，也不知道他当时听完心里是怎么想的。

现在他在外地上大学，常有不去上课或不上自习的现象，我们无法知道他在寝室里做了些什么。我们真的非常担心，担心他会偷窃女生的那些东西。我们整天处于恐慌之中，现在该怎么办？

回复： 首先，喜欢异性丝袜、裙子等，可能是恋物行为。虽然这在主流的价值观中是不好的，但如果没有伤害到别人的利益（比如偷窃），我只视其为一种性愉悦方式的选择，而不是心理问题，也不是道德问题，更不是法律和伦理问题，即没有错。

在孩子小的时候，家长发现孩子的这种行为，选择避而不谈是可以理解的，但不是最理想的。可能是家长对"性"话题的敏感阻碍了这种交流。其实对于这个问题，家长应该拿出来大方地谈。但是，谈的时候也要注意，不要建构起对孩子行为的污名，给他心理造成阴影和压力，比如讲社会的主流"价值观""道德观"，讲其他人因为偷异性内衣的后果等，家长的态度应该是提供信息，而不是恐吓。提供信息之后，相信孩子会注意安全，回避风险，做出对自己有利的选择。

我觉得，可以恰当暗示或"鼓励"孩子这样做——如果喜欢这些物品，可以自己买。总之，不要偷窃，以免触犯法律。

也就是说，**针对恋物的问题与孩子交流，目的在于提示他不要通过违法犯罪的方式获得，而不是反对他的恋物行为本身。**

恋物，未必影响日后的恋爱与婚姻。二者不能绑在一起。

作为家长，也不必把"不上自习"之类的事和这个性喜好绑在一起。即使有关，也是因为这个性喜好的污名压力影响了孩子的心理和学习状态，而不是性喜好本身有问题。所以，任何时候都不要谴责孩子，可以默默地给他力量。

不要理那个认为孩子"有问题"的心理医生，性多元者的"心理问题"就是他这类人造出来的。因为听了他们的话，性多元者担心自己不"正常"，才损害了心理健康。

问： 12岁的男生在假期帮邻居看衣服摊，偷拿了一条女孩子的内裤回家，放在自己的枕头底下，这正常吗？需要怎么处理？

回复： 孩子进入青春期后，对异性感兴趣，对异性的内衣感兴趣，都非常正常。男孩子将女孩子的内裤带到床上，当作自己性幻想和自慰时的辅助用品，在一定程度上满足、缓解自己的性渴望，是正常的表现，不必大惊小怪。有些人可能会惊呼：如果不管，就会发展成"恋物癖"。这实在是过虑了。

随着年龄的增长,他们有了恋人,就会很自然地有全面的性接触。即使成年后仍然对异性内衣很痴迷,甚至"恋物",也没有什么,只要他自己高兴、性满足,就可以。一些婚姻与性方面的指导师不是一直建议结婚已久的妻子穿性感内衣增加夫妻间的性娱乐吗?

所以,对于这个孩子的情况,我的建议是完全不必管他,尊重他自己小小的隐私吧。如果我们强力干涉,甚至将他的行为当作"恋物癖"来"治疗",那这个孩子可能真的会被折腾出心理问题。

问:我哥哥的女儿今年5岁了,一直声称自己是男孩子,不穿女孩子的衣服,不穿裙子,去理发的时候要求理男孩子的发型。家人说:"你是女孩子。"她说:"你们忘了吗?我是男孩子呀!"但父母从来没有把她当男孩子养。她现在坚持穿衣、理发等各方面都要像男孩子那样,也只和男孩子玩。我们应该如何正确引导她?

回复:根据你的讲述来看,这个女孩子属于跨性别人群。以前的变态心理学称这个群体为"易性癖"。他们认为自己是生理性别之外的另一个性别。在以往的很长一段时间里,心理学家想通过治疗来改变他们,但是这一直被证明是无效的;近二十几年来,主要的处理方式是允许他们做性别肯定手术。学术界也有一个新词:跨性别,即男女之外的另一种性别。

我个人的看法是,没有什么办法可以"正确引导"。当这个小孩子长大之后，她也会要求做性别肯定手术的。

当然，对于一般的父母来说，这一点可能很难接受。所以我的建议是：父母要慢慢做好心理准备，特别是在"正确引导"失败的情况下，慢慢认识到女儿的特殊之处，为她将来的性别肯定手术提供方便。现在性别肯定手术已经很完善了，但我们国家有许多关于做性别肯定手术的规定，其中就包括父母同意。我认识的变性人中，很多人因为父母同意、支持，变性过程很顺利，现在过着幸福的生活。所以，家人的支持对于他们的心理健康非常重要。

问：方老师，你讲性别多元化教育，会不会将来大家的性别都倒过来呢？或者就没有性别之分了呢？那这个世界会不会很混乱？

回复：永远不必有这样的担心。性别多元，是给大家更多的选择，尊重更多的实践，而不是要用一种模式代替另一种模式。也永远不要担心人类社会会不存在性别差异。差异总会存在的，而且注定会更加多元，我们只是反对以生理性别为基础的简单的二元划分罢了。更不用担心这个世界会混乱，一个每个人都可以做自己、同时又尊重别人做自己的权利的社会，一定是最和谐的社会。我记得在20世纪90年代中期，我进行同性恋研究与写作的时候，也有人问："你们说同性恋应该被宽容，将来人们都变成同性恋怎么办？"无数研究证明，无论一个社会对同性恋者采取什么样的态度，他们都只是人群中的极少数。

我们的种种担心与恐慌,背后仍然是来自主流的、占支配地位的阶级优越感,以及对少数人的敌视。

第15讲 残障孩子的性教育需要注意哪些？

长期以来，残障人被视为"无性人"。残障者的性需求被忽视甚至被剥夺了，残障孩子的性教育更是被忽视了。其实，残障者同样有性需求，残障孩子的健康成长同样需要性教育。针对残障孩子的性教育，既要看到残障带来的对性教育的独特要求，又要看到他们与非残障孩子的共同性。我们在前文讲的性教育的原则与技法，同样适合他们。

父母要尊重残障孩子的性人权

在一次残障人性教育的研讨会上,我见到一个20岁的自闭症女孩表示出对一个男孩子的好感,但她的妈妈拉着女儿就走,说"这是不可能的,因为她有自闭症"。

女儿有自闭症,所以她的性就这样被剥夺了吗?这位妈妈在会议上公开地说:"人生有很多事情要做,包括保护环境、爱护自然……"但这些和女儿性的满足有什么关系?她的意思是让女儿做这些"伟大的事",不要情欲了吗?

我看到很多残障孩子的家长,一方面自卑,另一方面又强调和夸大自己的贡献,比如说这个自闭症女孩的家长,她就谈他们家对国家、社会多么有贡献……这些没有问题,但把这些和自闭症女儿对亲密关系的向往对比起来,意义何在?

人生有那么多事情要做,性,也应该做。夸大了其他的事情,却认为女儿的幸福不重要,这到底是在爱女儿还是在害女儿?

这个女孩子喜欢帅哥,见到帅哥就有亲近的欲望。在我看来,这个妈妈应该做的是帮助她的女儿和那个帅哥交往,或者教会她的女儿如何与别人交往。她的妈妈总担心女儿被利用、欺骗,不让她与人交往,甚至不同意给女儿找男伴。会议上也有很多人提出来:"给你的女儿找一个男伴,将来你们不在了,女儿也成年了,她有个寄托,有个帮助她的人,不是更好吗?"这位妈妈说:"我和她爸爸会尽量活得长一些,照顾她久一些。"

即使尽量活得长一些,照顾得久一些,又能照顾到什么时候呢?就这样剥夺了女儿的性需求,真的能理直气壮吗?父母能代替她的情爱对象吗?很多残障者的父母基于对孩子情欲的否定,看不清这些问题。作为残障者的父母,需要改变这些认知。

说这些是想告诉残障孩子的父母:不要剥夺孩子的性权利,也不要剥夺他婚姻的权利。我理解这些父母的心情,面对自己的残障孩子表达出的情欲感到恐惧和害怕,有的家长是喜忧参半。但不论怎样,这些都不是阻止孩子获得性满足的理由,而是应该帮助他实现性的满足。他因为残障已经在某些方面不能享有非残障人所拥有的生活了,还要在性方面剥夺他的权利吗?

用残障者的标准看问题

有一个智障男孩子,十七八岁,在公共汽车上看见漂亮的女孩子就笑,在家里上厕所没进厕所门就把裤子脱了,父母很焦虑,因为家里还有妹妹。

对于这个男孩子的表现，可能有人会说："在公共汽车上对女孩儿傻笑，这是性骚扰。在家里没进厕所门就脱裤子，妹妹又在，这样也不好。"

这种观点，都是在用健全人的标准去思考问题。

我们现在要做的是：用残障者的标准去思考问题。用非残障者的标准去思考残障者的生活，对残障者来说不是太不公正了吗？总用自己的价值观和正常人能达到的标准来要求残障者，太欺负人了。

所以，应该站在残障者的视角看问题。

总结两点：

第一，残障者是有性的，父母、亲属及监护人应该致力于他们性人权的实现，而不是剥夺他们的性人权。

第二，应该用残障者的标准来对待他们，不应该用非残障者的标准来评价他们。

如何实现残障者的性人权？

我们说青少年的性教育就是要尊重他们的性人权。那么，残障青少年与非残障青少年的性人权一样吗？

当然，大前提是一样的。此外，残障者的角色和身份与非残障者的角色和身份不一样，这就决定了社会应该给残障者更大的空间，只要他们没有侵犯到其他人，就应该更多地向这些弱者倾斜，不能用健全人的标准去要求残障者。

正常人能得到的，残障者不一定能得到，应该注意个体差异，尊重不侵犯人权基础之上的身份权，这个身份权就是残障者的身份。当残障者的独特身份影响他们像非残障者那样行使性人权的时候，社会应该基于他的身份给他足够的、特殊的对待，使得他的性人权能够实现。如果忽视了这个独特身份，以非残障者的标准要求他们，他们的性人权就没有办法实现了。

总之，要帮助他们实现性人权，就必须给他们特殊对待。比如针对高位瘫痪者，我们可以提供翻身、洗澡等护理，帮助他们做这做那，那我们是否可以给他们一些性的护理呢？

帮助残障者实现性人权，是社会健全的一个标准。真正以残障者为中心，而不是以"健全"的人为中心。从这个视角出发，能够帮助我们更好地理解残障孩子的性教育。

下面通过一些残障孩子的案例，来看如何帮助他们实现性人权。

一个智障的男孩子在住宅的楼道里自慰，结果邻居很愤怒，说他性骚扰。

有人会说，他确实侵犯了从楼道里经过的人的空间使用权。但他是智障者呀，站在他的角度来思考这个问题，他对于空间的认知和非智障者是不一样的。不一样和没有空间认知感不是一个概念，智障者的空间认知达不到非智障者的层次，你很难跟他说清楚哪儿是公共场所，哪儿是私人场所。所以我们谴责那个在楼道里自慰的男孩子的时候，是不自觉地使用了非智障者对空间的认知标准的。

这时候有两个选择，如果以非智障者的认知标准来衡量，该教育那个在楼道里自慰的孩子，不应该在公共场所自慰，否则便是侵犯了别人的空间使用权……

但是各位想一下：这公正吗？

首先，我们解释了，他学习区分公共领域和私人领域非常困难。

其次，按这个逻辑来推理，那拄拐的、坐轮椅的上街也是对非残障者空间使用权的侵犯。那残障人就不能拄拐、坐轮椅上街了吗？

如果对这个孩子换一种处理方式，用残障者的空间认知作为标准，残障者与非残障者拥有平等的公共空间的使用权利，他们有权利按照自身特点来使用公共空间，那这个在楼道自慰的孩子至少不应该受到谴责。

所以，我们应该帮助大众了解残障者对公共空间认知的意义，关注残障人，对他们在公共空间自慰采取更包容的态度。你可以反复地对他进行性教育，引导他学习空间意识，但是在他还没有受过性教育，还没有培养起对私人领域和公共领域的判断能力的时候，不要因为他的行为而谴责他。他不是坏孩子。

性教育不能成为性规训，残障者的性教育更是如此。

我想对残障孩子的家长说几句话：

第一，作为残障孩子的家长，不要按主流社会的标准来要求你的孩子，主流社会设定的是非残障孩子的标准，爱你的孩子就应该用他的标准；

第二，不要以你孩子的性欲表达为羞耻，无论你的孩子是男孩子还是女孩子，你都应该为他（她）的性欲表达而感到高兴；

第三，你应该协助你的孩子完成性的满足；

第四，你要对歧视你孩子性探索的行为大胆说"不"。

一句话：**爱孩子，从尊重孩子的性开始**。

有家长可能会说："我作为家长可以接受，那公众能够接受吗？"

为什么个人的性要交给公众来审判？个人吃什么要交给大众来审判吗？只要没有侵犯别人的权益，为什么要让大众审判？我想跟提出这种疑问的家长说：你是爱你的孩子还是爱大众？家长应该保护你的孩子免受大众的侵害，致力于让孩子实现他的性需求，而不是因为大众的歧视有可能给孩子带来伤害，就剥夺孩子的性人权。

性教育中不应该忽视残障孩子，包括不应该忽视他们的特殊需求。所以，对他们的性教育要更费一番心思，比如可以通过图片等方式启发他们，让他们知道自我保护，避免受到伤害。

对于身体残疾的青少年，性教育中也应该有关于他们的内容，这样才公正。让他们知道，他们也有办法获得自己的性快乐，他们并非注定是无性的一群人。

智力存在障碍的孩子同样需要性教育，甚至更需要性教育。智力障碍的孩子，在面对性骚扰时的自我保护能力，需要通过进行特别的教育才能获得；智力障碍的孩子，也更难理解性游戏的意义，以及对自身可能带来的伤害，所以也需要把这些知识和技能教给他们。其实，我认为针对智力障碍孩子的性教育，在内容上应该要涵盖普通学校性教育的内容，还要增加针对智力障碍孩子的独特内容；在方法上则要像其他学科的教学一样，针对学生的特点，让孩子能够听懂、理解、做到。

残障孩子性需求的满足

如果没有性伙伴，家长给残障孩子买个娃娃行不行？

当然可以。

上文说的那个没进厕所门就脱裤子、在公交车上看见漂亮姑娘就笑的智障男孩案例，当时没有给大家一个答案，但相信各位家长看到现在已经有答案了——那个 18 岁男孩子的父亲可以教他自慰。不仅如此，对于孩子未来的性满足，家长还要多操心。

这是一个总体的态度，并不等于说我们就可以不做性教育了。不要忽视与非残障者一致的那些性教育问题，特别是对于心智障碍者，不要增加其认知负担。对于这些孩子，包括自闭症的孩子，性教育应该有情景教学、角色表演、反复练习等形式。

什么叫情景教学？就是教学要到这个情景当中去。比如有一位父亲，他看到自己的儿子用阴部撞墙，感到不知所措。他想让孩子达到性满足，用无害的方式自慰，问我该怎么做。我说："你可以握住孩子的手，拉着他抚摸自己的阴茎，撸动阴茎。"这就是情景教学。

对于非智障的孩子，父母就可以告诉他，不伤害他的自慰方式是用手握住阴茎上下撸动；对于智障的孩子，你跟他说不清楚，可以抓着他的手教他做，他就更容易学会了。所以，各个环节都需要有这样的练习。

孩子在公交车上表现出对异性的喜爱，会盯着对方看、痴笑，显得有些不太礼貌，家长就可以教会孩子说："我喜欢你，我们可以发展亲密关系吗？"而且一次可能教不会，要反复地教，直到他学会才行。这就是针对残障孩子性教育的特殊之处。

曾经有一个自闭症女孩的母亲跟我说，她患自闭症的女儿29岁了，问妈妈"我是怎么来的？"，这位母亲不知道应该如何回答。

应该采用对待非智障孩子的方式回答。当然，要更简单、直接地说清楚。有的家长对非智障的孩子的回答也编了很多谎话，或者用抽象的比喻，比如生命的通道、爱的种子之类的，非智障的孩子都听不懂，自闭症的孩子更听不懂。

说到自闭症的孩子，还要提到一点：自闭症的孩子有社交障碍，家长更应该培养他学习谈恋爱，不能像前文提到的家长一样，看到女儿喜欢别的男孩子就被吓坏了。其实这是很好的机遇，不仅有可能让孩子实现性的满足，还有可能实现婚姻呢，所以应该鼓励孩子去谈恋爱。

另一位家长说她 31 岁的智障儿子自慰，每次她一看到孩子自慰就催他起床，责备他。这位家长做错了，她不应该责备孩子，而是应该为他高兴。

有一位智障学校的老师跟我分享，有男生要亲女老师的脸，老师该怎么办？

亲老师的脸，这就涉及别人，不是孩子自己的事情了。女老师是觉得很不舒服，还是觉得无所谓？如果女老师觉得无所谓，并没有感到不舒服，知道亲脸是那个男孩子表达善意的行为，那就不用太紧张；如果女老师确实觉得不舒服，那就告诉那个孩子：我不喜欢、不开心，等等。反复说，反复教，智障的孩子就会学会。我们要给他机会，不要轻易地给他贴上性骚扰的标签。

还有一个 11 岁的智障男孩子总摸女老师的胸，这个非智障的女老师很害怕，不知道该怎么办。我认为女老师首先应该接纳这个孩子，他过来摸胸的时候，可以抓住他的手，和他一起拍拍手，像做游戏一样，然后慢慢引导他的界限感，培养他的身体界限，而不是简单地觉得自己受了性侵犯。

残障人的问题要听到残障人自己的声音。很多残障人教育中出现的问题，并不是残障人自己的问题，而是家长的问题，所以我们家长要改变。

教学实操答问

问： 男孩，有自闭症，请问在什么时机可以教孩子自慰呢？孩子9岁了，早上起床的时候会有摸生殖器的行为，这个是到时机了吗？还是尿憋的？我有点儿焦虑，因为不知道是怎么回事。

回复： 摸阴茎是自慰。这个男孩子不等外界教他就已经有了自慰的尝试和习惯了，家长注意不要让他以错误的、伤害自己的方式自慰就行了。

何时教孩子自慰，因人而异，因家长而异，总的来说应该顺其自然。比如当你感觉他有性压抑、不舒服、焦躁的时候，也许就要教他了。每个家庭根据孩子具体的情况来判断，没有一个统一的标准。教的时候，可以按我在前文说的那样，抓住他的手撸动一下，他感觉舒服了就知道了，这个不会有什么伤害。

问： 我儿子12岁，自闭症。昨天他在班里搂着一个女老师的长靴子闻，把老师吓坏了。以前他也出现过这样的行为，所以我买了好多女靴，让他在家里闻，可是他喜欢的是真人穿着的靴子。经过长期教育，他已经好久没有这样做了，最近突然又重犯。他自己也说这样做是不对的，但是他控制不了自己。我真的不知道该怎么办了。

回复： 青春期的男孩子被女性的鞋子、丝袜、长腿等吸引，是正常的现象，不用大惊小怪。心智障碍的孩子的性发育是正常的，所以他们有这样的表现不足为怪。从某种意义上讲，家长还应该感到欣慰，即自己的孩子性发育正常，他在成长中，这不是一件好事吗？

建议家长放松心情，从正面的角度看待这件事，千万不要总想着"变态"之类的词，将孩子的行为污名化。

进一步，针对搂着女老师的长靴子闻这样的行为，要帮助孩子学习的是人际界限、个人身体权等概念。对于自闭症的孩子来说，学习这些是困难的，但是并不等于无法学习，不能只靠语言讲，要多做体验式教学，比如拉着他的手摸自己家买的女鞋，说："这是可以的。"拉着他的手摸别人（比如自愿一起参与帮助孩子的亲友）的鞋，说："这是不可以的。"反复强化，换不同的情境展示，帮助其逐渐树立空间感、人与人界限的清楚认知。

问： 我女儿今年14岁了，刚开始来月经。我想给她解释月经的原理，有关卵巢、输卵管、子宫等方面的常识。可是她左眼一级盲，右眼二级盲，基本上看不见什么东西，当然就不能看到书上的人体解剖图了。我该怎么让她具体、生动地认识人体内部的器官呢？

回复： 触摸会更生动、直观，让孩子用手触摸是非常可行的方式。家长不妨去找一些跟性器官的大小、形状类似的物品回来，甚至是塑料模型也行。比如让孩子摸桂林米粉，告诉他们这跟输卵管差不多粗细，然后用雪梨示范子宫，剪下一段自行车内胎以示范阴道，还可以用带壳的大杏仁示范卵巢，等等。

第16讲 特殊家庭的性教育

这一讲，我们讨论父母一方出轨的家庭、单亲家庭、再婚家庭以及父母太忙的家庭，对孩子进行性教育的相关问题。

父母一方出轨家庭的性教育

父母一方出轨,情况可能很复杂,我不准备在这里做简单的道德评判,我只想讨论它对孩子的影响。

严格地讲,如果孩子不知道这件事,父母继续扮演表面幸福恩爱的夫妻,对孩子就不会有什么影响。

如果父母一方出轨被孩子知道了,对孩子的影响可能会比较大。这时候孩子可能会自责,以为是自己有错;可能会怀疑人与人之间的亲密关系;可能会因为缺少爱而陷入痛苦中;等等。

很多时候,父母出轨不担心警察,而会担心孩子。父母会为了孩子选择放弃自己的婚外情吗?可能会。无论放弃与否,对孩子的影响都可能有好有坏。即使一对父母没有婚外情,但整天吵架,或者不关心孩子,甚至对孩子有家暴行为,难道就不负面影响孩子了吗?

那么,怎么做才可以真正保护青少年呢?

父母出轨对孩子的相关负面影响,和社会主流文化的建构有关。婚外情若被孩子发现,可以和孩子分享,告诉他人类情感的复杂多样性,这是一个很好的性教育机会。进一步,还可以说明:父母的情感与性是我们自己的事,并不影响我们对你的爱。

在实际行动方面,父母应该给孩子更多的关爱。

这些处理好了,父母的婚外情对孩子的负面影响就会降到最小。

单亲家庭的性教育

社会上的单亲家庭越来越多,很多单亲家庭的家长对于孩子的性教育这件事情比较担心,特别是父亲跟女儿生活、妈妈跟儿子生活的家庭组合,因为他们想到:我是异性父母,怎么跟孩子谈性呢?不好意思说,不方便说,不知道该怎么说。这种情况还是蛮常见的。

其实这些家长犯了一个错误,无论你的性别是什么,性教育就是性教育,父女和母子之间都可以进行性教育,不要觉得自己是异性家长,就认为和孩子谈性比较暧昧。如果你是这种感受,说明你内心对性还是有着怯、回避的态度。而我从一开始就讲:我们要坦然谈性。所以性别不是问题,父亲跟女儿讲、妈妈跟儿子讲,只要摆对了家长的角色、位置,就是一样的。

但单亲家庭的性教育也有一些特别需要注意的地方。

如果你在情爱关系当中有创伤,不要把自己的创伤带给你的孩子，不要把你对于情爱关系的负面认知灌输、强加给你的孩子。很多家长离婚后，妈妈说爸爸的坏话，爸爸说妈妈的坏话，甚至有人格侮辱，说男人怎么样或者女人怎么样。你个人的看法和态度可能会深刻地伤害你的孩子。因为你的孩子对亲密关系形成了负面的认知，未来会更难以开展亲密关系，甚至可能在你的影响下对异性有非常差的刻板印象，产生一些污名化的东西，比如认为男人都很坏、不可靠，等等。

家长应该让孩子明白：虽然爸妈的感情破裂了，但在人类关系中仍然会有很好的亲密关系，还有很美好的爱情与婚姻，你应该自己思考和探索对于亲密关系的态度，而不应该受我们失败经验的影响。

所以，以上便是我们家长在单亲家庭的性教育当中应该特别注意的。

此外，单身父母自己的性实践、亲密关系实践与对孩子倡导的价值观应该是一致的。如果你跟孩子讲性的纯洁守贞，而你自己频繁更换性伙伴，不断带男朋友或者女朋友回家过夜，孩子会形成一个混乱的认知。

明智的单身父母通常不会在与一个人建立稳定的情感关系之前，就带他或她见自己的孩子的。

总的来讲，**在单亲家庭当中，应该给孩子一些关于亲密关系、异性、父母的积极、正面、肯定的认知**。我们应该告诉孩子："父母只是不相爱了，但我们都还爱你。"

再婚家庭的性教育

很多再婚家庭的家长,最大的一个担心是女儿和继父的关系。

有一位母亲带女儿再婚,对方带儿子过来。母亲不想让女儿和继父、哥哥单独在一起。母亲不在家的时候,就想让女儿住在辅导班,因为担心女儿受到性侵。

类似的情况和担心很常见,这背后是性恐惧。躲不是办法。在一个家庭中生活,怎么躲?重要的是处理好家庭关系,教育孩子懂得身体自主权。

家长在选择再婚的时候,要做好对对方的考察,同时也不要把所有男人都想象成性侵犯的施加者,这也是不公正的,会影响亲密关系。

当然,再婚家庭中对孩子的性侵犯也确实存在。有一个再婚家庭中的女生受继父性骚扰。她和母亲讲,母亲也非常无助。女孩子便在学校写作业,每天很晚才回家,有时还会旷课、上网。

这就是一个非常危险的情况,女孩子的人生可能自此偏离航线。她现在要做的,首先是向信任的其他亲人求助,让那位亲人去影响母亲,介入这个三口之家,采取切实的行动以阻止继父的行为。如果继父仍然不顾警告一意孤行，就必须报警，使他受到法律的惩罚。这也是母亲的责任所在。同时，母亲、其他亲人和心理辅导专业人员都应该给这个女孩子充分的情感支持，帮助她走出蒙受性骚扰的阴影。这个过程会非常艰辛，但除此之外，别无选择。

有些母亲面对女儿控诉继父性侵，之所以不敢报警，是因为生活上依赖这个男人。所以，这就需要社会提供好的支持系统。

家长太忙，没有时间进行性教育

父母经常不在家，如何对孩子进行性教育？或者孩子寄养在祖父母或外祖父母的家里，这种情况下的性教育又有什么需要注意的地方？

以下这些情况是特别需要注意的。

有大量的研究显示，更少得到父母关爱的孩子，会更早地有性行为，而且通常是没有经过思考、没有负责的、草率的性行为。因为他们在父母那里得不到温暖和爱，所以到别处寻找。包括援交少女，很多人以为她们都是贪图金钱才去援交，但学界的调查结果显示并不是这样，女孩子做援交的一个最重要的原因是"大叔爱我""我从大叔那里得到温暖，得到爱"。这些女孩子几乎毫无例外地都是在原生家庭缺少爱的孩子。

　　所以尽量**多给孩子爱，多给他们关心，多给他们温暖，有机会还要给他们一些引导和性教育**，再忙也不要忽视了孩子。

教学实操答问

问: 有个学生的家里出了状况。她妈怀疑她爸在外面有女人,而她爸长期打她妈,她妈每次挨打后都告诉女儿。这个学生很恨她爸,叫他畜牲。请问该怎么办?

回复: 妈妈把对爸爸的怨恨拿出来让女儿分担,这样做对孩子的成长是不好的。成人之间的问题,其中大部分是非常复杂的,有时难以简单地判断谁对谁错,每一方都会有自己的理由。让孩子过早地介入成人之间的争端,特别是培养简单的怨恨情绪,可能会影响到他们未来亲密关系的建立。如果有机会,应引导孩子认识到:父母之间的矛盾可能有各种原因,不应该简单地谴责或憎恨一方,更不应该对亲密关系没有信心;无论父母的关系如何,他们都是爱你的;你不应该介入父母之间的争执,应该做自己该做的事,比如好好读书,你的健康成长是父母都希望看到的。

问: 18岁男孩生活在单亲家庭里,跟着母亲过。他自己在家时不穿衣服,尤其是上厕所,必须一丝不挂。但有人敲门时,他会立刻穿上衣服或躲起来。

回复: 除了不穿衣服,他还有别的表现吗?如果没有,可能只是他觉得这样舒服，或者他是一个裸体主义者。而且，这种情况应该是出现在夏天吧，不太可能冬天也这样吧？他知道来外人时躲起来，就说明他清楚社会规范。

每个家庭都有自己可以接受和习惯的生活方式，只要当事人觉得没有什么，别人不必过虑。

问：我离婚了，9岁的女儿跟着前妻过，现在前妻又嫁人了。我每天都生活在恐惧中，担心女儿被继父性侵犯。因为女儿很漂亮，而且做继父的很方便下手，媒体报道的这类事例也很多。女儿和我生活在一起时，洗完澡会光着身子在屋里跑，裸体也从不回避我，还会在我腿上坐。我告诉女儿："和你亲爸爸在一起可以这样，和别人在一起不能这样。"我也告诉女儿："不要让别人摸你、碰你。如果继父摸你身体的敏感部位，就要立即打电话告诉我。"我还告诉前妻："绝对不可以出差时把女儿留在家里和继父一起生活，一旦让我知道发生了继父性侵女儿的事，我保证一定会有人丧命。"我做了我能做的一切，但我还是不放心，这事令我寝食难安。

回复：确实存在女孩子被继父性侵的现象，你有这样的担忧与警惕也是可以理解的。但是，这毕竟只是少数现象，绝大多数的继父母家庭中不存在这个问题。而且，你能够做的也已经做了，应该可以放心了。

我这里倒是想批评一下你，我觉得你做得有些过了。你告诉女儿自我保护是对的，但是当目标直指继父的时候，是否想过这会在她幼小的心灵中建构起对继父的过分警惕呢？是否想过这会影响她和继父以后的关系呢？是否会破坏她的新家庭原本应该拥有的和谐呢？进一步思考，是否会使她对男人产生恐惧感呢？所以，好的做法是让女儿懂得自我保护，自己的身体不能被任何人侵犯，而不是以继父为假想敌。应该教育孩子保护自己的身体，而不是让她处处自危。

问： 在一个健全的家庭中，父亲角色长期缺失。女儿已经上初中了，对父亲疏离，渴望与关注亲密关系，应该如何引导？

回复： 在缺爱的家庭中长大的孩子，更渴望在与异性的亲密关系中得到温暖，虽然这个渴望可能永远无法被充分满足。要帮助孩子认识到自己对亲密关系的这种渴望的背后，可能有家庭背景的影响因素存在；培养孩子在对自己最有利的时候选择对自己最有利的亲密关系的能力。

第 17 讲 未尽的性教育话题

　　性教育涉及的内容非常多。虽然我们前面的 16 讲已经尽量覆盖主要的家庭性教育话题，但是一定还有许多遗漏。更重要的是，在现实生活中，每个孩子都是不一样的，每个家庭也是不一样的，所以一定会涉及更多具体的性教育问题。

　　许多来自各地的家长的提问，没有办法归入前文 16 讲的主题中，所以我将它们统一放在了这一讲。

身体的探索

问： 我儿子问我："我的小鸡鸡和爸爸的不一样，为什么？"
回复： 告诉孩子："你的阴茎和爸爸的阴茎不一样，是因为你还是个孩子。等你长大了，也会长出阴毛来，阴茎也会变大变粗。这是正常的生理变化，就像你的脑袋要长大，胳膊和腿都要长大一样。而且，你的腋下也会长出腋毛来，这同样跟年龄有关系。"

问： 我女儿对我说："我们幼儿园的一个小男生总嘲笑我没有阴茎。"怎么办？
回复： 告诉孩子："那个小朋友是错误的，他缺少科学知识。如果我们都好好学习，就会少犯这种无知的错误。你明天就去告诉他：女人有阴道和子宫，男人却没有。所以，男人和女人是平等的。"

问： 儿子问我："我的阴茎比同学的小，怎么回事？"我该如何回答？

回复： 告诉孩子："没有什么可担心的，有的人发育得早，有的人发育得晚；有的人的阴茎大一些，有的人的阴茎小一些。这些都是正常的，对身体不会有任何影响。无论阴茎大小，都不必自卑，也不必自负。"

问： 家里正在招待客人，13岁的儿子突然从厕所里跑出来，大叫："妈妈，我长阴毛了。"客人直笑，弄得我们十分尴尬。

回复： 这是好事，说明孩子平时不把身体当作禁忌的话题。客人笑，也是善意的，不需要尴尬。如果孩子说长腋毛或白头发，我们是否会感到尴尬呢？孩子对身体的这种态度，值得父母高兴。

问： 一个男孩子尿尿后，对父亲说："爸爸，我的小鸡鸡很能干吧？"父亲没回答。这样是不是不好？应该怎么做？

回复： 父亲不应回避，而应该跟孩子交流。当然不是夸孩子很棒、很能干，而是告诉他：尿尿是一件自然的事情，是阴茎的功能之一，属于正常生理现象，与"能干"与否没有关系。

问： 我买了很多绘本给孩子看，包括介绍人体器官的。但是，我最近发现一件事：6岁的儿子拿着有生殖器那一页的绘本给来家里串门的表妹看，人家不看，他非追着给人家看。这该怎么办呢？

回复： 如果是成年人做这种事，那就是性骚扰了。但这是一个6岁的小男孩，所以不能简单地扣帽子。家长应该告诉孩子：勉强别人的事都是不应该做的。孩子可能真的不知道不应该这样做，因为没人告诉过他，他只是觉得这样好玩。

其实很多书是不适宜孩子自己看的，应该有家长或老师陪着看，并且配上适当的讲解，甚至讨论。像这本介绍人体器官的绘本，家长在陪孩子看时，要给孩子讲讲什么叫身体权，我们应该怎样保护自己的身体不受他人侵犯，我们应该怎样尊重他人，这才是正确的性教育。性教育不是孤立的，不是单单讲性，而是涉及整个人格的教育、人生的教育，这样孩子才能健康成长。对于低年级孩子的性教育也是如此。

问： 我的女儿问："为什么男人站着小便？每天都把马桶坐垫尿得很脏？"我该怎么回答她？

回复： 坦然告诉她："男人有阴茎，所以站着小便。但是，把坐垫尿脏是不好的，这是不负责任的行为。他们应该改正。"

问： 表姐弟相差8个月，六七岁的时候互看小便，祖父母骂丢人，不许他们看。请问可以看吗？

回复： 可以看，看得多了，以后也就不看了。

问： 孩子问卫生巾是什么、干什么用的，如何回答？

回复： 都可以实话实说。如果你不实话实说，就是坏的性教育，培养性的污名，以及与身体有关的污名。

问： 15 岁的男生因问妈妈什么是阳痿而被骂，该如何对待这种事？

回复： 你问的是如何对待孩子，还是如何对待母亲呢？

首先，这位母亲肯定是做错了。如果孩子问她什么是感冒，她会骂孩子吗？孩子是纯真的，可能真的不懂什么是阳痿。但母亲的内心是有性的污名化观念的，可能还会假想孩子问她这个问题就是"性骚扰"，是明知故问。其实，即使孩子是明知故问，坦然地回答也是最好的态度。而母亲骂孩子，就是我所说的那种错误的性教育，是在害孩子，培养孩子内心关于性的污名与罪恶，同时也激发了孩子对性的好奇。

孩子已经受伤，家长现在应该做的，是向孩子道歉，坦率地说清楚为什么骂他，检讨自己内心的"阴暗瞬间"。但是，这位母亲能够做到这一点吗？

所以，父母真的需要性教育！

身体接触的困惑

问： 10岁的儿子问："什么是接吻？"怎么回答？

回复： 坦白回答，同时告诉他不同关系的不同亲密表达。恋人间的吻，是成年的、相爱的人在彼此愿意的情况下发生的。这是一个学习亲密关系表达和体现责任的过程。

问： 10岁的女儿问我"舌吻""湿吻"是怎么回事，还表示要和妈妈舌吻。我该如何回答？

回复： 当孩子提出这种问题时，家长应该平静自如地用他们能理解的方式回答，避免遮遮掩掩或者答非所问，这样只会加重孩子的好奇心。直接告诉她"舌吻"和"湿吻"就是两个人把舌头伸进对方的口中，与对方的舌头相互接触。这是两个人表达亲密的一种浪漫方式，一般是两个相爱的恋人在彼此尊重、自愿的情况下发生的。只要有一方不舒服，就应该停止这种行为。就像爸爸和妈妈可以舌吻、湿吻一样，等你长大了，也可以和你爱的人这样亲吻。

问： 孩子看了电视上的接吻镜头，要和我们接吻。我按您指导的，对他说："父母和孩子的吻应该是吻面颊、吻额头，不能嘴对嘴地吻。"但我妻子有不同看法，她认为父母和孩子也可以嘴对嘴地吻。您怎么看？

回复： 确实有一些父母说他们和孩子会有唇齿对唇齿的吻。甚至有的母亲还会和孩子舌吻。我想，单纯的唇吻，并不具有很强的性色彩，如果一个家庭中的成员都可以接受，也是可以理解和尊重的；但如果有一方不愿意，就不适宜了。一个女孩子从小到大一直和父亲有唇吻，直到她恋爱后，和男朋友有过接吻，父亲再要唇吻她时，她才觉得不舒服，于是回避了。但舌吻是具有非常强烈的性色彩的，皮肤和黏膜接触的部位都能够带来性快感甚至性高潮，所以我个人认为父母和孩子舌吻还是不合适的。

问： 母亲在女儿小的时候，带着女儿一起摸父亲的阴茎。这会对女儿长大后有负面影响吗？

回复： 是否有负面影响，不取决于做了什么，而取决于做时的态度。估计当时更多的是开玩笑，如果没有经常这样，只是偶尔一次，不会有什么负面影响。一个孩子的性态度、性价值观、性行为方式是受许多因素影响而形成的，不是一件小事就能决定的。

问: 祖父摸孙子的阴茎,孩子也坦然取悦大家,可以吗?
回复: 不要用这种方式表达对孩子的爱。

问: 7岁的孩子,让我和他爸爸给他演示做爱,我应该怎么回答?
回复: 对孩子说:"做爱是很私密的事,不能让别人看,即使是自己的孩子,也不能看。看别人做爱,也是不对的,因为那是窥视了别人的隐私。每个人都应该从小学会尊重别人的隐私,当然也要尊重自己的隐私,不要让别人看。"

还可以进一步告诉他:"做爱是成年的、相爱的人之间,彼此自愿地表达爱的一种方式。所以,在你成年之前,在遇到自己爱且也爱自己的人之前,不应该做爱,更不能勉强别人做爱。"

问: 我的孩子11岁了,每天晚上睡觉时都要摸着妈妈的乳房才可以睡着,怎么办?
回复: 理解和接纳他/她对妈妈乳房的迷恋,看看他/她的内心有什么不安和担心,排除他/她的疑虑,让孩子感受到足够的安全和爱。然后,跟他/她解释为何不应该再有这样的入睡习惯,比如他/她需要学习独立入睡,从身体的独立开始,学习独立处理自己的事务;另外,作为妈妈,也不愿意被这个年龄的他/她再触摸乳房等。同时告诉孩子:母子之间的爱和亲密,可以在其他时间,用其他合适的,并且是双方都愿意接受的方式来表达和满足。

在得到孩子的理解之后,和孩子共同制订一个独立入睡的计划并实施。视孩子的情况,计划可以有一定的过渡性,比如不再摸妈妈乳房,但是妈妈仍然可以陪伴在一旁,甚至可以摸着妈妈的手入睡;妈妈离开之前,也可以给予孩子拥抱和亲吻,再说晚安。慢慢减少妈妈陪伴的时间,减弱亲昵的方式,直至最后实现孩子完全独立入睡,不需要陪伴。

注意在日常生活中多关注、陪伴孩子,多和他／她交流,帮助他／她及时解决学习、生活和心理上的困扰和不安。需要的时候,用妈妈和孩子都能接受和喜欢的肢体语言(拥抱、亲吻甚至是某些身体抚触)去表达对孩子的关注和爱。

另外,建议有意识地给予孩子一些关于青春期的性教育,包括身体发育、初潮或遗精、自慰、尊重他人的身体权和独立感受、爱的表达、爱与责任,等等。让孩子注意自己身体的变化,感受自己的成长和力量的强大。

还要鼓励孩子多参与学校和家庭的事务,尝试新事物,多给予孩子自我选择和决策的机会,理解并支持他／她的合理想法和决定,发展其自主意识,促进其身心成长。

问: 女孩10岁了,晚上希望能摸几下妈妈的乳房,结果妈妈一直不让。女孩被拒绝后,表现得挺伤心的。妈妈觉得孩子这么大了,再摸乳房不是好习惯。其中的是非曲直到底如何呢?

（女孩在 1 岁后跟着姥姥生活，到 3 岁才回到父母的身边。）

回复： 孩子依恋妈妈很正常，特别是从小没在妈妈的身边，心里缺乏安全感。女孩想摸几下妈妈的乳房，在我看来，这只是她对身体的好奇，没有什么大不了的。更何况她同样是女性，成年女性有时候也会摸关系亲密的其他成年女性的乳房，这很正常。

拒绝孩子会让孩子误解，以为妈妈不爱她了，所以要跟孩子交流。总之要跟她说清楚，让孩子理解妈妈是爱她的，抚摸也是表达亲密关系的方式。

如果妈妈实在不喜欢被触摸，可以心平气和地跟孩子表达自己的感受，让孩子懂得什么是身体权，知道如果别人不愿意被触摸身体，就不可以强迫别人。同时告诉她，如果她不愿意让别人触摸她的身体，别人硬要触摸，也是一种侵犯。要教导她保护自己与尊重别人。

问： 朋友家的孩子两岁半，看到我给宝宝喂奶，站在旁边说："阿姨，我也想吃！"我该怎么办？

回复： 告诉他："每个小朋友都吃自己妈妈的奶。而且，现在你长大了，不需要吃奶了。如果给你吃了，小宝宝就没得吃了……"

问: 一位母亲规定,孩子出门前必须和她抱一下,直到现在。这样做可以吗?

回复: 可以。我认为这是一种亲密关系的表达,很自然,正常。父母不应该回避和孩子亲密关系的表达,可以抱一抱,只要孩子不反感就行。

问: 我的女儿三岁半,今年上幼儿园。最近幼儿园开展了小孩之间的互相帮助活动,老师发来大班小朋友帮托小班小朋友脱衣服睡午觉的照片,但是其中有一张是一个男孩在帮一个女孩脱裤子。现在的天气,娃儿的穿衣基本就是一条内裤再加一条长裤。虽然照片里的女孩不是自己的孩子,但是在看到这张照片时,我作为女孩子的家长是觉得很不舒服的,而且女孩子的家长也提出了我的这种质疑,就是觉得孩子应该对性有一定的认识,家长和老师要有正确的引导,像穿衣、脱衣、上厕所,不应该是异性之间能相互帮助的内容。不知道我这种想法对不对?

回复: 这里面有几个问题。

首先,我不认为照片中的这个男孩子帮女孩子脱衣服就是对女孩子的侵犯,我觉得培养女孩子这样的观念是危险的。老师安排大朋友帮助小朋友,大朋友只是照做而已,这位大朋友没有做出侵犯小朋友的行为,我们不用过于担心。家长感觉不舒服,是因为自己过于敏感了。

但是，另一方面，我也不觉得有进行这种互相帮助脱衣服的活动的必要。学习互帮互助是好事，帮助的内容可以是整理教室、打扫卫生等。而脱衣服、穿衣服这些本来就是自己应该做的事情，怎么还要让别人帮忙呢？而且，不同性别的人之间帮忙脱衣服，至少无助于帮助孩子树立隐私与身体权的概念。

总之，老师的用意是好的，家长不必杯弓蛇影，过于紧张。但是，这次"大帮小"的活动设计的确是不完善的。

性的懵懂与好奇

问： 儿子10岁了，我换衣服的时候，他都会主动躲开，还会隔着门问："换好了吗？"等我换好了才进来。他上英语课外班时，有一个比较年轻的女教师很喜欢他，总逗他，对他捏一把、掐一下的。儿子就问我："妈妈，她是不是对我表示爱情呢？"我该怎么回答？

回复： 即使家庭没有进行性别差异的教育，孩子也会通过其他渠道来了解和成长。这个孩子应该就是这样，他已经认识到了男女的性差异，也了解到了男女的爱情。但是，从这两件事来看，他并没有形成关于性的负面的认知。孩子主动回避妈妈换衣服，就让他回避好了，不必刻意要他不回避。具体到那个年轻老师对他的亲昵，完全可以理解成一种喜爱。可以告诉孩子："爱情是两个成年男女之间的事情，老师对你只是喜欢而已，不是爱情。"甚至可以进一步教育，借机再多讲一些关于爱情的知识。

问：我女儿13岁，对同性恋题材的动漫、日剧非常喜欢，但是她说自己是喜欢看美男，性取向没有问题。我担心她这方面的热爱对她将来的婚姻有影响。对了，她对男女恋排斥，并说不想结婚。

回复：关于所谓的"腐女"和"耽美"的研究显示，这与当事人的性取向没有必然的关系。一些女孩子喜欢男同性恋文化，可能与她们对异性恋关系缺少安全感有关。绝大多数的人都会随着年龄的增长而变化，家长不必过于忧虑。

问：10岁的女儿看到稍微有些暴露的衣服就会说"好色呀"，父母应该如何应对？

回复：当孩子说出这句话的时候，父母可以和她讨论为什么看到这些衣服会觉得很色呢，色是指看的人还是穿的人，等等。

要传播"如何穿衣服是每个人的选择，体现着不同的审美和风格"的思想，衣着只能体现一个人对美的追求，并不意味着很色。穿什么衣服是别人的权利和选择，可能出于美观或者想凉快一点儿，穿着暴露并不意味着有性的意义或者说并不代表这个人就很色。把穿着暴露和性联系在一起，其实是一种对性的污名化，应该对孩子进行好的性教育，帮她树立起正确的价值观念。

问： 我读初中的女儿看了《金瓶梅》后说"恶心"，我应该怎么应对？

回复： 对于一个没有或很少接触性信息的中学生来说，初读《金瓶梅》中的性爱描写，可能会有"恶心"的感受。我比较担心的是，这将影响她未来的性观念。我认为这是一个进行性教育的好机会。

父母可以问孩子："哪些内容让你觉得恶心？为什么觉得恶心？"引导她一起讨论性的话题。如果是对亲密的性关系感觉恶心，可以告诉她："相爱的人之间自愿地发生性关系，是很正常的、自然的，这是他们彼此之间表达爱的方式，不应该感到'恶心'。无论他们用什么性爱方式，都不应该嘲笑他们。但是，如果不相爱，甚至不是自愿地发生性关系，才是真正的'恶心'呢。"同时，也可以顺便谈一下父母对她在性爱上的期待：成年之后，遇到相爱的人，选择符合自主、健康、责任的性爱方式。

问： 我的儿子13岁，最近洗澡出来后会用毛巾包住下体，看见我就有意无意地打开毛巾，又马上包好，连续这样的动作，好像故意给我看他的阴茎一样。我的反应是，请你穿好衣服之后再出来。不知道这样处理有没有问题，还需要进一步找他谈谈吗？

回复： 我觉得这样处理没有问题，不需要进一步找他谈谈，也不要认为孩子的这种行为太严重。孩子进入青春期，可能对身体有一些好奇和自豪，对于性有一些小小的想法、好奇和试探，或者在给别人看的过程中有一种愉悦等，都是可能的。这都是他探索身体的过程。个人觉得家长不必把这件事情严重化，小题大做或如临大敌。但我们建议家长带孩子参加一些性教育的活动。为什么要参加这样的活动呢？因为很显然你的孩子已经在关注性了，这是你看到的；而你没有看到的时候，他关注的可能更多。在这个过程中，家长能够讲的和处理的问题可能很少，那不如让他到一个群体当中去学习。

在本书中，我尽可能对家庭性教育会遇到的高频问题做了解答。即使如此，在现实生活中，仍然会有很多未尽的性教育话题。但是，家长只要记住一点：牢牢掌握赋权型性教育的理念，无论遇到多少独特性的问题，都能够迎刃而解。